ROMPIENDO EL CONTRATO DEL DIABLO

REV. PAUL T. CROSS

ROMPIENDO EL CONTRATO DEL DIABLO
Copyright ©Paul T. Cross Todos los Derechos Reservados.
Ninguna parte de esta publicación podrá ser reproducida, distribuida o transmitida en forma alguna o por ningún medio, incluidas fotocopias, grabaciones u otros métodos electrónicos o mecánicos, sin la autorización previa por escrito del editor, excepto en el caso de breves citas incorporadas en reseñas y algunos otros usos no comerciales permitidos por la ley de derechos de autor. El autor o cualquier persona que participe en la redacción, impresión, publicación, promoción o venta de este libro no es responsable del uso de cualquier información en este libro. La información es para uso informativo solamente. Siempre consulte a un profesional capacitado antes de usar cualquier información de este libro para tratarse a sí mismo o a otros médica o psicológicamente.

ISBN: 978-1-7356143-5-9

Dedicatoria

Este libro está dedicado a mi preciada familia y amigos. ¡Ustedes me dan el coraje para seguir luchando la verdadera lucha de la fe! Me animan a hacer brillar la luz de Jesús en el mundo. Dios nos permite ayudar al mundo a romper con éxito el contrato con el Diablo y ser libres del tormento y el control del Diablo. ¡Hemos tenido pérdidas devastadoras en nuestra vida, pero pronto las veremos en el Cielo! Quiero agradecerles por su apoyo y sus amables palabras. ¡Ustedes fueron una bendición y no serán olvidados! ¡Han conseguido su ascenso y esperamos el nuestro! ¡Descansen en los brazos amorosos de Dios hasta que nos veamos de nuevo!

Introducción

Este libro revela cómo el Diablo se infiltra en nuestras vidas y causa estragos. Les muestro cómo opera el Diablo y también les mostraré cómo luchar contra él. Mostraré cómo identificar las áreas de tu vida en las que has firmado un contrato con el enemigo. Este contrato se conoce como el Contrato del Diablo. Dios me ha mostrado las tácticas del enemigo por más de 20 años en el ministerio. Sus tácticas nunca cambian, pero siguen funcionando en todos de la misma manera. Hay un contrato en tu vida que has hecho con el Diablo.

¿Alguna vez te has preguntado por qué sigues pecando en cierta área de tu vida y no puedes liberarte de ello? La mayoría de los cristianos solo se enteran de lo que su pastor predica una vez a la semana. Nunca toman notas y ni siquiera recuerdan el sermón. Si tu Pastor no está predicando sobre Romper el Contrato del Diablo, entonces nunca aprenderás lo que necesitas para liberarte completamente de las garras del Diablo. Te prometo que después de leer este libro nunca olvidarás lo que es el Contrato del Diablo o cómo romperlo. Dios te desafía hoy a que profundices con Él y te liberes del contrato que has hecho con el Diablo. Averigua qué hay en el contrato que has hecho con el Diablo. Una vez que hayas roto el contrato del Diablo, te mostraré cómo mantenerte libre de hacer otro contrato con el Diablo.

¡Experimenta la vida abundante que Jesús prometió! Te mostraré todas las Promesas de Dios que el enemigo te ha mantenido en cautiverio y te ha impedido disfrutar. ¡Qué cosa tan asombrosa es tener el verdadero gozo en el Señor y ser libre de la esclavitud del pecado! Te voy a mostrar que eres invencible en Jesús cuando haces la voluntad de Dios. ¡El enemigo no puede retenerte más una vez que rompes el contrato del diablo! Este libro es un arma poderosa contra el Diablo que puedes usar para recuperar tu libertad. ¡Esto es muy serio y no puedo recalcarte lo suficiente que debes romper el Contrato del Diablo! ¡Empieza a leer hoy y rompe el contrato del diablo! ¡Eres más que un conquistador en Cristo Jesús! ¡Encuentra tu verdadera identidad en Cristo Jesús y camina en el gozo del Señor! ¡Puedes ser libre del control del Diablo sobre tu vida y tener alegría! ¡La alegría del Señor es tu fuerza, así que recupérala ahora!

CONTENIDO

CAPÍTULO 1: ¿QUÉ ES EL CONTRATO DEL DIABLO?	7
CAPÍTULO 2: LA VERDAD ABSOLUTA	19
CAPÍTULO 3: EL CONTRATO DEL ENGAÑO	27
CAPÍTULO 4: EL CONTRATO DEL ORGULLO	37
CAPÍTULO 5: EL CONTRATO DE LA IRA	45
EJEMPLO DE UN CONTRATO DE LA IRA	60
CAPÍTULO 6: EL CONTRATO DEL MIEDO	62
CAPÍTULO 7: EL CONTRATO DE LA RELIGIÓN	74
CAPÍTULO 8: EL CONTRATO DE LA LUJURIA	86
CAPÍTULO 9: EL CONTRATO DE LA CONDENACIÓN	97
CAPÍTULO 10: EL CONTRATO DE LA MUNDANIDAD	108
CAPÍTULO 11: EL INIGUALABLE PODER DE DIOS	117
CAPÍTULO 12: LA VIDA ABUNDANTE	126
CAPÍTULO 13: LA GUERRA ESPIRITUAL EN LA PRÁCTICA	140
CAPÍTULO 14: UN SACERDOCIO REAL E IMPARABLE	165
GLOSARIO	179
¡AVISO DE EXENCIÓN DE RESPONSABILIDAD!	181
ROMPIENDO EL CONTRATO DE LA IRA	182
ROMPIENDO EL CONTRATO DEL MIEDO	183
ROMPIENDO EL CONTRATO DEL ORGULLO	184
ROMPIENDO EL CONTRATO DE LA MUNDANIDAD	185

CAPÍTULO 1

¿Qué es el Contrato del Diablo?

"Pero el Espíritu dice claramente que en los postreros tiempos algunos apostatarán de la fe, escuchando a espíritus engañadores y a doctrinas de demonios". 1 Timoteo 4:1

El Contrato del Diablo es un contrato sobrenatural que se forma entre un humano y el Diablo. Ahora sabemos que el Diablo no puede estar en todas partes a la vez, así que hace que sus demonios se encarguen de la mayor parte del trabajo. El Reino del Diablo se establece estratégicamente con rangos de demonios que realizan diferentes trabajos. El contrato que has hecho con el Diablo se formó en realidad entre tú y los demonios. Cuando utilizo las palabras, Diablo, enemigo, malvado o demonios, me refiero al Reino de Satanás (Ver Glosario). Cada acción de una fuerza maligna ha sido una orden directa de su jerarquía, que es Satanás. Te alimentan con su Doctrina y mentiras para engañarte y que les creas y firmes el Contrato. El Contrato se hace a lo largo del tiempo y se añade continuamente casi a diario. El Contrato del Diablo contiene la Doctrina de los Demonios de la que habla la Biblia (1 Timoteo 4:1). El Contrato que firmaste con los demonios es tan real como si lo hubieras firmado con Satanás, porque el contrato está sometido a él.

Cuando viste el título de este libro es muy posible que pensaras en alguien vendiendo su alma al diablo. Se ha referido a hacer un trato con el Diablo por algo que quieres más que nada en el mundo. El Contrato del Diablo es todo lo contrario, como descubrirás a lo largo de este libro. Estás haciendo un trato, pero no funciona de la manera que crees que lo hará. Hay espíritus demoníacos que te engañan para que pienses que estás burlando del Diablo y de Dios. Quieren que pienses que tienes el control. Terminas siendo un esclavo de ellos y de sus deseos. Esto se convierte en el peor episodio de la "Dimensión Desconocida" que puedas imaginar, puesto que tiene consecuencias eternas.

El Diablo está en los detalles, y es muy técnico sobre esos detalles en el contrato. No es necesario que un juez venga en persona para hacer que te sometas a la corte. Simplemente enviará a un ejecutor o a un oficial para que te sometas al poder del tribunal. Te sometes al poder del Diablo cuando firmas este contrato con los demonios. Los demonios tratan de ocultarte este hecho para que lo firmes y seas leal. El Contrato del Diablo se forma aceptando cualquier mentira contraria a la Palabra de Dios. Puedes tener un Contrato que solo se compone de unas pocas mentiras o de un montón de mentiras. El Contrato del Diablo tiene una amplia gama de áreas donde estas mentiras se aplican a tu vida. El Contrato del Diablo es solo un contrato, pero está compuesto de todas las mentiras que él te ha convencido para que creas. Cuando se rompe el Contrato del Diablo, es importante hacerlo en un área o mentira a la vez. Así que, cuando me refiero al Contrato del Miedo es solo una parte del Contrato del Diablo. El Contrato del Diablo está compuesto de muchos contratos o acuerdos pequeños diferentes. Todos estos pequeños contratos están reunidos para hacer el Contrato del Diablo.

El Contrato del Diablo es brutal y cruel, pero puede ser roto con el Poder de Dios. El Contrato del Diablo es un contrato significativo que te ata a una Doctrina Demoníaca. Este libro te mostrará cómo se hace el contrato o trato con el Diablo. Este Contrato es un acuerdo entre ambas partes. El Diablo está en los detalles, y son críticos, pero desafortunadamente, están ocultos en letra pequeña. Entonces, estoy seguro de que tienes curiosidad, ¿qué hay en el contrato? También te preguntarás por cuánto tiempo estarás atrapado en el contrato. ¿Cuántas partes tiene? ¿Cuáles son los términos ocultos? Llegaremos a todas estas preguntas, pero veamos el contenido del contrato.

Un contrato es un acuerdo escrito o hablado por ambas partes el cual es ejecutable. El contrato tiene un intercambio de valor. Lo que te hace preguntarte qué es lo que tiene valor para ti. El tipo de contrato que el Diablo hace con nosotros se denomina Contrato Inconcebible. Un Contrato Inconcebible es considerado injusto por ser injustamente ponderado para dar la ventaja a una parte sobre la otra. Un tribunal suele decidir y determinar si un contrato es desmedido. Si el tribunal dictaminara que un contrato es inconcebible, habría que definir que ninguna persona mentalmente capacitada lo firmaría. La segunda parte sería que ninguna persona honesta lo ofrecería como una opción. La tercera parte sería determinar que la integridad del tribunal está en duda si se hace cumplir. Algunos sinónimos de contrato son acuerdo, convenio, pacto, trato, fianza, cuentas, compromisos, promesa o juramento.

Hay varias partes en un contrato. Tiene que haber una oferta, la aceptación del acuerdo, una reunión de las mentes, la consideración, la capacidad, la legalidad, y a veces, un documento escrito para ser válido. Al entender el tipo de contrato, puedes ver que lo que estoy hablando aquí es un contrato que debería ser ilegal. Sin embargo, este contrato es vinculante junto con cualquier otro contrato siempre y cuando lo aceptes verbalmente o des tu consentimiento. Sin embargo, si intentas luchar contra él, llevarlo a los tribunales, y exponer el lenguaje del Contrato, entonces será considerado nulo y sin efecto por el juez. El problema es que la mayoría de la gente no puede costear un abogado, y no saben cómo combatirlo ellos mismos. La otra persona que hace cumplir el Contrato les hace pagar muy caro con todo lo que tienen.

Debemos seguir la Doctrina Bíblica y dejar que nos guíe todos los días. La Doctrina es un sistema de creencias compuesto por la Verdad Bíblica de las Escrituras que se utilizan para guiar nuestros pensamientos y acciones. En la Biblia, se habla de que hay Doctrinas de Demonios. La Doctrina de los Demonios es una doctrina maligna diseñada para matarte, robarte y destruirte. El Diablo es el autor de la confusión. También es el Dios de este mundo. El Dios de este mundo tiene el trabajo de cegarte de la Verdad. La Biblia es la Verdad Absoluta. Afirma que el Diablo es un mentiroso y el Padre de la Mentira. El Diablo no quiere que conozcas la Verdad. Es su trabajo confundirte y asegurarse de que no entiendas la Verdad. Uno de los problemas es que no nos damos cuenta cuando el Diablo nos habla normalmente.

Escuchamos tres voces diariamente. La primera voz es nuestra carne. Nuestra voz nos dice que tenemos hambre, sed o aburrimiento. También nos tentará a hacer cosas malas al pervertir nuestros deseos. La segunda voz es la voz de Dios. Su voz es la voz más inconfundible para distinguir. Su Voz siempre está tratando de decirnos que hagamos lo correcto. A veces Su Voz nos advierte sobre la toma de una decisión específica. Su Voz no será contraria a la Palabra de Dios. La tercera voz es la voz del enemigo que trata de engañarnos todo el tiempo. Nos dice mentiras y trata de confundirnos. Es muy egoísta y malvado. Intenta crear una división en nuestras vidas entre las personas que amamos. Nos tienta a pecar continuamente.

Todas estas voces aparecen en nuestras cabezas como pensamientos. Eso significa que, durante todo el día, estás escuchando al menos tres voces. Las voces de otras personas también pueden estar hablándote, pero todavía es la carne de ellos, Dios o el Diablo quien te habla a través de ellos. La Biblia nos dice que llevemos cada pensamiento cautivo a la obediencia de Jesucristo. A partir de hoy, debes escuchar cada voz que venga a tu cabeza. Al escuchar estas voces, debes decidir qué voz te está hablando. Si es la voz de Dios, tendrás que obedecerla. Si es la voz del enemigo, entonces tienes que reprenderla. Decirle que no, y salir de tu cabeza. El problema es que el enemigo nos habla todo el día, y no lo reprendemos ni le decimos que no. Estos pensamientos, que son sus ideas y planes, terminan anidando en nuestra mente. Comenzamos a pensar en estos pensamientos y los aceptamos como nuestra nueva realidad, la cual es dar consentimiento al Diablo y formar un contrato. Si es tu carne, entonces necesitamos rechazarla porque quiere que hagamos el mal.

A veces, nuestros pensamientos pueden ser demoníacos. Nuestros pensamientos pueden ser malvados. Nuestra carne es corrupta, y está continuamente activa. Nuestra carne quiere tratar de matarnos. Lo que quiero decir es que si estás en McDonald's y tienes la opción de cualquier cosa en el menú o una ensalada, entonces es probable que elijas la opción no saludable. Nuestra carne en la Biblia se describe como una mentalidad que puede ser entrenada temporalmente. Nuestra carne nunca se salvará, pero solo nuestro espíritu puede ser salvado. Nuestra carne puede ser entrenada para hacer cosas buenas en ciertas áreas, pero en última instancia, está tratando de mantenernos alejados de Dios y es atraída hacia el pecado. Nuestra carne o nuestra naturaleza pecaminosa necesita ser santificada diariamente. Eso significa que estamos en guerra con la carne a diario. Estamos en guerra con nuestra carne y el enemigo, que son los demonios. No obstante, podemos luchar contra el enemigo con el Espíritu de Dios que está dentro de nosotros. El Espíritu Santo vive dentro de nosotros una vez que nos salvamos y nos dará la victoria sobre nuestra carne. Sin embargo, al igual que en una guerra real, si el soldado tiene un arma en sus manos, depende del soldado usarla para defenderse y ganar al enemigo. Si el soldado deja su arma y se convierte en pacifista, entonces el enemigo aceptará gustoso esa rendición, los meterá en la cárcel para el resto de su vida, y los torturará todo el tiempo con intimidación y encarcelamiento.

La Biblia nos dice que se supone que debemos luchar la justa lucha de la fe para luchar contra el enemigo y nuestra carne todos los días. Si no luchamos diariamente, terminaremos siendo tentados por nuestra carne y el enemigo y terminaremos cayendo fácilmente en esa tentación. Si continuamos en el pecado, entonces estaremos lejos de Dios. No desearemos orar, leer nuestra Biblia, o incluso ir a la Iglesia. Perderemos nuestro deseo hacia las cosas de Dios cuando pequemos. Es como ir al gimnasio. Si vamos al gimnasio todos los días y hacemos ejercicio, entonces nos sentiremos muy bien. Sin embargo, si dejamos de ir al gimnasio un día, entonces no queremos ir al día siguiente. Antes de que nos demos cuenta, han pasado varios días desde que fuimos al gimnasio, y ni siquiera lo echamos de menos. Esa es nuestra carne; quiere que vayamos por el camino de menor resistencia sin importar lo que sea. La Biblia dice que no debemos hacer ninguna estipulación para la carne. Romanos 13:14, *"sino vestíos del Señor Jesucristo, y no proveáis para los deseos de la carne"*. En la Biblia, la carne no es nuestro cuerpo humano, sino que es nuestra naturaleza pecaminosa que vive dentro de nosotros la que es malvada y está en conflicto con Dios.

Como puedes ver, tenemos una guerra en nuestras manos diariamente, y la mayoría de nosotros no la hemos estado peleando. Dios nos habla todo el día para hacer lo correcto, evitar el enemigo y ser bendecidos. El enemigo nos habla tratando de hacernos pecar. El enemigo no siempre trata de hacernos pecar solo con nuestros cuerpos. Desea que nos rebelemos contra Dios usando nuestras mentes. La teología doctrinal correcta es crítica en nuestra vida diaria. La teología es el estudio de Dios. La doctrina es la creencia específica que se aplica a nuestro entendimiento de Dios y de Su Palabra. Satanás continuamente trata de hacernos abandonar la Doctrina Bíblica.

Una Doctrina Cristiana fundamental es la Verdad Absoluta. Esto significa que la Palabra de Dios es la máxima autoridad bíblica de la verdad. La Verdad Absoluta no puede ser discutida y es infalible. Si crees que la Palabra de Dios es verdadera, entonces el enemigo siempre tratará de hacerte cambiar de opinión. Pero si no estás seguro de que la Palabra de Dios es la Verdad Absoluta, entonces ya te tiene. Es su trabajo engañarnos porque él es el Dios de este mundo, y nos ciega a la Verdad. La Biblia dice que el Diablo es el autor de la confusión.

Todo lo que el Diablo te dice es una propuesta. ¡Recuerda eso! Él está constantemente ofreciéndote sus ideas de tal manera que quiere que estés de acuerdo con ellas. Tienes la opción y el poder en Jesús para estar en desacuerdo con él. Cuando te lo presenta, y tú no estás en desacuerdo, entonces le estás dando tu consentimiento. Por lo tanto, el Diablo te habla todo el día y te revela sus ideas. Quiere que lo sigas y creas sus mentiras. Si crees en su doctrina o en sus pensamientos y los aceptas como tuyos, creas un contrato entre tú y el Diablo. Aceptas su propuesta y estás de acuerdo con ella. Desea que creas una mentira, y esto es acoso espiritual. El Diablo quiere que creas en su doctrina. Al hacer esto, él te proveerá de un contrato desmesurado. Es injusto para ti y te roba tus derechos. La Palabra de Dios dice que Jesucristo murió por nuestros pecados, y si creemos que vamos al Cielo.

No obstante, el Diablo quiere que creas que Jesucristo nunca existió. Eso significa que no murió por tus pecados, y si crees eso, entonces no irás al Cielo. Así que, ya que has creído en las mentiras del Diablo, habrás firmado un contrato. Este contrato que has firmado por acuerdo es legalmente vinculante. Esto quiere decir que aceptaste que el Diablo te está diciendo la verdad en alguna área de tu vida. Por lo tanto, en el día del juicio, cuando estés ante Dios, te sorprenderá ver a Jesús con cicatrices en sus manos por haber sido clavado en la cruz por tus pecados. Como no aceptaste a Jesús como tu Salvador, serás enviado al infierno por toda la eternidad. Te priva de los beneficios de ser perdonado por tus pecados mientras estás en la tierra e ir al cielo cuando mueras.

La verdad en la publicidad es una organización dedicada a hacer responsables a las empresas por la forma en que se anuncian al público. El sitio web que tienen es excelente para informarte de las prácticas de marketing ilegal y las empresas que las han utilizado. Ellos dicen: "Una práctica engañosa son los planes de conversión gratuitos, en los que recibes un bien o servicio gratis (o a un precio nominal) por un período introductorio. Luego, se te cobra un montón de dinero si no tomas medidas afirmativas para cancelar el plan o devolver el bien o servicio". La publicidad poco ética es otra tergiversación de un producto. Utiliza mensajes subliminales para adaptarse a una agenda oculta. Esta publicidad usa formas engañosas para manipular y convencer al cliente de que compre un producto. Las empresas cuentan con normas y reglamentos sobre la forma de comercializar sus productos. La compañía tiene que decir la verdad sobre el producto, y tienen que seguir las reglas de la FTC. La letra pequeña no puede ser diminuta, y los efectos secundarios deben ser listados. El orador de un comercial no puede hablar muy rápido a donde no se le pueda entender.

Se supone que los comerciales no deben ser más intensos que la programación regular. Recuerdo que hace muchos años tuve que bajar el volumen de la Televisión tan pronto como el comercial salió. Las compañías tienen responsabilidad, así que el cliente no es embaucado para comprar un producto y ser engañado. En 1958 la Asociación Nacional de Radiodifusores prohibió la publicidad subliminal porque era un gran problema. El Diablo no obedece estas reglas, y tampoco sus demonios. Solo a través de la Palabra de Dios se puede descubrir que son engañosos. Si no conoces la Palabra de Dios o no la obedeces, entonces los demonios te estarán atropellando y engañando para que compres sus productos.

La definición de Contrato Inconcebible dice claramente que el Contrato se considera injusto si ninguna persona mentalmente capacitada lo firmaría. No obstante, eso significa que solo una persona loca firmaría un contrato que le roba el perdón de sus pecados y la posibilidad de ir al cielo por toda la eternidad. Por lo tanto, parece que solo un loco creería las mentiras de Satanás, ¿verdad? No, todos hemos sido engañados por Satanás. Por consiguiente, un tribunal miraría este contrato que firmaste y lo consideraría desmesurado, y el contrato sería desechado. Sin embargo, la única manera de que esto suceda es si ustedes tratan de disputarlo. Una vez que la mayoría de la gente ha aceptado algo, se aferrarán ciegamente a una mentira. No dejes que tu orgullo te impida creer en la Palabra de Dios.

Yelp es un recurso de consulta que actualmente se utiliza para obtener críticas sobre un negocio. En lugar de arriesgarse a ir a un lugar con un mal servicio o a obtener un mal trato por su dinero, la mayoría de la gente hará la investigación y seguirá acudiendo a yelp. Mirarán cuidadosamente las críticas y decidirán si creen que esa persona está dando su honesta opinión. A continuación, determinarán si deben ir o no a ese negocio. Así que la gente investiga solo para la simple tarea de conseguir algo para comer. Sin embargo, cuando se trata de escuchar voces en tu cabeza, la gente permitirá silenciosamente que esa voz se haga cargo y los convencerá de alguna cosa extraña que es una mentira. El enemigo te dirá que está bien quedarse en casa y ver el partido de fútbol en lugar de ir a la iglesia. El enemigo te dirá que te quedes en casa y no vayas a la iglesia porque es tu único día libre. Sin darte cuenta, ya no vas a la iglesia. Miras hacia atrás, y han pasado más de cinco años desde que fuiste a la Iglesia. ¿Cómo sucedió esto?

La Biblia dice que llevemos nuestros pensamientos cautivos a la obediencia de Cristo. Si no usamos la Palabra de Dios como un filtro para nuestros pensamientos, seremos crédulos y creeremos cualquier mentira que el enemigo nos diga. Le encanta decir a los cristianos que, "La Iglesia no importa" y "Está bien si no vas a la Iglesia, Dios te perdonará". Así que cuando el enemigo te dice estas mentiras, tú solo vas con él. La Biblia dice que se supone que debemos luchar la

13

buena batalla de la fe. La vida cristiana es una lucha y una batalla diaria. Sin embargo, esto no siempre es una simple guerra. Si sigues a Dios y tienes una relación íntima con Él diariamente, tu vida se llenará de un gozo indecible. La Biblia dice en Nehemías 8:10, "El gozo de Jehová es vuestra fuerza". La alegría es un regalo sobrenatural que solo el Señor da. Gálatas 5:22-23 dice, "_Mas el fruto del Espíritu es amor, gozo, paz, paciencia, benignidad, bondad, fe, mansedumbre, templanza; contra tales cosas no hay ley_". El fruto del Espíritu se produce cuando pasamos tiempo con el Señor. El Fruto de la Alegría llenará nuestros corazones, y es un desbordamiento sobrenatural del Espíritu Santo dentro de nosotros. Compartir el tiempo con Dios y hacer su voluntad nos permite experimentar el gozo del Señor.

Tenemos que llevar nuestros pensamientos cautivos, ¡o seremos cautivos! El consentimiento silencioso ocurre cuando el Diablo nos habla de la Biblia, del pecado o de la Doctrina Cristiana, y nosotros solo estamos de acuerdo con él por miedo o por otra razón. El Diablo es un acosador. Quiere amenazarnos y asustarnos para que creamos "Su verdad". Creemos que si estamos de acuerdo con el Diablo, nos dejará en paz. Esta es una gran mentira que quiere que creamos. Si estamos de acuerdo con el Diablo, entonces esto le da derecho a oprimirnos de aquí en adelante. Firmamos un contrato que le da el derecho de entrar en nuestras mentes permanentemente. Esto es como invitar a un vampiro malvado a entrar en tu casa. De acuerdo con la mayoría de las películas, una vez que haces esto, pueden entrar de ahora en adelante porque les diste permiso una vez. Puede que no quieras que entren en tu casa todos los días, pero les diste una llave para cada cerradura de tu casa. Por lo tanto, nunca estarás a salvo del enemigo. Hacemos esto cuando estamos de acuerdo con Satanás y su Doctrina de los Demonios y firmamos el Contrato con el Diablo. La Doctrina Demoníaca se convierte en una fortaleza satánica en tu mente, y el enemigo no renunciará a su punto de acceso o llave porque le hayas dado un derecho legal para estar allí. El enemigo construye una fortaleza en tu mente (Fortaleza Demoníaca) y lucha contra Dios.

El enemigo continuamente está hablando contigo. Probablemente te está hablando ahora mismo, y el enemigo está tratando de distraerte para que no leas el resto de este capítulo o el resto de este libro. Sabe que romperás el contrato que hiciste con él, y él odia eso. Sin embargo, debes elegir ser libre y romper el Contrato con el Diablo. La mentira más importante que puede decir a alguien es que no existe o que Jesús no es el Señor. Si has creído alguna de esas mentiras, entonces has firmado un contrato de incredulidad. Para romper el Contrato con el Diablo, debes aceptar a Jesucristo como tu Señor. Este libro consiste en exponer las mentiras del enemigo y dar tu vida a Jesús. Necesitas el Poder de Dios para romper el Contrato con el Diablo, y solo Jesús lo tiene.

Jesús fue profetizado como el Mesías venidero para perdonar a la gente de sus pecados. Él iba a nacer de una virgen, del linaje real de David, sin pecado, Dios en carne y hueso, crucificado y resucitado. Jesús cumplió todas las cosas que se profetizaron sobre él. Vivió una vida sin pecado y fue crucificado en la cruz por el pecado de toda la humanidad. La Biblia dice en Juan 3:16, "*Porque de tal manera amó Dios al mundo, que ha dado a su Hijo unigénito, para que todo aquel que en él cree, no se pierda, mas tenga vida eterna*". Jesús es el Hijo de Dios. Murió por la humanidad, y la salvación se proporciona como un regalo. En el Antiguo Testamento, la sangre de un animal se derramaba como ofrenda o expiación por el pecado. Esta era una profecía y presagiaba lo que Jesús haría por toda la humanidad para apaciguar la expiación de sangre por el pecado. Jesús es el Cordero de Dios que quita el pecado del mundo (Juan 1:29).

Jesús tuvo dominio sobre Satanás al caminar por la tierra para el asombro de todos los que lo vieron en ese momento. Sanó a los enfermos y expulsó a los demonios. Fue el único que lo hizo hasta ese momento. No era un mago porque ninguno de los magos podía recrear sus milagros. Era el Hijo de Dios registrado en la historia. Él estaba aquí. Murió en la cruz, resucitó al tercer día y fue visto por mucha gente. Fue al cielo y envió el Espíritu Santo para que entrara en los corazones de todos los creyentes. Cualquiera que crea en Jesús como su Salvador, será perdonado de sus pecados y recibirá la salvación.

Jesús es real, y quiere salvarte del enemigo y de tu carne que está tratando de matarte y enviarte al infierno por toda la eternidad. Para recibir a Jesús, tienes que creer que es el Hijo de Dios y que murió en la cruz por tus pecados. Debes aceptar su expiación por tus pecados. Debes reconocer que eres un pecador que necesita un Salvador. Dios es un Dios Santo que no permitirá que nadie entre en el Cielo a causa del pecado. Él ha juzgado el pecado a través de la muerte sacrificial de Jesucristo en la cruz. No obstante, para que escapes de la ira de Dios, debes aceptar a Jesús. Dios derramó su ira sobre Jesús por el pecado en la cruz. Jesús le dijo al Padre en Mateo 27:46, "*Dios mío, Dios mío, ¿por qué me has desamparado?*" Sintió que el juicio del pecado descansaba sobre él mientras colgaba de la cruz. Se convirtió en nuestra ofrenda por el pecado. No hay otro modo de ser salvado del infierno y ser juzgado por Dios, excepto a través de Jesucristo.

Si reconoces esto como la Verdad, entonces necesitas aceptarlo como la Verdad Absoluta. Independientemente de las mentiras que el Diablo te haya dicho sobre Jesús o la salvación, debe romperse. La salvación es un regalo gratuito que no se puede ganar. Debes aceptarla y no tratar de añadirla creyendo ninguna de las mentiras que el Diablo te ha dicho sobre la salvación. Solo Jesús es la salvación. Debes confesar y arrepentirte de tus pecados por gracia a través de la fe. La gracia significa que no se puede ganar, y es solo a través de la fe y la aceptación de Jesús y lo que hizo en la cruz. Si nunca has aceptado a Jesús como tu Salvador, entonces estarás en una encrucijada. El Señor te hizo leer este libro para descubrir que Dios te ama y envió a su Hijo Jesús a morir en la cruz y perdonarte tus pecados. Dios quiere que aceptes su regalo para que tus pecados sean perdonados, y tengas una relación correcta con Dios restaurada. Serás perdonado y libre.

Dios te ama y envió a su Hijo Jesús para ser tu Salvador. Él murió por ti y te perdonará por cualquier cosa que hayas hecho en tu vida. ¡Sí, cualquier cosa, sin importar lo que sea! Esta es una verdad absoluta. Juan 14:6 dice, "_Jesús le dijo: Yo soy el camino, y la verdad, y la vida; nadie viene al Padre, sino por mí_". Jesús nos dice que Él es la única manera de ser salvado y tener el perdón de los pecados. Dios te aceptará una vez que lo aceptes a Él. Juan 3:16 dice, "_Porque de tal manera amó Dios al mundo, que ha dado a su Hijo unigénito, para que todo aquel que en él cree, no se pierda, mas tenga vida eterna_". Así que si crees que Jesús es el Hijo de Dios, entonces serás salvado y perdonado. Debes arrepentirte de tus pecados y aceptar a Jesús como tu Salvador. El Diablo te ha engañado para que pienses que no necesitas a Jesús. Puedes sentir el tirón en tu corazón del Espíritu Santo ahora mismo. Esta es la prueba de que Dios es real. Él te está alcanzando para ayudarte a romper las mentiras del enemigo para encontrarlo. Él es el Camino, la Verdad y la Vida.

Si estás listo para aceptar a Jesús como tu Salvador, entonces repite esta oración con todo tu corazón. "Dios, creo que soy un pecador, y necesito el perdón. No puedo salvarme a mí mismo y acepto el sacrificio que Jesús proporcionó en la cruz por mi pecado. Me arrepiento de mis pecados y creo que Jesús es el Hijo de Dios. Señor, por favor perdóname por todos mis pecados. Te hago Señor de mi vida. Gracias por perdonar mis pecados. Limpia mi historial y ayúdame a servirte. En el nombre de Jesús, te lo ruego, amén". Si oraste esta oración por primera vez, entonces el Espíritu Santo ha venido a tu corazón, y estás salvado.

Tienes una relación con Dios, y estás perdonado. Has sentido que tu pecado se ha quitado de ti, y tu corazón se ha limpiado y renovado. Eres un hijo de Dios nacido de nuevo. Todo el Cielo se regocija contigo porque has hecho a Jesús el Señor de tu vida. El viaje acaba de empezar, y Dios te mostrará su amor y su poder mientras caminas de cerca con él todos los días de tu vida. Dios nunca te dejará ni te abandonará. Tienes un enemigo, pero el Señor Jesús te ha dado el poder para luchar contra él y ganar. Regocíjate y alégrate porque tu recompensa en el Cielo es grande. Sigue leyendo en este libro para la Sabiduría Bíblica que te ayudará a convertirte en un discípulo y tener una relación cercana con el Señor mientras ganas la lucha contra el enemigo.

Si oraste esta oración y no pasó nada, entonces una de dos cosas ocurrió. Primero, has hecho esta oración antes, y ya estás salvado. Ahora, para las personas que leen este libro pensando que acortarán el proceso y solo aprenderán el conocimiento, no les ayudará a ser salvos. La segunda es que no creíste o pensaste que estabas listo para entregar tu vida a Jesús. Esto es triste porque no estás preparado para el día de mañana. Puede que nunca tengas otra oportunidad de salvarte. La tasa de mortalidad de la humanidad es del 100 por ciento. Morirás, pero el Diablo quiere decirte que tendrás una oportunidad en tu lecho de muerte. Sin embargo, muy pocas personas están despiertas en sus lechos de muerte. Mueren instantáneamente mientras están dormidos o en coma, donde son desconectados más tarde por un ser querido. No se les promete el mañana y Dios les da esta oportunidad. Hoy es el día de la salvación. Elijan este día a quién van a servir.

Dios es un caballero, y no forzará su entrada en tu vida. Quiere que lo elijas a Él. Te da la libertad de elegir, pero las consecuencias son la muerte eterna y el infierno si eliges mal. Quiere que dejes tu orgullo y tus planes para tu vida y lo elijas a Él. Dios tiene el mejor plan para tu vida, y Él es asombroso. Yo viví una vida llena de pecado antes de ser salvado. Aparentemente es divertido, pero lleva a una vida de culpa, vergüenza y vacío. Ora esta oración si quieres conocer a Dios ahora mismo. Si haces esta oración con todo tu corazón, entonces Jesús te mostrará que Él es real.

Jesús dijo en Apocalipsis 3:20, *"He aquí, yo estoy a la puerta y llamo; si alguno oye mi voz y abre la puerta, entraré a él, y cenaré con él, y él conmigo"*. No importa lo que hayas hecho, Dios te perdonará tus pecados si se lo pides. Haz esta oración y mira hasta dónde llega la madriguera del conejo. "Dios, he vivido mi vida, y está vacía. Sé que falta algo. Soy un pecador, y necesito el perdón. Me disculpo por mi pecado, y acepto a Jesús como mi Salvador, me disculpo por dudar de ti, te acepto hoy. Muéstrate real para mí. Ven a mi corazón y perdona mi pecado. Me arrepiento de mis pecados y te hago Señor de mi vida. Sálvame y ayúdame a servirte. Te doy acceso total a la vida de mi corazón. Te necesito. Gracias por perdonarme mis pecados. Quiero una verdadera relación contigo. En el nombre de Jesús, te lo ruego. Amén".

Nacer de nuevo y ser salvado de la ira venidera es el comienzo del viaje de Dios para sus hijos. Tenemos un enemigo, y nos ha engañado de muchas maneras. Este libro explorará todas las formas en que puedes haber hecho un contrato con él durante tu vida. Este libro está lleno de la Palabra de Dios porque solo Ella te hará libre. El siguiente capítulo es la base del Contrato con el Diablo. No permitas que el enemigo te impida leer el resto del libro. Dios te ha traído a este libro, pero no entiendes completamente qué es el Contrato con el Diablo o cómo se forma. Necesitas aprender sobre todas las áreas del Contrato del Diablo y especialmente cómo romperlo. Dios te recordará que termines este libro. Dios te guio a este libro, así que sigue leyendo y rompe el Contrato del Diablo a lo largo de tu vida. Aprende a ser libre en Jesús y volver a tener alegría. ¡Restaura la alegría de tu salvación! ¡Tratar de sobrevivir cada día no es la vida plena por la que Jesús murió para ti! ¡Sigue leyendo y te prometo que podrás tener el Espíritu Santo en tu vida de tal manera que estarás lleno de Alegría hasta que estalle en ti! No pongas a Dios en una caja.

CAPÍTULO 2

La Verdad Absoluta

"Santifícalos en tu verdad; tu palabra es verdad". Juan 17:17

La Biblia es clara al decir que es la Palabra de Dios. Fue escrita por 40 autores y tiene 66 libros. Como discutimos en el capítulo anterior, es vital para establecer la Verdad Absoluta. Una Verdad Absoluta es que los humanos viven en la tierra. El Sol que da luz a nuestro planeta es otra Verdad Absoluta. Estas son consensuadas por todas las personas que viven en la tierra. Ahora bien, al decir esto, hay personas que disputarían estas dos afirmaciones solo para estar debatiéndolas. Eso no significa que tengan un caso o que tengan razón. Sin embargo, quieren que su voz sea escuchada. Al argumentar su caso, se podría crear todo un grupo de seguidores e incluso una religión con millones de personas. La gente caerá en cualquier cosa porque no tienen ninguna Verdad Bíblica Absoluta que los fundamente. Han escuchado el dicho, "Si no defienden algo, cederán ante cualquier cosa". Me gusta mucho ese dicho. Demuestra el punto de que nosotros como cristianos necesitamos defender la Palabra de Dios y no renunciar a ninguna de las palabras que están grabadas en ella.

La Palabra de Dios es vital para la vida del cristiano. Para ser franco, quiero aclarar la definición que usaré en este libro de Religión (Ver Glosario). Cuando utilizo la palabra Religión, estoy hablando de una organización hecha por el hombre, compuesta de ideas y teologías humanas que no siempre son bíblicas. La religión es, por consiguiente, defectuosa y no una Verdad Absoluta. No hay ninguna religión (hecha por el hombre) que sea perfecta o sin defectos. Al decir esto, me identificaría como un cristiano (Hechos 11:26) pero tengo que decir que no estoy de acuerdo con cada Doctrina, secta o Iglesia que se autodenomina como cristiana. Me declaro un cristiano no confesional. Esto significa que no me aferro a la denominación de nadie dentro del cristianismo. Lo No-Denominacional se remonta a la intención original de la Biblia en la identificación de los cristianos como seguidores de Jesús y la correcta interpretación de la Biblia en la práctica de todo lo que la Biblia enseña. La definición de cristianismo es confusa para la mayoría de las personas. El cristianismo parece permitir sacerdotes homosexuales y abusadores de niños en serie en el púlpito. Parece permitir a cualquier pastor evitar temas como el pecado, el infierno y la crucifixión. El cristianismo es una palabra que está cargada de conceptos erróneos y malentendidos.

La Biblia afirma que debemos creer en el Señor para la salvación como el sacrificio de sangre por nuestros pecados. Debemos confesar a Jesús ante los hombres o Jesús no nos confesará ante el Padre (Mateo 10:33). Hay muchas escrituras sobre la confesión de Jesús para ser salvado para ir al cielo solo, pero me parece que si presentas el Evangelio a alguien y lo conduces en una oración afirmando sus creencias, hay una confirmación de Dios que se nota en la persona que ora. No obstante, puede que no hayas dicho una oración como esta cuando te salvaste, pero solo dijiste Jesús perdóname, creo en ti, ayúdame. Esto confirma tu creencia en Jesús, y si sentiste que Dios te perdonó y llenó tu corazón, entonces estás salvado. Ahora es crucial que continúes, te bautices y sirvas al Señor.

Las Escrituras son la Palabra de Dios. 2 Timoteo 3:14-17 dice,

> *"Pero persiste tú en lo que has aprendido y te persuadiste, sabiendo de quién has aprendido; y que desde la niñez has sabido las Sagradas Escrituras, las cuales te pueden hacer sabio para la salvación por la fe que es en Cristo Jesús. Toda la Escritura es inspirada por Dios, y útil para enseñar, para redargüir, para corregir, para instruir en justicia, a fin de que el hombre de Dios sea perfecto, enteramente preparado para toda buena obra".*

La Biblia se llama las Sagradas Escrituras, según Pablo. Dice que toda la Escritura es inspirada por Dios y usada para la Doctrina. La Doctrina es un conjunto de creencias guiadas por la interpretación de las Escrituras. Vemos algunas verdades significativas aquí sobre las Escrituras en solo este pasaje. Las Escrituras son sagradas, están inspiradas por Dios y se usan para la Doctrina. Las Escrituras son la Palabra de Dios. La Palabra de Dios es la Verdad Absoluta ya que Dios no puede mentir. Tito 1:1-2 dice,

"Pablo, siervo de Dios y apóstol de Jesucristo, conforme a la fe de los escogidos de Dios y el conocimiento de la verdad que es según la piedad, en la esperanza de la vida eterna, la cual Dios, que no miente, prometió desde antes del principio de los siglos".

Dios no es un mentiroso, pero se ha comprobado que Satanás es el padre de todas las mentiras. Juan 8:44 dice,

"Vosotros sois de vuestro padre el diablo, y los deseos de vuestro padre queréis hacer. El ha sido homicida desde el principio, y no ha permanecido en la verdad, porque no hay verdad en él. Cuando habla mentira, de suyo habla; porque es mentiroso, y padre de mentira".

Jesús está hablando de Satanás, y Jesús no puede mentir, así que Satanás es un mentiroso. ¡Amén!

Puesto que estamos de acuerdo en que Dios no es un mentiroso, entonces es fácil hacer de la Palabra de Dios la autoridad suprema en nuestras vidas. La humanidad ha hecho intentos ilimitados de crear nuevas religiones, todas con sus propias teologías y doctrinas que no están basadas en la Biblia. La Biblia dice que la Palabra de Dios es inspirada por Dios. Esto significa que está escrita por el hombre, pero bajo la influencia del Espíritu Santo. Por lo tanto, los hombres permitieron que Dios los usara para escribir bajo la inspiración del Espíritu Santo. Dios dictó lo que quería que escribieran, y ellos escucharon Su Voz y escribieron las Escrituras. Así es como sucedió en términos laicos. La Biblia dice que toda la Escritura es inspirada por Dios (2 Timoteo 3:16). ¡Todo en el idioma original griego en la Biblia significa todo! Así que cuando el Diablo trata de mentir y le dice que ciertas partes de la Biblia son solo la opinión del hombre o cualquier mentira que le diga, entonces puedes usar esta Escritura como Verdad Absoluta para probar que el Diablo o cualquier otra persona está equivocada. Sí, pueden discutir todo el día y tratar de darte argumentos que parecen tener algún tipo de medias verdades involucradas, pero nosotros sabemos la Verdad al final del día. Dice que toda la Escritura es inspirada y usada como Doctrina. Las Doctrinas son los bloques de construcción de la Fe Cristiana.

Las medias verdades son muy poderosas. Nos confundimos con las medias verdades cuando discutimos. Eso es porque hay un engaño mezclado con la verdad. Nuestras mentes buscan aceptar la parte verdadera, y a veces ignoramos la mentira. Como hay algo de verdad, tendemos a creer toda la declaración. Aquí es donde la comprobación de los hechos es tan esencial en estos días. Escuchas a alguien divagar en una lista de los llamados hechos, y luego porque son bien respetados creemos que están diciendo la verdad y la aceptamos como tal. Luego descubrimos más tarde que no estaban citando los hechos correctos. Estaban mintiendo o dando medias verdades. He aquí una verdad a medias; Jesús es un profeta, pero no el Mesías. Y esto es lo que enseña una religión popular. Si estamos de acuerdo con ellos, entonces toda la Biblia se desmorona. Esta es una mentira que tiene una verdad parcial. Jesús fue un Profeta, y eso es porque conoce el futuro. Sin embargo, Él era Dios y el Mesías o el Salvador en la carne. Si estamos de acuerdo con la verdad a medias, entonces negamos a Jesús como Salvador, y Jesús se convierte en un Profeta muerto en una tumba en algún lugar. El Diablo ha engañado a mucha gente porque ha intentado diluir la Palabra de Dios y sus mentiras han sido forzadas a nuestras gargantas. Esta es la Doctrina de los Demonios que menciona la Biblia. Las medias verdades son mentiras que deben ser disputadas con la Palabra de Dios.

La Biblia es conocida como un espejo. Nos muestra cómo es nuestra condición actual. Nos ayuda a ver lo que está mal en nosotros. La Biblia también es una escala. Si estás intentando perder peso, es importante que te peses para ver dónde estás. Si pesas 250 libras y tu peso objetivo es de 200 libras, te asegurarás de usar tu báscula como parte del programa de pérdida de peso. Es útil ver si has hecho algún progreso o si estás aumentando de peso. No nos enojamos con la báscula si nos muestra que estamos subiendo de peso, ¿verdad? Eso sería absurdo. Ahora la gente hace este tipo de cosas todo el tiempo. Sin embargo, no es fructífero.

Así que, imagínate esto, te has ejercitado toda la semana y has ido al gimnasio duro. Tu peso actual es de 250 libras a partir del lunes, y sientes que has hecho suficiente ejercicio para haber perdido al menos 5 libras. Ha pasado una semana, y está listo para pesarse. Te subes a la báscula, y dice 250 libras. Piensas para ti mismo que esta báscula debe estar equivocada. Sin embargo, la pruebas todos los días poniendo un peso de 20 libras en ella para asegurarte de que es exacta y que dice 20 libras. Por lo tanto, sabes que dice la verdad. No importa lo que tus sentimientos te digan, la báscula es correcta. Sin embargo, sabes con seguridad que deberías haber perdido peso. Entonces recuerdas que no cambiaste tu dieta en absoluto. Te sientes como un tonto, pero estabas comiendo bufetes para la cena todos los días.

Como puedes ver, la Palabra de Dios es como una balanza. Te dirá la verdad sin importar lo que pienses. Nos revela la verdad en todo momento. A diferencia de la balanza, la Palabra de Dios nunca se puede apagar. Alguien podría comentar y decir que parece que has perdido peso, y puedes creerlo, pero cuando te subas a la balanza, descubrirás la verdad. De esta manera es como opera la Palabra de Dios. Podemos sentirnos de cierta manera acerca de una actividad o Doctrina pecaminosa, pero tienes que estar preparado para aceptar la Verdad cuando abras las páginas y leas, al igual que cuando te subas a la balanza. Es hora de arrepentirse de tus juicios y creer en la Palabra de Dios.

Los reformadores durante el período de la Reforma tuvieron un problema con la Iglesia usando la Palabra de Dios para sus propósitos corruptos. Esto es lo contrario de lo que debería haber ocurrido. Los Reformadores vieron que la Iglesia estaba abusando de su autoridad mientras faltaba al respeto a la Palabra de Dios. El término "Sola Scriptura" (Solo Escritura) fue popularizado y predicado durante este tiempo. Era una señal de que los cristianos ya no permitirían que la Religión estuviera en control. Se sometieron a la Palabra de Dios como la Autoridad Absoluta del mundo. La Iglesia corrupta abusaba de su poder como lo hace hoy en día de muchas maneras. Las numerosas religiones e iglesias de hoy responderán por la doctrina que están predicando y forzando a la gente. Debemos someternos a lo que la Palabra de Dios dice y seguirla plenamente. No debemos someternos a una religión o a un pastor a ciegas sin hacer nuestra investigación.

Creer en la Palabra de Dios como la Verdad Absoluta es la piedra angular de la Fe Cristiana. Debemos creer y luchar hasta el último aliento para preservar la integridad de la Palabra de Dios. Recuerden el dicho: "Si no defienden algo, cederán ante cualquier cosa". Muchas religiones enseñan cosas similares al cristianismo e incluso se llaman a sí mismas cristianas, pero no lo son. Piensa en por qué otras religiones que son totalmente diferentes del cristianismo aún se llaman a sí mismas cristianas. El Diablo quiere que creamos y sigamos su falsa réplica para que nos engañemos al creer la Verdad real. Es un golpe de la religión como un golpe de un producto original. No debemos aceptar una falsa cuando nuestra vida eterna depende de ella. Debemos ser diligentes en la lectura de la Palabra de Dios, para que la conozcamos por nosotros mismos. Resulta imposible conocer la Palabra de Dios por uno mismo si no la estudias.

Conozco a mucha gente que no ha leído toda la Biblia, y esto es una pena. La Biblia dice que es nuestra responsabilidad manejar la Palabra de la Verdad correctamente y conocerla. 2 Timoteo 2:15-17 dice,

> *"Procura con diligencia presentarte a Dios aprobado, como obrero que no tiene de qué avergonzarse, que usa bien la palabra de verdad. Mas evita profanas y vanas palabrerías, porque conducirán más y más a la impiedad. Y su palabra carcomerá como gangrena; de los cuales son Himeneo y Fileto".*

Debemos ser diligentes con la lectura de la Palabra de Dios, que es agradable a Dios. En ella se dice que un trabajador no necesita avergonzarse. El enemigo nos avergüenza cuando no conocemos la Palabra de Dios, y el Diablo se aprovecha de nosotros cuando esto sucede. Debemos estudiar y dividir correctamente y entender la Palabra de Verdad. Además, debemos evitar o acabar con los balbuceos profanos y ociosos. ¡Debemos hablar y acabar con las mentiras del enemigo! Nos denomina trabajadores. Es nuestro trabajo.

Estos balbuceos se incrementarán a más impiedad, y su mensaje se extenderá como un cáncer (vs. 17). Es asombroso y, a propósito, que use la palabra cáncer. El cáncer es algo que no te afecta de inmediato. Te carcome hasta que estás débil e impotente. Puede apoderarse de todo tu cuerpo y matarte. Esta Escritura da una idea de cómo opera el Diablo. Tenemos un trabajo que hacer, y todo comienza cuando acordamos que la Palabra de Dios es la Verdad Absoluta. Debemos corregirnos cada vez que oímos a alguien decir algo contrario a la Palabra de Dios. Esto significa que tenemos la obligación de Dios de leer Su Palabra. Podemos fácilmente discutir algo que alguien está diciendo si conocemos la Verdad. Esto puede llevarlos desde una eternidad en el infierno a estar con nosotros en el Cielo, todo porque obedecieron a Dios y leyeron las Escrituras. Podrías decir una oración con ellos y guiarlos hacia Dios. Podrían convertirse en cristianos gracias a ti. Tenemos que poner nuestro filtro de pensamiento para autocorregir cada mentira que oímos de otros o del enemigo. Lleva cada pensamiento cautivo a la obediencia de Cristo Jesús. ¡Sostén la idea o el pensamiento a la Palabra de Dios, y si no coincide, entonces es basura y sabemos a dónde va la basura!

Vamos a orar y a romper el contrato con el diablo ahora mismo. Sí, estamos orando de nuevo. Es tan esencial como respirar oxígeno, ¡así que acostúmbrate! Vamos a orar para renunciar a las mentiras de Satanás que hemos creído sobre la Palabra de Dios. Es importante hacer esto porque si no lo hacemos, entonces Satanás todavía tiene una puerta abierta. Tiene acceso a nuestra vida, y sus palabras son como un cáncer. Las mentiras que nos ha estado diciendo nos comen hasta que nos consumen. Tómate un segundo y pídele a Dios que te muestre en qué área has sido engañado acerca de la Palabra de Dios. Pídele que te muestre qué mentira has creído para hacer de la Palabra de Dios un libro más. Quizás has faltado al respeto a la Palabra de Dios en algún momento y has tirado Biblias o no has estado de acuerdo con ciertas partes porque no la has entendido. Tal vez estás enojado con Dios en este momento y no quieres escuchar su voz en forma escrita. Hay muchas razones por las que alguien no quiere estar de acuerdo con la Palabra de Dios como Verdad Absoluta. Tenemos que darnos cuenta de que podemos pensar que nuestro camino es el mejor, pero podemos estar fuera. En Londres, todo el mundo comprueba su reloj de pulsera conforme al Big Ben. Tu reloj puede decir que es mediodía, pero si el Big Ben no está de acuerdo, entonces tienes que reajustar tu reloj.

Satanás ha dicho muchas mentiras sobre la Palabra de Dios. Sus mentiras necesitan ser expuestas, y la Verdad necesita ser elevada por encima de las mentiras que se te dijeron o incluso de tus propios sentimientos. Tal vez piensas que la Palabra de Dios está anticuada. Tal vez creías que la Palabra de Dios estaba mal traducida. Cualquier mentira que te haya dicho el enemigo es demoníaca. Podría sentarme aquí y mostrarle el error de todas estas mentiras, pero se necesitarían muchos libros para hacerlo. El Diablo dice nuevas mentiras cada día. No elijas una mentira por encima de la Palabra de Dios. Hebreos 4:12-13,

> *"Porque la palabra de Dios es viva y eficaz, y más cortante que toda espada de dos filos; y penetra hasta partir el alma y el espíritu, las coyunturas y los tuétanos, y discierne los pensamientos y las intenciones del corazón. Y no hay cosa creada que no sea manifiesta en su presencia; antes bien todas las cosas están desnudas y abiertas a los ojos de aquel a quien tenemos que dar cuenta".*

La Palabra de Dios es poderosa, y atraviesa nuestros corazones y divide nuestros pensamientos e intenciones del corazón. El Señor sabe qué parte de su Palabra te ofende, y debes tomar una decisión para arrepentirte. Te equivocas si tienes otra opinión que no sea la de las Sagradas Escrituras. La Palabra de Dios es verdadera, y todo hombre es un mentiroso. Tenemos que someternos a la autoridad de las Escrituras, que son la Palabra de Dios. Hoy debes elegir. Dibuja una línea en la arena. Decide creer en la Palabra de Dios por encima de las mentiras del enemigo. Oremos para romper el contrato con el Diablo. El enemigo nos ha hecho creer que la Palabra de Dios no es la Verdad Absoluta, y debemos renunciar a esa mentira. Oremos para que seamos perdonados por no haber obedecido la Palabra. Rechacemos las mentiras y creamos la Verdad.

Oremos, repitamos estas palabras en voz alta, y oremos con sinceridad y de todo corazón. "Señor, vengo a ti como un pecador. Siento haber maltratado tu Palabra. Perdóname por creer una mentira sobre Tu Palabra. Renuncio a las mentiras de Satanás sobre Tu Palabra. Creo que Tu Palabra es la Verdad Absoluta. Creo que Tú no puedes mentir, y que no me mentirías. Señor, ayúdame a aceptar Tu Verdad como mi nueva verdad. Ayúdame a defenderla. Ayúdame a entenderla. Perdóname y ayúdame a obedecer las Escrituras en el futuro. Rompo el Contrato de Duda que el enemigo me ha hecho creer. Recibo tu perdón, Señor, y estoy de acuerdo con tu verdad. En el nombre de Jesús, te lo ruego. Amén". ¡Sigamos rompiendo el Contrato del Diablo en un millón de pedazos!

CAPÍTULO 3

El Contrato del Engaño

"Y fue lanzado fuera el gran dragón, la serpiente antigua, que se llama diablo y Satanás, el cual engaña al mundo entero; fue arrojado a la tierra, y sus ángeles fueron arrojados con él". Apocalipsis 12:9

El Diablo es conocido por su engaño. El Diablo trata de engañar a la gente para que crea ciertas cosas sobre la Biblia. Si puede, tratará de engañarte para que te unas a una religión que no tiene a Jesús. Él está continuamente manteniendo a la gente ocupada con charlas y chismes sobre la nueva normalidad. Pero como con el virus, el Diablo intenta que aceptes una nueva realidad. Una realidad que es normal para él, pero nueva y extraña para ti. Adán y Eva experimentaron una nueva normalidad, y todo fue provocado por el Diablo. Génesis 3:13 dice, "Entonces Jehová Dios dijo a la mujer: ¿Qué es lo que has hecho? Y dijo la mujer: La serpiente me engañó, y comí". Así que, podemos ver aquí que el Diablo pretendía engañar a Eva. Se propuso expresamente engañar a Eva. Esto nos muestra la táctica de cómo trabaja Satanás. Satanás es un mentiroso y un engañador. No se le debe escuchar ni confiar en él por ninguna razón.

Dios no es el autor de la confusión, y quiere que conozcas la verdad y no seas engañado. El Diablo no quiere que veas la Verdad. La Biblia dice que la Verdad te hará libre. El Diablo, cuando se acercó a Eva, no le dijo que quería engañarla. Mantuvo sus motivos ocultos. No quería que la verdad saliera a la luz sobre sus intenciones. El Diablo opera de la misma manera hoy en día. El Diablo busca engañar a todo el mundo. Lo ha estado haciendo desde los tiempos de Adán y Eva y es muy bueno en ello. Engañó a Eva, y ella no tenía una naturaleza caída y pecaminosa. Ella era pura y nunca había pecado antes. La Biblia dice que el Diablo aparece como un Ángel de la Luz. Satanás es suave como la seda, y tenemos que estar en guardia ahora que sabemos cómo opera como embaucador. Nuestra luz en las tinieblas es la Palabra de Dios. Salmo 119:105 dice, "Lámpara es a mis pies tu palabra, y lumbrera a mi camino". Necesitamos la Palabra de Dios como nuestra luz en este mundo. Ilumina nuestro camino para ver el camino correcto a seguir. Si ignoramos la Palabra de Dios, terminaremos en la oscuridad. Veamos lo que les pasó a Adán y Eva. Génesis 2:16-17 dice,

> "Y mandó Jehová Dios al hombre, diciendo: De todo árbol del huerto podrás comer; mas del árbol de la ciencia del bien y del mal no comerás; porque el día que de él comieres, ciertamente morirás".

Está claro que Dios le habló a Adán aquí, diciéndole directamente que no debe comer del árbol del conocimiento del bien y del mal. Dice que el día que comas de él, MORIRÁS con toda seguridad. Dios estaba advirtiendo a Adán. Ahora, Eva está hecha de la costilla de Adán, y se le dijo a Eva que no debe comer del árbol. Génesis 3:1-5 dice,

> "Pero la serpiente era astuta, más que todos los animales del campo que Jehová Dios había hecho; la cual dijo a la mujer: ¿Conque Dios os ha dicho: ¿No comáis de todo árbol del huerto? Y la mujer respondió a la serpiente: Del fruto de los árboles del huerto podemos comer; pero del fruto del árbol que está en medio del huerto dijo Dios: No comeréis de él, ni le tocaréis, para que no muráis. Entonces la serpiente dijo a la mujer: No moriréis; sino que sabe Dios que el día que comáis de él, serán abiertos vuestros ojos, y seréis como Dios, sabiendo el bien y el mal".

El Diablo tiene esquemas específicos que usa para que desobedezcas a Dios y cometas pecado. La forma en que lo hace es muy evidente en este pasaje, veamos un poco más de cerca. En el versículo 1, el Diablo ya está tergiversando la Palabra de Dios para engañar a Eva. Dijo, parafraseando, ¿Dijo Dios que no puedes comer nada de fruta? Eva respondió y dijo, sí, toda la fruta excepto el árbol en el medio del jardín ya que, si comemos o tocamos, moriremos. Satanás, inmediatamente con audacia, dijo: "No, ciertamente no morirás". Así que, vemos la primera mentira descarada registrada en las Escrituras. Llama a Dios mentiroso. Eva, estoy seguro, que se pregunta qué es lo que está pasando. ¡Su Dios está siendo llamado mentiroso! Satanás continúa diciendo, "Dios sabe que cuando lo comas, tus ojos se abrirán, y serás como Dios, conociendo el bien y el mal".

El Diablo los engañó con medias verdades, que son poderosas. Un buen mentiroso usa las medias verdades para que sea creíble. La verdad a medias es que sus ojos se abrirían, pero tendrían que desobedecer a Dios y al pecado para hacerlo. Satanás dice que Dios les está ocultando un secreto. Podrían comer y ser como Dios, así que estarían iluminados o conocerían el bien y el mal. Satanás le presentó esto a Eva como si Dios estuviera ocultando algo bueno a Adán y Eva. Satanás los engaña para que crean que Dios es el malo en este escenario. Así que no solo ha llamado a Dios mentiroso, sino que ha mentido a Eva, ha dicho medias verdades, la ha engañado y le ha hecho sentir que Dios le estaba ocultando algo bueno que necesitaba. El resto de la historia se desarrolla aquí en Génesis 3:6-7,

> *"Y vio la mujer que el árbol era bueno para comer, y que era agradable a los ojos, y árbol codiciable para alcanzar la sabiduría; y tomó de su fruto, y comió; y dio también a su marido, el cual comió, así como ella. Entonces fueron abiertos los ojos de ambos, y conocieron que estaban desnudos; entonces cosieron hojas de higuera, y se hicieron delantales".*

Eva hace algunas comprobaciones con sus ojos. Ahora sabemos una razón por la que la Biblia dice que caminamos por la fe y no por la vista. Pero Eva ya ha pasado ese punto porque ha sido engañada y está lista para pecar. Vio que era bueno para la comida, un placer para la vista, y deseable para obtener sabiduría. Como vio que lo que el Diablo le decía había sido comprobado como exacto según su razonamiento, entonces comió. Así que, comprobó los hechos del Diablo con sus ojos y su mente y justificó la mentira y se fue con ella. Ella no regresó, ¡y comprobó lo que el Diablo estaba diciendo con la Palabra de Dios que ELLA HABÍA RECORDADO! Ella citó la Palabra de Dios al Diablo, pero no confió en la Palabra de Dios. Repitió la Palabra de Dios de la manera que Satanás quería, para que el engaño se profundizara aún más.

Así que Eva comprobó los hechos del Diablo basándose en su lógica y su visión. No usó lo que Dios le había advertido, que es Su Palabra. Dios no se basa en reglas para hacer nuestras vidas miserables. Él nos ama y quiere protegernos del enemigo y de nosotros mismos. Pero tenemos que tener cuidado de no hacer un juicio sobre el diablo con nuestros sentimientos y emociones. "Veo que esto se ve bien y apuesto a que me haría sentir bien, así que lo haré por capricho". Eva no tardó mucho en decidirse. No contempló su desobediencia por mucho tiempo. Esto es culpa de Eva, pero el Diablo es poderoso y hábil en la mentira, la manipulación y el engaño. Tenemos un enemigo que quiere matar, robar y destruir nuestras vidas, según Juan 10:10.

No podemos controlar al Diablo con nuestra propia sabiduría. Tenemos que llevar esos pensamientos y mentiras a la obediencia de Cristo y mantenerlos cautivos o ver si se alinean con lo que Dios dijo sobre el tema. Si no se alinean, entonces debemos reprender esas mentiras y al que nos habla con la Palabra de Dios. El Diablo tergiversó la Palabra de Dios, con Jesús en el desierto. Mateo 4:1 - 4 dice,

> *"Entonces Jesús fue llevado por el Espíritu al desierto, para ser tentado por el diablo. Y después de haber ayunado cuarenta días y cuarenta noches, tuvo hambre. Y vino a él el tentador, y le dijo: Si eres Hijo de Dios, di que estas piedras se conviertan en pan. El respondió y dijo: Escrito está: No solo de pan vivirá el hombre, sino de toda palabra que sale de la boca de Dios".*

Jesús fue llevado por Dios al desierto para ser tentado por el Diablo. Desde los tiempos de Adán y Eva, Satanás ha tenido miles de años de experiencia mintiendo, manipulando y engañando a la gente. Por lo tanto, se enfrentó a Jesús con una confianza estratégica. Lo primero que le dijo a Jesús fue un ataque a su ego humano, a su deidad, a sus emociones y a sus necesidades humanas, mientras lo desafiaba a pecar. Jesús respondió diciendo, "No solo de pan vivirá el hombre, sino de toda palabra que sale de la boca de Dios". Jesús no cayó en la trampa de decir que soy el Hijo de Dios, ¡y puedo probarlo ahora mismo! ¡Voy a convertir estas piedras en pan para demostrárselo! Jesús confiaba en quién era y en su misión. Si dejaba que su ego se magullara o que sus emociones se interpusieran, entonces habría perdido la batalla de la tentación contra el Diablo. Jesús habría usado mal el poder de Dios por sus razones egoístas solo para comer. El Diablo también estaba tratando de que terminara el ayuno pecando. ¡Vaya!

Jesús estaba en la guerra, pero sabía cómo luchar contra el Diablo correctamente. Jesús usó la Palabra de Dios contra Satanás. Jesús no controló a Satanás con sus ojos o sus emociones. Usó la Espada del Espíritu contra Satanás. Él luchó usando la Palabra, "Está escrito": "No solo de pan vivirá el hombre, sino de toda palabra que sale de la boca de Dios". Jesús ignoró todos los intentos de Satanás de engañarlo, y usó la Palabra para hacerle saber que el pan no es lo suficientemente importante para que él haga un mal uso del Poder de Dios. Su hambre puede esperar. Dijo que la Palabra de Dios es el Pan que lo sostiene. Jesús estaba citando Deuteronomio 8:3 aquí a Satanás,

"Y te afligió, y te hizo tener hambre, y te sustentó con maná, comida que no conocías tú, ni tus padres la habían conocido, para hacerte saber que no solo de pan vivirá el hombre, mas de todo lo que sale de la boca de Jehová vivirá el hombre".

La batalla continúa en Mateo 4:5-6 cuando el Diablo tienta a Jesús,

"Entonces el diablo lo llevó a la santa ciudad, lo puso de pie sobre el pináculo del templo, y le dijo: Si eres Hijo de Dios, échate abajo, porque escrito está: A sus ángeles mandará acerca de ti, y en sus manos te llevarán, de modo que nunca tropieces con tu pie en piedra".

Jesús fue confrontado de nuevo para probar que era el Hijo de Dios al hacer un mal uso del Poder de Dios. Solo una nota al pie aquí, pero ya que Satanás conoce la Palabra de Dios y la tiene memorizada y tú no, entonces ¿cómo vas a saber la Verdad y no ser engañado? Tenemos que leer la Palabra de Dios no por obligación sino para sobrevivir a un ataque del enemigo. Si no tienes balas en tu arma, entonces el enemigo va a ganar. Pero cuando eliges seguir a Dios, Él te entrenará para que te acerques a Él y entiendas Su Palabra y luches contra el enemigo. La vida cristiana es un maratón y no un sprint. Jesús es excelente y nos muestra exactamente cómo luchar contra Satanás. Debemos aprender de este encuentro para poder luchar contra el enemigo de la misma manera.

Ahora podemos ver que Jesús estaba ayunando, así que se sometió a Dios. Santiago 4:7 dice, "<u>Sométanse, pues, a Dios. Resistan al diablo, y él huirá de ustedes</u>". Debemos someternos a Dios, caminar con Él, leer Su Palabra, orar, ser llenos del Espíritu, luego resistir al Diablo, y él huirá. Debemos tener el poder de Dios para resistir al enemigo y no solo nuestra voluntad humana. No puedes orar por 2 o 3 minutos al día casualmente y luego pensar que tienes poder sobre Satanás. Tienes que ser serio en tu camino con Dios para que Satanás te tome en serio. Los demonios son muy conscientes de los cristianos que caminan con Dios y son serios en la lucha contra el enemigo. También conocen a las personas que no tienen autoridad sobre ellos y no creen. Hechos 19:13-16 dice,

> *"Pero también algunos de los judíos, exorcistas ambulantes, se pusieron a invocar el nombre del Señor Jesús sobre los que tenían espíritus malos, diciendo: ¡Les conjuro por el Jesús que Pablo predica! Eran siete hijos de un tal Esceva, un judío, principal de los sacerdotes, los que hacían esto. Pero el espíritu malo respondió y les dijo: A Jesús conozco, y sé quién es Pablo; pero ustedes, ¿quiénes son? Y el hombre en quien estaba el espíritu malo se lanzó sobre ellos, los dominó a todos y prevaleció contra ellos, de tal manera que huyeron desnudos y heridos de aquella casa".*

Los demonios sabían de Jesús y Pablo, pero no conocían a estos impostores, así que los castigaron severamente. Jesús dijo a los creyentes que, si tienen fe sin dudar, moverán montañas, y el enemigo no puede dominar a los cristianos.

La forma en que el Diablo engaña a la gente es casi similar a algo llamado la escalera del "sí". Es un término de venta. La escalera del sí tiene psicología detrás para hacer que la gente quiera decir sí. Por lo tanto, un vendedor te preguntará, "¿Te llamas John?" Tú respondes: "Sí". Ellos dicen, "¿Quieres ahorrar dinero?" Tú respondes: "Sí". Preguntan: "¿Estás harto de pagar de más?" Tú respondes: "Sí". Preguntan: "¿Quieres un gran negocio por el dinero que estás gastando en un seguro de vida?" Tú respondes: "Sí". Dicen: "¿Quieres el mejor trato que pueda conseguirte?" Tú respondes: "Sí". Dicen: "¿Es tu familia más importante que el dinero?" Tú respondes: "Sí". Luego dicen: "Por 50 dólares al mes puedo conseguirte un seguro de vida, ¿estás listo para firmar hoy?" Tú respondes: "Sí". Estuviste en la escala del sí todo el tiempo siendo entrenado para decir sí.

Los vendedores saben que, si te llaman y te preguntan directamente si quieres un seguro de vida por 50 dólares al mes, la mayoría de la gente les dirá que no y luego colgarán. La gente tiene otras cosas en las que gastar su dinero en estos días. Pero los vendedores tienen tácticas. No digo que los vendedores sean malos, pero usan estrategias probadas que superan las objeciones de la gente para manipularlos para que digan que sí. Entonces tienen el remordimiento del comprador, pero es demasiado tarde. El Diablo hace lo mismo con nosotros. Utiliza tácticas para engañarnos, y tenemos que asegurarnos de que las entendemos. No podemos permitirnos ser engañados hoy. Si aceptamos una pequeña mentira, entonces podemos terminar abandonando la fe cristiana.

El Diablo te preguntaría, "¿Dios te ama?" Tú respondes: "Sí". ¿Dios ama a todo el mundo? Tú respondes, "Sí". ¿Dios quiere que todos vayan al Cielo?

Respondes: "Sí". Él dice que Dios tiene el control, ¿verdad? Tú respondes, "Sí". Él dice que entonces nada puede detener a Dios, ¿verdad? Tú respondes, "Sí". Todas las religiones apuntan a Dios, así que todas las religiones son aceptables, ¿verdad? Tú respondes, "Sí". ¡Entonces todos estarán en el Cielo! Pero esto no es cierto. Lo que no nos damos cuenta es que las fuerzas demoníacas nos hablan todo el tiempo. Escuchamos una voz en nuestra cabeza, y pensamos que no es nada. Quizás sea nuestra propia voz, así que la ignoramos o la consentimos. Nos subimos a un tren de pensamiento como la escalera del sí y tenemos una conversación con nosotros mismos, pensamos. Pero nos comunicamos con los demonios diciéndonos medias verdades. Las medias verdades son mentiras. Adán y Eva estaban hablando cara a cara con el Diablo. Jesús también habló cara a cara con Satanás. Hoy en día no hablamos cara a cara con los demonios. Tampoco hablamos cara a cara con Dios. Es sobre todo en nuestras mentes y pensamientos que nos comunicamos con seres sobrenaturales. Pero están cerca de nosotros y no podemos verlos. Lo mismo ocurre con Dios. Él es Omnipresente, por lo que siempre está cerca de nosotros y su espíritu vive dentro de nosotros.

Los demonios invaden nuestras mentes plantando pensamientos o tentaciones. Parece sutil, pero es muy deliberado. El significado de sutil es, "Tan delicado o preciso que es difícil de analizar o describir". El enemigo nos habla con delicadeza, y es difícil de analizar o describir. Por lo tanto, vemos aquí que el Diablo está usando una táctica para hablar con nosotros. No es como el vendedor que anuncia, "¡OYE, TE LLAMO PARA VENDER ALGO Y TE DIGO CUÁNTO CUESTA POR FAVOR NO CUELGUE!" No, el Diablo es sutil y usa tácticas. Tratará de persuadirte suavemente de tal manera que será delicado o con un suave empujón. Una vez que te acostumbras a identificar esa voz, te das cuenta de que la forma sutil en que habla es como un susurro maligno que intenta apoderarse de tu mente y tu cuerpo si lo obedeces.

Tratará de hablarte y confundirte en todos los temas imaginables. Tratará de hacerte perder el tiempo con muchas cosas en este mundo. ¡Mira, Ardilla! Así como así, el Diablo robará tu atención de Dios, y no le importa mientras no pienses en Dios o hagas algo para acercarte a Dios. Una vez que nos alejamos de Dios es difícil volver a centrarnos en él, porque nos distraemos con otras actividades que son agradables y nos hacen sentir productivos. Después de un tiempo, nos damos cuenta de que las acciones que estamos haciendo están vacías y queremos volver a Dios para arrepentirnos.

Tiene muchos engaños que quiere que creas. Lo más importante es no dar tu vida a Jesús y salvarte o nacer de nuevo. Él te distraerá con todas estas preguntas lógicas que intentan refutar a Dios, pero si eso falla, entonces no puede impedir que te salves. Una vez que te salvas, entonces sigues siendo un blanco para el enemigo. Él intenta que te distraigas en cada momento. Si es la Iglesia, entonces intentará que tu jefe te pregunte cada semana si puedes trabajar el domingo y te hará sentir condenado si no trabajas. Así que quiere que pienses que eres un mal cristiano si le dices a tu jefe que no porque se supone que debes honrar y obedecer a los que están en autoridad según la Biblia. Pero si trabajas, entonces sufres porque no puedes ir a la Iglesia. Él tratará de hacer que sea imposible para ti hacer lo correcto. Pero si te defiendes y te enfrentas al enemigo, entonces serás bendecido por Dios, y Él te protegerá.

Debes obedecer la Palabra de Dios ante cualquier hombre o autoridad. Faltar a la Iglesia es una victoria para el enemigo si caes en esa trampa. Estoy seguro de que los demonios serán recompensados por cada cristiano que no vaya a la iglesia todos los domingos. No puedo dejar de mencionar "Cartas del diablo a su sobrino" de C.S. Lewis. Acabo de leer algo de ese libro el otro día. Expone cómo el Reino de Satanás es muy estratégico y deliberado sobre cómo manipulan a los cristianos. Es un relato ficticio de cómo los demonios hablan con los humanos y hacen que éstos pequen o eviten las cosas de Dios. Es muy descriptivo e informativo sobre cómo los demonios nos hablan y sugieren algo en nuestros pensamientos.

El Diablo nos engaña haciéndonos creer que los pensamientos que tenemos sobre un tema son nuestros. Esto puede condenarnos si se trata de un pensamiento maligno. Hay que tener mucho cuidado para determinar qué voz estamos escuchando en un momento determinado. Cuando se ayuna, es mucho más fácil discernir qué voz está hablando contigo. Solo para recordarte, está la Voz de Dios, tu voz, y la voz del enemigo. El enemigo puede usar tu voz y la de los demás. Dios puede hacer lo mismo. Así que, si quieres intentar simplificarlo, entonces Hollywood ha hecho un buen trabajo. Hay un demonio en un hombro y Dios en el otro. Nuestra voz también engaña. Debemos tomar y someter todos nuestros pensamientos al Señor, 2 Corintios 10:5, "<u>Destruimos los argumentos y toda altivez que se levanta contra el conocimiento de Dios; llevamos cautivo todo pensamiento a la obediencia de Cristo</u>". No debemos caer en la trampa del acuerdo temeroso y dejar que el enemigo se apodere de nuestros pensamientos. Tenemos que luchar contra él con la Palabra de Dios. Él quiere intimidarte, pero no puedes dejarle hacer eso nunca más. ¡La Biblia dice que debemos luchar la buena batalla de la fe!

El trabajo del enemigo es engañarte y hacerte diluir. Si eres un miembro fuerte de la Iglesia que se involucra en la Iglesia y llama a las puertas y lleva a la gente al Señor, entonces eres un problema para el Diablo. Si eres un trabajador de la guardería que es voluntario en la Iglesia, entonces también eres un gran problema para el Diablo. Estás permitiendo que la gente sirva a Dios sin interrupción y entonces los niños aprenden sobre Jesús. Así que, eres un gran objetivo. No te desanimes cuando te ataquen. Ve a Dios y consigue los frutos del Espíritu para vencer al enemigo. Gálatas 5:22-25 enumera los frutos del Espíritu, que vienen de pasar tiempo con Dios,

> *"Pero el fruto del Espíritu es: amor, gozo, paz, paciencia, benignidad, bondad, fe, mansedumbre y dominio propio. Contra tales cosas no hay ley porque los que son de Cristo Jesús han crucificado la carne con sus pasiones y deseos. Ahora que vivimos en el Espíritu, andemos en el Espíritu".*

Al Diablo le encanta hacer que la gente piense que es más inteligente que Dios. Suena loco, pero hay una forma en que el enemigo lo hace. Cuando leemos las Escrituras sobre la fornicación, el Diablo trata de pervertirla. Un sinónimo de perversión es llevar por mal camino. Dios dice que está mal tener sexo fuera del matrimonio. Entonces, miramos el sexo y pensamos que Dios nos está ocultando algo bueno, tal como Eva pensó en el jardín. El Diablo comienza a decir que el sexo está bien. Dice que puedes hacer otras cosas además del sexo. Entonces se convierte en sexo. Antes de que te des cuenta, tienes sexo todos los días o te has mudado con la persona. Esto es un pecado.

La rebelión contra la Palabra de Dios es un pecado. La Biblia dice que el pecado tiene consecuencias. Si eres cristiano, entonces eres salvo, pero enfrentarás las consecuencias de este mundo del enemigo o de Dios. Dios castiga a los que ama. Dios nos corregirá, y a veces duele mucho. Él usará muchas maneras diferentes para corregirnos, y podría ser la Policía. Tenemos que respetar la Palabra de Dios. Si lo hacemos, entonces no tendremos que preocuparnos por todas las consecuencias de nuestras acciones por desobediencia. Pero a veces pensamos que somos más inteligentes que Dios, y tenemos que empujar estos límites. Es increíblemente estúpido creer que somos más inteligentes que Dios. Pero puedes estar seguro de que he hecho esto repetidamente en el pasado. Es mejor rendirse a Dios que ser tragado por un pez gigante enviado por Dios para recuperarte como el profeta Jonás. Albert Einstein dijo, "La definición de locura es hacer lo mismo una y otra vez y esperar resultados diferentes". ¡Señor, ayúdanos a dejar de ser tan orgullosos de nuestra rebelión y solo escucharte!

El enemigo en alguna área de nuestras vidas nos ha engañado a todos. No importa si se trata de una Doctrina, hábitos de pecado, o cualquier otra cosa. Nos han mentido, y hemos creído en la mentira, o simplemente nos hemos negado a luchar y a aceptarla. Ahora tenemos lo que llamamos "Mi verdad". Este es un terrible engaño del enemigo. Lo llamamos "Mi verdad" para que no pueda ser refutada o se demuestre que está equivocada. Esto permite que el engaño crezca y se salga de control. Rechazamos la lógica y la razón. Rechazamos la sabiduría de las Escrituras y con orgullo, nos aferramos a una mentira demasiado fuerte. Esto es veneno y matará nuestra progresión de fe y obediencia hacia Dios. Tenemos que arrepentirnos y renunciar a "Nuestra verdad" y someterla a la Palabra de Dios. Tenemos que arrepentirnos. El arrepentimiento significa llevar un hábito pecaminoso a Dios, confesarlo y dejarlo con Dios, luego dar la vuelta y alejarse de él y no volver nunca más. La oración, en un sentido, es llevar nuestra suciedad a Dios y confesarla y dejarla con Él, y Él nos perdona y se deshace de ella.

Necesitamos la oración, para que el Diablo no nos engañe. Como lees en este libro, verás muchas áreas en las que el Diablo te ha engañado y cómo lo ha logrado. Verán que cuando esto sucede, le abrimos la puerta a Satanás, y él tiene el derecho legal de estar en nuestras vidas por un pecado no confesado. Debemos ir a Dios y pedirle que nos muestre todas las formas en que hemos sido engañados y que diariamente nos arrepintamos de estas cosas. Debemos cambiar nuestras mentes para conformarnos diariamente a la mente de Cristo.

Oremos y pidamos la ayuda de Dios. "Padre, por favor perdóname por mis elecciones pecaminosas. Por favor perdóname por permitir que el enemigo tenga el control de mis pensamientos y acciones. Perdóname por mi rebeldía. Necesito Tu ayuda, y te pido que rompas el contrato de engaño de mi vida que el enemigo ha puesto sobre mí. Ayúdame a entender Tu Palabra y a seguirte con todo mi corazón. Renuncio a las mentiras del enemigo hacia la Palabra de Dios y hacia Ti, Dios. Satanás renuncio a ti como mi maestro. No te seguiré más. Por favor Señor ayúdame a identificar las voces que me hablan diariamente. Ayúdame a luchar contra la voz del enemigo y a seguir Tu voz. En el nombre de Jesús, te lo ruego, Amén".

CAPÍTULO 4

El Contrato del Orgullo

"Pues, aunque andamos en la carne, no militamos según la carne; porque las armas de nuestra milicia no son carnales sino poderosas en Dios para la destrucción de fortalezas. Destruimos los argumentos y toda altivez que se levanta contra el conocimiento de Dios; llevamos cautivo todo pensamiento a la obediencia de Cristo". 2 Corintios 10:3-5

El orgullo es un pecado horrible. Satanás es el Rey del Orgullo. Dice en la Biblia, varias veces que quiere ser adorado y que será como Dios. Isaías 14:13-15 dice,

"Tú has dicho en tu corazón: 'Subiré al cielo en lo alto; hasta las estrellas de Dios levantaré mi trono y me sentaré en el monte de la asamblea, en las regiones más distantes del norte. Subiré sobre las alturas de las nubes y seré semejante al Altísimo'. Pero has sido derribado al Seol, a lo más profundo de la fosa".

Satanás declaró que estaría en una posición de poder. Decidió en su corazón y habló con su boca. Sin embargo, el fin de sus intentos de orgullo lo llevará a las más bajas profundidades de este abismo. Está lleno de orgullo, y el enemigo quiere que caigamos en la misma trampa en la que él ha caído. La única manera de deshacerse del orgullo es confesar y arrepentirse. El Diablo no se apartará de su orgullo, por lo que encontrará su fin en el abismo, tal y como declara la Biblia. La definición bíblica de orgullo significa creer que eres más inteligente que Dios y creer que no tienes que obedecerle. Tener orgullo en lo limpia que está tu casa, por otro lado, puede ser normal. Pero tus motivos revelarán el malvado orgullo que te eleva por encima de los demás o de Dios. Debemos ser humildes mientras servimos a Dios y a los demás. No debemos ser idolatrados como quiere Satanás.

La Biblia dice en Proverbios 9:10, "*El principio de la sabiduría es el temor del SEÑOR, y el conocimiento del Santísimo es la inteligencia*". Satanás no teme al Señor porque lo desafió y ha lanzado un ataque total contra él en todos los sentidos. Satanás es el ejemplo perfecto del orgullo y sus consecuencias. Dios permitirá que Satanás y nosotros caminemos con orgullo. Sin embargo, hay un abismo que espera a cualquiera que camine con orgullo. Todos hemos oído que el orgullo precede a la caída. Según la Escritura es en Proverbios 16:18, "*Antes del quebrantamiento es la soberbia, y antes de la caída la altivez de espíritu*". El orgullo no solo sucede. Satanás nos tienta a ser orgullosos como él. Las tentaciones vienen del enemigo y de nuestra carne. Nuestra carne tiene deseos y quiere que los cumplamos, pase lo que pase.

A la carne no le importa si tu santificación (Obediencia a Dios) se compromete o se detiene. ¡Quiere lo que quiere, ahora mismo! La forma en que la carne se comporta me recuerda a la niña, Violeta, de la película "Willy Wonka y la fábrica de chocolate". Quería el caramelo, que era una comida completa, antes de que estuviera listo para el mercado. No era seguro, y Wonka le advirtió, pero se lo comió de todas formas. Tuvo graves consecuencias y fue más grande que su ego. Tuvo que ser escoltada a la sala de jugos para que los Oompa Loompas redujeran su tamaño a un tamaño normal. La Biblia nos advierte que el orgullo lleva a la destrucción. Sin embargo, ¿nos importa? ¡No si actuamos con orgullo!

El orgullo es un engaño que nos ponemos como las anteojeras que usan los caballos. Cuando el enemigo nos engaña, aceptamos el Contrato del Orgullo. El Contrato del Orgullo tiene muchas consecuencias desafortunadas que ya hemos visto. Permitimos que el orgullo nos acorrale como un contrato vinculante. Los contratos pueden ser divertidos si heredas dinero, y aceptas un contrato que te permita tener el dinero concedido anualmente por el resto de tu vida. Continuamente recibes una bendición para el resto de tu vida. Sin embargo, cuando el contrato no tiene nada más que tormento día tras día, el contrato te hará miserable. Estás encadenado al contrato a pesar de no haber entendido todas las ramificaciones de lo que te hace el orgullo.

El orgullo te engaña para que te limites a tu conocimiento y al conocimiento limitado que el enemigo comparte contigo. El orgullo te llevará a la destrucción, pero también trae consigo toda una serie de actitudes desagradables. El espíritu altivo, como describe la Biblia, es simplemente hostil. Cuando ves a alguien siendo arrogante u orgulloso, es una mala mirada. Solo esperas que tengan razón porque si no, se dirigen a la destrucción. El exceso de confianza es sinónimo de altivez. Por lo tanto, cuando estás demasiado confiado y fallas en algo, es hora de volver a la mesa de dibujo y ver qué salió mal. Lamentablemente, con orgullo, no tienes este lujo si sigues en él. Solo reajustas algunas cosas y continúas con tu arrogancia. Nadie puede decirte que vas por el camino equivocado porque has decidido que el orgullo será tu GPS. El orgullo nunca te pedirá que reconsideres tus acciones. Aceptar el orgullo del enemigo es una trampa que puede durar para siempre.

Tienes que llegar al punto en que te des cuenta de que no eres más inteligente que Dios. El Diablo no ha llegado a este lugar. Sigue intentando ser más listo que Dios y cree que esto funcionará. Dios ha tenido infinitas eternidades para poner mucho pensamiento en Su Palabra. No se va a demostrar que está equivocado. Hemos aprendido que Dios tiene razón. Cuando escuchamos el Evangelio de Jesús y aceptamos la Palabra de Dios, descubrimos que Jesús era el Hijo de Dios. Lo sentimos entrar en nuestros corazones y sentimos que nuestro pecado se ha eliminado de nosotros. Sabíamos que no se podía jugar con Dios y su Palabra. No obstante, al caminar en la fe cristiana, tenemos un enemigo que lentamente quiere alejarnos de Dios. Es muy efectivo, y Dios quiere que nos arrepintamos antes de que sea demasiado tarde. El orgullo te destruirá porque no te permitirá ver el resultado final de tus acciones. Solo la sabiduría del Señor te protegerá del plan del enemigo. Es difícil arrepentirse cuando se camina con orgullo porque se es ciego. La Biblia dice que nos convertimos en rebeldes obstinados cuyo fin es la destrucción.

No importa de qué manera te rebeles contra Dios, está mal. ¿Qué es peor, una bruja o un científico que no cree en Dios? Ambos irán al infierno si no se arrepienten de sus pecados. La bruja posiblemente está buscando poder y quiere jugar con hechizos. El científico quiere jugar con fórmulas e hipótesis sobre cómo descubrir los secretos del universo. La teoría del Big Bang es promovida por los científicos. Esta teoría dice que algo explotó y que toda la creación se formó por la explosión de la materia. Pero lo más importante es quién creó la cosa que explotó. Los científicos pasan toda su vida tratando de refutar que Dios es el Creador. Se aferran a las teorías y a sus desesperadas hipótesis. Permiten que el orgullo se apodere de ellos y eso les hará ser un enemigo de Dios.

El orgullo trae la rebelión. Eliges un bando cuando eliges el orgullo. No digo que pierdas tu salvación, pero estás caminando con el enemigo más cerca que el

Señor. El orgullo te aleja de las cosas de Dios y de Dios mismo. Dios nunca nos dejará o abandonará, pero el pecado nos aleja de una relación cercana con Dios. Nos perdemos en nuestro pecado y nos alejamos de Dios. Todos estos son términos bonitos que describen la rebelión. Este no es un libro para niños con ventanas emergentes, así que creo que eres lo suficientemente mayor para escuchar la verdad. Somos responsables de nuestras acciones. Yo soy responsable de mis acciones. Sé que lo que hago, ya sea bueno o malo, cosechará una cosecha de una manera u otra. La Biblia dice que lo que un hombre siembra lo cosechará. Solo por la gracia de Dios no morimos cada vez que decidimos rebelarnos contra Dios.

El orgullo te pone en el trono y quita a Dios del trono. El orgullo es la rebelión contra Dios, y la rebelión se describe como brujería en 1 Samuel 15:23, "_Porque la rebeldía es como el pecado de adivinación, y la obstinación es como la iniquidad de la idolatría. Por cuanto tú has desechado la palabra del SEÑOR, él también te ha desechado a ti, para que no seas rey"._ El pecado es la rebelión contra Dios. Dios describe la rebelión como brujería. Es revelador para el Señor hacer esta comparación porque estamos ciegos a este hecho cuando estamos en rebelión. Por lo tanto, la rebelión es practicar el mal. Dios es Santo, y quiere que practiquemos la justicia. Practicar la justicia es obedecer al Señor. Practicar la brujería es desobedecer al Señor. ¡No disparen al mensajero! Si estás en pecado en cualquier área de tu vida, sabes que te estás aferrando a la oscuridad. Esta oscuridad se manifestará en el pecado y la rebelión. La brujería y el pecado no son una broma. Estas actividades traen demonios, fortalezas, opresión y ataques del enemigo. El orgullo te cegará ante todo el mal que estés practicando u obedeciendo.

Las fortalezas son mentalidades demoníacas que controlan un área de tu vida con tu permiso. Cuando aceptas un pensamiento o teología demoníaca, entonces el demonio tiene un nido (Fortaleza Demoníaca) formándose en tu mente. Cuando estés de acuerdo, estos pensamientos reprogramarán tu mente, transformándola en una máquina maligna programada para hacer la voluntad del Diablo. Al elegir pecar en un área específica de tu vida, permites que el enemigo continúe construyendo el nido. Eventualmente, tienes huevos que han incubado pájaros, y más nidos. Tu mente estará tan nublada por la actividad demoníaca que estarás confundido y cegado a la Palabra de Dios. ¿Alguna vez has leído una parte de la Biblia y has pensado, vaya, nadie podría obedecer a Dios de esa manera o es demasiado difícil de hacer? Esta es otra trampa del enemigo que te dice que no tienes que ceder a esa parte de la Biblia porque es imposible. El enemigo solo te permite someterte a las partes de la Biblia que son fáciles o sin sentido para ti, así que no eres una amenaza para él. Debemos reprender cada pensamiento que el enemigo nos dice sin importar qué.

¿Alguna vez te has perdido usando el GPS, que sugiere un camino a seguir, y vas en una dirección diferente porque crees que es una ruta mejor? Tal vez soy la única persona que ha hecho eso. Somos propensos a ser orgullosos incluso como cristianos. El orgullo es una lucha de toda la vida. Cada día tenemos la opción de ser orgullosos o humildes. La única manera de acercarnos a Dios es elegir ser humildes y someternos a Su Palabra sin importar lo que pensemos. Necesito disculparme con tu ego. Voy a proponerte algunas verdades duras para que las asimiles, pero estarás bien. Alerta de spoiler, tenemos que darnos cuenta de que nuestra percepción no siempre es correcta. Vuelve a leer esa frase hasta que la entiendas. ¡Tu camino no siempre es correcto! A veces otras personas tienen la perspectiva adecuada. Dios siempre tiene la perspectiva correcta. Él nos la ha dado en forma de la Biblia. Si queremos ver si estamos engañados u orgullosos, entonces todo lo que tenemos que hacer es abrir la Palabra de Dios y empezar a leer. Si nuestros pensamientos o acciones no coinciden exactamente con lo que dice la Palabra de Dios, entonces tenemos que arrepentirnos. Es muy sencillo. ¡Dios tiene razón, y tus teorías u opiniones están equivocadas! Isaías 55:8-9 dice,

> *"Porque mis pensamientos no son sus pensamientos ni sus caminos son mis caminos, dice el SEÑOR. Como son más altos los cielos que la tierra, así mis caminos son más altos que sus caminos, y mis pensamientos más altos que sus pensamientos".*

La Biblia es verdadera, no importa lo que pienses o lo que sientas al respecto. Entonces, ¿por qué estoy martillando esto en tu cabeza? Esa es una buena pregunta, y la respuesta es por orgullo. La gente orgullosa no escucha. Por lo tanto, es mejor repetir las cosas desde 10 perspectivas diferentes para que eventualmente lo vean. Recuerda que cuando pienses que el mundo se está desmoronando desde tu perspectiva. Ve y habla con 10 personas, y sabrás que tienes una visión unilateral. La mayoría de las veces, escuchas a la gente decir, "¡Siempre podría ser peor!" Esto es cierto. Estoy tratando de liberar tu mente. En el nombre de Jesús, ¡abre los ojos! Si estás orgulloso, entonces eres un muñeco de pruebas de choque. Te diriges a un muro de ladrillos, y te estrellarás. El orgullo

41

se nota a una milla de distancia para todos menos para ti, por supuesto. El orgullo no es satisfactorio; es agotador. ¡No tienes que tener siempre la razón! El pecado destruye nuestra vida, y el orgullo permite al enemigo entrar en nuestras vidas sin resistencia, Proverbios 25:28 dice, "*Como una ciudad cuya muralla ha sido derribada, es el hombre cuyo espíritu no tiene freno*". Si tu ciudad no tiene protección, cualquiera puede pasar por encima de tus muros, hacer lo que quiera con tu ciudad, y tomarla sin resistencia. Debes deshacerte de la cosa que destruyó los muros de tu ciudad o templo.

Dios te está dando una forma de escapar de este desastre. No silencien el GPS de Dios. Él está tratando de mostrarles la salida si solo siguieran el camino. No puedes comprometer tu camino alrededor de Dios. No puedes comprometer tu camino a través de la Biblia. Te engañas a ti mismo si sigues pensando que eres más inteligente que Dios. La rebelión es pecado, y es pecaminoso no obedecer la Palabra de Dios. ¿Estás engañado? ¿Cómo puedes saberlo? Según Santiago 1:22, hay una forma segura de saberlo, "*Pero sean hacedores de la palabra, y no solamente oidores engañándose a ustedes mismos*". A continuación, se presentan algunas formas de hacer una prueba para ver si está operando en el orgullo y la rebelión. ¿Están listos? Sí. ¿Crees que la Palabra de Dios es la Verdad Absoluta, pero no la obedeces completamente en cada área de tu vida? ¿Crees que estás en pecado ahora mismo en cualquier área de tu vida? ¿Evitas leer la Palabra de Dios? ¿Evitas las actividades cristianas? ¿Evitas la Iglesia? ¿Odias oír hablar de Dios a veces? ¿Evitas alguna vez orarle a Jesús? ¿Sientes que podrías estar más cerca de Dios de lo que estás ahora?

Si has respondido que sí a alguna de esas preguntas, entonces eres orgulloso y rebelde en tu vida de alguna manera. Ahora tenemos que recordar que desobedecer a Dios es un pecado. El pecado es comparable a la brujería, según Dios. La Palabra de Dios es nuestra guía para obedecer a Dios. Dios tiene misericordia esperándote cuando admitas tu orgullo y te arrepientas. Dios te ama y no quiere que destroces tu vida. También quiere tener una relación íntima con Él, pero el pecado se interpone. Dwight L. Moody dijo: "La Biblia te mantendrá alejado del pecado, o el pecado te mantendrá alejado de la Biblia". Cuando pecamos, nos aleja de Dios y nos hace incluso olvidarnos de Dios temporalmente y nos condena. Cuando nos acercamos a Dios, entonces nos olvidamos del pecado y disfrutamos de Dios y de ser libres.

Cuando escuchas a la gente decir, "Soy espiritual, no religioso", es su manera de decir que no siguen ninguna regla. No tienen la Verdad Absoluta y están en rebelión. Elige en este día a quién servirás. La humildad es la única manera de salir del pecado. Debemos darnos cuenta de que nuestro pecado es desagradable a Dios, y sé que quieres complacerlo. Jesús dice: "Mi carga es fácil y mi yugo es ligero". Quiere que le sirvas. No está libre de estrés o de problemas porque Jesús dijo que, en este mundo, tendremos problemas. Sin embargo, Él dice que nos regocijemos porque ha vencido al mundo. El pecado puede darte un corazón encallecido, pero tienes que darte cuenta que el orgullo es malo, y el Diablo quiere matarte. Debes limpiar tu conciencia ante Dios (1 Pedro 3:16). Si escuchas la voz del Señor y te arrepientes, Él te perdonará y te devolverá la vida. Tiene buenos planes para ti, pero no puede bendecirte como quiere si le desobedeces. Salta a Su regazo y deja que Él te ame.

Oremos y rompamos el Contrato de Orgullo. Quiero que hagas una lista de todas las formas en que has estado orgulloso del Señor. Como práctica de vida deberías preguntar a otras personas que sepas de qué te enorgulleces en tu vida. Puedes ser humilde y aprender de ellos. Puede que tengan razón. Si no, es una experiencia de humildad considerar la perspectiva de otra persona. Intenta pensar en todas las cosas que has hecho en el pasado que fueron orgullosas. Él te lo mostrará. Sin embargo, debes ser minucioso para poder romper el Contrato del Orgullo. Una vez que tengas la lista, entonces oraremos por ella. No te preocupes por lo larga que es. Puedes estar escribiendo durante una o dos horas. Solo asegúrate de escuchar al Señor. Podría ser solo media página.

Escribe la forma en que has estado orgulloso y en qué formas o actividades que has hecho que fueron orgullosas. Especialmente escribe cómo has sido orgulloso de la gente y de Dios. He hecho un esquema al final del libro para que lo uses ahora mismo. Ve a completarlo y prepárate para orar. El Señor te liberará, y el contrato de orgullo se romperá si obedeces al Señor de esta manera. Santiago 4:6 dice, *"Pero él da mayor gracia"*. Las Escrituras dicen que Dios se opone a los orgullosos, pero da gracia a los humildes. Dios bendecirá tu obediencia. Santiago 4:10 dice, *"Humíllense delante del Señor, y él los exaltará"*.

Oremos por la lista que tienes. Ora esto y repítelo en voz alta. "Padre celestial, vengo a ti en humildad. Veo que he sido orgulloso en mi vida. Me he rebelado contra Ti, y lo siento. Te confieso mis acciones pecaminosas. He enumerado muchas cosas malas que he hecho con orgullo. Ayúdame ahora a romper el pecado del orgullo en mi vida. Señor, por favor, perdóname por mis pecados. Renuncio a todos los pecados del orgullo en mi vida. Rompo el Contrato de Orgullo sobre mi vida que firmé con el enemigo en el nombre de Jesús. Satanás deja mi vida ahora mismo. No tienes derecho a estar en mi vida. Me arrepiento del orgullo y el pecado y te pido, Señor, que me llenes con tu Espíritu y me ayudes a servirte en el nombre de Jesús. Amén". Continuemos con el siguiente capítulo para aprender sobre el Contrato de la Ira. ¡El Señor está rompiendo las cadenas y nos está liberando!

CAPÍTULO 5

El Contrato de la Ira

"Más bien, sean bondadosos y misericordiosos los unos con los otros, perdonándose unos a otros como Dios también los perdonó a ustedes en Cristo". Efesios 4:32

¡Alabado sea el Señor! Es un gran día para ser libre en Jesús. ¡Dios es asombroso, y el gozo del Señor es tu fuerza! Solo quiero presumir de Jesús porque Él libera a los cautivos. Una vez que dejas la cárcel y cruzas el umbral de las puertas de la cárcel, eres libre. Ya no te torturan con la carga de que te digan qué hacer las 24 horas del día. La cárcel es solo una situación temporal. Puedes hacer una llamada telefónica y ser liberado. Es un lugar temporal si tienes el dinero para pagar la fianza. En algunos casos, se te niega la fianza, y tienes que esperar a que el juez decida tu destino. En este caso, puedes ser liberado o encontrado culpable y enviado a prisión. Ahora, la prisión es el siguiente paso a la cárcel. La prisión es donde te transfieren de la cárcel a una sentencia de castigo a largo plazo. No hay esperanza de fianza en la prisión. Puedes obtener una liberación anticipada si te comportas bien o consigues la libertad condicional. De lo contrario, ¡tienes que completar toda tu sentencia sin importar lo que pase! Cuando no perdonamos a los demás, estamos atrapados en la cárcel, y si continuamos en este pecado, seremos puestos en la prisión de la falta de perdón por el enemigo.

La Biblia nos dice que, de la abundancia del corazón, la boca habla. Lo intentamos, pero no podemos controlar nuestras bocas. Lo que el corazón quiere, el corazón habla en voz alta. Si escuchas a una persona, puedes oír sus problemas o intenciones. La Biblia dice que debemos ser rápidos al escuchar que Santiago 1:19-20 dice, "*Sepan, mis amados hermanos: Todo hombre sea pronto para oír, lento para hablar y lento para la ira porque la ira del hombre no lleva a cabo la justicia de Dios"*. ¡Debemos ser rápidos para escuchar! Genial. ¡Escuché exactamente lo que esa persona me llamó y ahora voy a darle una paliza! ¡Gracias, Pastor! ¡NO! ¡Esto no es lo que dice este texto! Debemos ser rápidos para escuchar; si tienes el Espíritu de Dios y tu discernimiento es agudo, entonces puedes escuchar quién te está hablando a través de esa persona. Recuerda, te dije que las voces que te hablan son Dios, tú mismo y el enemigo. Bueno, el Señor nos usa, y también el Diablo. Luchamos no contra la carne y la sangre, sino contra los demonios, según la Biblia. Por lo tanto, cuando escuchamos la voz del enemigo hablándonos a través de alguien, tenemos que tomar una decisión. ¿Ponemos la otra mejilla y respondemos con amor y humildad? Hay poder en una palabra hablada en voz baja. Proverbios 15:1-2 dice, "La suave respuesta quita la ira, pero la palabra áspera aumenta el furor. La lengua de los sabios embellece el conocimiento, pero la boca de los necios expresa insensatez".

Un espíritu amable es el camino a seguir cuando se trata de un necio. La boca del tonto escupe cualquier cosa que piense en su cabeza. No hay un filtro en la boca para un necio. Su corazón está tan corrompido que no tiene filtro porque ha permitido que el enemigo lo contamine. Proverbios 18:6, "Los labios del necio entran en contienda, y su boca clama por los golpes". Un filtro para tu boca podría salvarte la vida. Una palabra dura despierta la ira, pero ¿estás preparado para que la ira del enemigo venga a través de otro? Dices "SÍ, SÍ", y luego te disparan y mueres en tu arrogancia. ¿Y luego qué? Todo el mundo verá lo necio que fuiste por hablar de más. Tus amigos íntimos en los medios sociales y los extraños tendrán un día de campo riéndose de ti para despreciar que no pudiste controlar tu boca. Ahora es el momento de arrepentirse antes de que dejes la tierra demasiado pronto. Siempre hay alguien más grande que tú, y su nombre es Jesús. ¡Serás juzgado por cada palabra que salga de tu boca! Santiago dice que nadie puede domar la lengua, y que está quemada en el infierno. La batalla comienza en tu mente con tus pensamientos. Vigila tu boca vigilando tus pensamientos. Somete todos los pensamientos a Dios. ¡Solo porque puedas decir algo no significa que debas hacerlo!

Empecemos a hablar de la ira en la Palabra de Dios a medida que progresa desde sus etapas iniciales. Ahora la ira comienza con una persona que no perdona. La Biblia tiene una solución a este problema en Mateo 18:21-22,

> "*Entonces Pedro se acercó y le dijo: Señor, ¿cuántas veces pecará mi hermano contra mí y yo le perdonaré? ¿Hasta siete veces? Jesús le dijo: No te digo hasta siete, sino hasta setenta veces siete*".

Pedro menciona que perdona a una persona siete veces si ha cometido un pecado contra ella. Sin embargo, Jesús lleva eso a la luna. ¡Pedro, estoy seguro de que se le cayó la mandíbula! La razón por la que digo que es la costumbre judía de entonces era que debes perdonar a tu hermano tres veces al día. Por lo tanto, Pedro lo duplicó y añadió 1 en buena medida. Pensó que esto sería satisfactorio porque Jesús tenía estándares más altos. Por lo tanto, ¡Jesús le dijo que de ninguna manera! Setenta veces siete es 490 veces. Hice los cálculos para que te des cuenta de que no tienes excusa para no perdonar a nadie. Cuatrocientas noventa veces puede ser excedido si te ofendes fácilmente o si la otra persona es una persona terrible, pero esto no era una suma de por vida. Esto debía aplicarse por día.

Ahora es nuestra responsabilidad perdonar. Sugiero hacerlo inmediatamente, pero eso requiere práctica y oración. Somos humanos, por lo que nos ofendemos, y eso duele. Cuando nos lastimamos y nos cortamos el dedo, toma tiempo para sanar naturalmente. Sin embargo, si no se atiende adecuadamente, se infectará. La infección podría resultar en una amputación o en la muerte. El perdón no es lo más fácil de hacer. Mi antiguo profesor del Instituto Bíblico nos dijo: "El perdón es un milagro". Creo sinceramente que con todo mi corazón. Tenemos que dejar que el amor de Dios fluya a través de nosotros para poder perdonar a esa persona. El perdón no es solo una acción rápida; ojalá fuera así. El perdón es un trabajo de tiempo completo. Digo esto porque cuando decidimos perdonar a una persona, el Diablo nos desafía a asegurarnos de que tomamos en serio nuestra decisión. Nos agobia con la carga de pensar siempre en la ofensa. No podemos entrar en el culto o durante el día sin que las imágenes o las voces de lo que la persona hizo o dijo nos saquen de nuestras mentes. Las imágenes continúan escarbando hasta que se arraigan en el núcleo y nos dominan. Debemos permitir que Dios impida que la raíz crezca a través del arrepentimiento.

El Diablo causará que nos perdamos en nuestra ofensa. Cuando alguien nos ofende, inmediatamente sentimos la herida. Nuestro orgullo es asaltado. Empezamos a pensar, "¡Vaya, no puedo creer que hayan hecho eso!" Si eres como yo, entonces llamaré a alguien para contarle lo que ha pasado. Esta es mi forma de desahogarme, pero normalmente se convierte en un festival de chismes que me hace enfadar más. Oh, y tengo que mencionar que cuando elijo hacer esto, esparce el pecado a otras personas. La razón por la que digo esto es que cuando llamo a mi amigo para contarle lo que ha pasado, ellos también se sienten tentados a ofenderse. Normalmente, mi amigo está teniendo un buen día, y para él, los pájaros están cantando, y el sol está brillando, y él está teniendo una experiencia estilo Mary Poppins simplemente perdido en la felicidad. Entonces llamo con una nube oscura de relámpagos y truenos con vientos fuertes y una tormenta de granizo. Me deshago de él, y entonces normalmente, su humor cambia de feliz y me da el consejo de ir a golpear a alguien. Él me dirá que está listo para ir y ayudar en este momento. Me pregunto qué tipo de problemas tiene para que esté preparado para "ser Hulk" en cualquier momento. Le daré una copia de este libro para que esté bien. Está bien reírse; ¡todos conocemos a alguien así! Sigue orando por ellos.

Por lo tanto, cuando elegimos ofendernos, afecta a otras personas. No sé cuántas veces he hablado con alguien sobre cómo me trataron en una situación particular, y se enojan más que yo. La gente me ha pedido que les dé la dirección de la persona que me ha tratado mal. Estas personas son serias, y me pregunto si no tienen una pala en el maletero en todo momento para enterrar un cuerpo si es necesario. La Biblia nos dice que debemos estar listos para predicar el Evangelio en cualquier momento. Sin embargo, este tipo de gente está preparada para asesinar y encubrirlo como si fuera un día más de la semana. Estoy seguro de que te has topado con alguien así, o tal vez eres tú. Este es el resultado de permitir que las ofensas pasadas se conviertan en ira. Una vez que tu ira ha alcanzado la ira y no se trata, cualquier cosa puede hacer que te pongas en marcha hacia DEFCON 1.

Para evitar una guerra mundial, es mejor que se apodere de esta cosa antes de que despegue. Si estás en la cornisa ahora mismo, ¡no mires hacia abajo! Mira hacia arriba y permite que Dios te cure. Hay un comercial que me parece muy gracioso. En el comercial, un tipo está sentado en su sala de estar, cómodamente viendo el cable y relajándose, y luego el cable se interrumpe. Tiene que llamar al tipo del cable y él se da cuenta de que va a tardar una eternidad en aparecer. Entonces el tipo comienza a mirar por la ventana al vecindario porque está aburrido. Ve un coche al lado, y dos tipos sospechosos y sombríos están cargando una figura con forma de cuerpo envuelta en un rollo de alfombra en un maletero. Miran hacia arriba para ver que les está mirando, y rápidamente agacha la cabeza y tira de las cortinas. Se va al extremo por miedo y pánico, y empaca una bolsa, y cambia a una escena cortada de un barco en llamas en medio del océano y él nadando lejos mientras finge su muerte para que piensen que está muerto. Por lo tanto, te expliqué eso para decir que debes asegurarte de que estás haciendo lo correcto en todo momento porque el enemigo está listo para castigarte si eres ocioso. El tipo estaba mirando por la ventana sin ninguna razón. Podría haber cogido su Biblia y pasar tiempo con Dios. Sin embargo, el Diablo tenía otro plan para él.

Así que, uniendo todo esto es el hecho de que serás castigado si haces lo que el enemigo quiere que hagas. Terminarás en la cárcel o corriendo por tu vida porque metiste la nariz en algo que debería haber quedado en paz, y no resultó como pensabas. Es como si alguien te cortara el paso en la carretera y siguieras a esa persona y tocaras la bocina hasta que se detuviera. Estás tan enfadado que has decidido que le darás a esta persona un latigazo y le darás una paliza. Te detienes, cuatro puertas se abren, y cuatro tipos salen con los Karate Gis puestos y empiezan a perseguirte hasta que los cuatro practican sus habilidades en artes marciales contigo como un maniquí en su dojo. Hay consecuencias por agarrar la mano del Diablo en la etapa inicial de la ofensiva y permitirle que te tome y te deje en la ira. Siempre pierdes. Podrías pensar que estás ganando el juego en algún momento, pero eres tú el que está siendo engañado.

La ira es el primer paso en este proceso. La Biblia dice que hay que actuar rápidamente cuando te sientes ofendido. Efesios 4:26-27 dice, "_Enójense, pero no pequen; no se ponga el sol sobre su enojo ni den lugar al diablo_". Por lo tanto, vemos aquí que la Biblia dice que la ira está bien, pero lo que hacemos con ella puede llevar al pecado. No dejar que el sol se ponga significa perdonar de inmediato. Si son las 5 de la tarde, entonces solo tenemos unas pocas horas hasta que el sol se ponga. No debemos disfrutar de la ira hasta que el sol se ponga y luego perdonar. Debes perdonar inmediatamente porque el enemigo es el que quiere que te ofendas. Se nos permite enfadarnos con el pecado o con el enemigo, pero no con otra persona. Efesios 6:12 dice, "_porque nuestra lucha no es contra sangre ni carne, sino contra principados, contra autoridades, contra los gobernantes de estas tinieblas, contra espíritus de maldad en los lugares celestiales_".

El enemigo es el que se sirve de una persona o situación para ofendernos. La otra persona es solo un peón en todo el proceso. Con esta perspectiva, puedes ver que el Diablo está continuamente usando personas y situaciones para tratar de ofendernos. Ahora, si la otra persona es piadosa, entonces se darán cuenta de lo que está pasando también y no permitirán que el Diablo se salga con la suya. Sin embargo, los cristianos todavía dejan que el Diablo haga lo que quiera a veces, y entonces todos tienen que volver y pedir disculpas a los demás, cosa que él odia. No obstante, nuestra meta es vivir una vida libre de ofensas como dice la Palabra de Dios en Romanos 12:18, "*Si es posible, en cuanto dependa de vosotros, estad en paz con todos los hombres*". Es evidente en la Biblia que depende de nosotros tomar medidas y controlar nuestra ira. Está en nosotros decidir perdonar, y es nuestra responsabilidad perdonar sin importar lo que pase. Es un pecado si no perdonamos.

Si decidimos tontamente dejar atrás la ira, entonces estamos firmando un Contrato de Ira con el Diablo. Lo dejamos entrar en el asiento delantero del coche y nos dice a dónde ir en el siguiente turno. Esto eventualmente puede llevar a una posesión demoníaca, así que este contrato es severo. Efesios 4:31-32 dice que debemos perdonar a la gente, así como Cristo nos perdonó a nosotros, "*Quítense de vosotros toda amargura, enojo, ira, gritería y maledicencia, y toda malicia. Antes sed benignos unos con otros, misericordiosos, perdonándoos unos a otros, como Dios también os perdonó a vosotros en Cristo*". Hemos sido advertidos para librarnos de toda la amargura, la ira, el enojo y la maledicencia. Debemos tener un corazón tierno, pero cuando elegimos permitir que la ira y la amargura echen raíces, entonces endurecemos nuestros corazones a la Voz del Señor. Debemos perdonar a los demás porque Cristo nos perdonó todos nuestros pecados. Por eso, tenemos advertencias y estímulos. Veamos la progresión de este pecado y sus consecuencias en el Contrato.

La amargura es la siguiente fase de esta pesadilla de la ofensa. Cuando nos enfadamos y dejamos que el sol se ponga sobre esa ira, entonces se convierte en amargura. El enemigo te hace pensar en esta ofensa todos los días. La ira abre una puerta para que el enemigo tenga un lugar en nuestra alma y mente. Hemos contratado al enemigo para que nos atormente en este momento. Hemos añadido al contrato su derecho legal a estar en nuestra vida. No hay nada que puedas hacer en este punto porque el orgullo te ha cegado para tomar la ofensa y enfadarte hasta el punto de la amargura para que no lo dejes ir. Esto me recuerda a un perro con un hueso. El perro no lo soltará por mucho que lo intentes. El Diablo te consume lentamente como un cáncer repitiendo la ofensa. Sé que el Diablo ha jugado una ofensa en mi mente como en una película. Lo vi, y luego en el punto de la ofensa, se detuvo. Pude ver lo que esa persona me hizo desde un ángulo de 360 grados como una repetición de fútbol. Me haría aún más daño y me enfadaría, especialmente cuando a la persona no le importaba que me hiciera daño.

Este proceso simplemente continúa, y nos sentimos justificados con lo que creemos que es una ira justa porque nos hicieron algo pecaminoso. El Diablo consigue que verdaderamente permitamos que el dolor y la amargura echen raíces mostrándonos que somos una víctima. ¿Cómo se atreven a hacerme esto? Nuestros sentimientos y emociones sacan lo mejor de nosotros. Yo siempre he dicho, "Muéstrame una persona que esté controlada por sus emociones y te mostraré un prisionero". El Diablo usa nuestras emociones para que actuemos en carne y hueso y castigar a la gente, "Una persona controlada por sus emociones es una marioneta para que la use el enemigo". El Diablo hace que nos volvamos santurrones, y entonces nos sentimos llenos de orgullo. Cuando volvemos a contar la historia o pensamos en ella, nos guardamos las partes de cómo pudimos haber tenido la culpa o lo que hicimos para empeorar la situación. El Diablo además nos hace pensar que ellos también están enojados con nosotros porque hemos elegido estar enojados con ellos. Entonces nos ofendemos porque creemos que ellos están ofendidos con nosotros. Manipula nuestra percepción de tantas maneras que es engañosa y confusa.

He tratado de decirle a alguien que se ofendió conmigo que me hizo daño de la misma manera en el pasado para que se dieran cuenta de que ya los había perdonado, y que eran tan culpables como yo. No obstante, me dieron la vuelta para hacerme quedar como el malo por sacar el tema y decir que yo tampoco lo había dejado pasar. ¡Vaya! ¡Con este tipo de pecado, la gente ama ser una víctima y te culpa por estar en el mismo pecado que ellos! Están sentados en una esquina, lamiendo sus propias heridas hasta el punto de obsesionarse. Entonces, el Diablo viene para estar ahí para ellos y ser su mejor amigo que escucha sus penas. Todo este mal es seguido por el orgullo, la arrogancia y la justicia propia. El Señor declara en Romanos 12:19, "*No os venguéis vosotros mismos, amados míos, sino dejad lugar a la ira de Dios; porque escrito está: MÍA ES LA VENGANZA, YO PAGARÉ, dice el Señor*". Se nos advierte de nuevo que no nos vengaremos porque es una arena desequilibrada no autorizada que está por encima de nuestro rango retributivo.

No debemos aventurarnos en el área de la venganza porque es un Dios Santo el que decide qué tipo de castigo requiere cada ofensa. No podemos robar el Cetro de Dios y subir al Trono. No podemos jugar a ser Dios pensando en nuestra ira, ¡sabemos qué es lo mejor para una justa recompensa para la persona que nos ofendió! La mayoría de las veces, la respuesta sería lo que la Reina Roja diría en la película "Alicia en el País de las Maravillas", "¡Que le corten la cabeza!" En la película, ¡la Reina Roja simplemente atrapó a alguien comiendo algo suyo, y ella dio la orden! ¡Vaya! Tenemos que salir de la habitación o retroceder y evacuar el área para hacer espacio para la Ira de Dios. Dios no dejará que alguien se salga con la suya para siempre. ¡Se ocupará de ellos en esta vida, después de que mueran o ambas cosas! Se nos dice que dejemos la fruta de la parte del jardín que hemos arrancado y huyamos de ella. Esto traerá el desastre a nuestras vidas porque ahora permitimos que Dios nos castigue por tomar lo que es suyo. La señal de advertencia dice, ¡MANTENTE FUERA! ¡LA IRA DE DIOS ESTÁ RESERVADA PARA TODO AQUEL QUE SE CRUCE EN EL ÁREA DE LA VENGANZA!

Ahora pasamos de la amargura a la falta de perdón. Aquí es donde elegimos no obedecer a Dios y mantener firmemente lo que tratamos de justificar como un rencor. Esta palabra rencor es un término popular. Sin embargo, lo que estamos haciendo es maldad y brujería. Claro, estamos justificados en estar enojados. En lugar de llevar nuestra ira a Dios y liberarla, estamos abriendo una puerta para que el enemigo vierta su ira en nuestra alma. Esto hace que nos volvamos tan oscuros como la brea en nuestras almas. Efesios 4:29-30 dice,

> *"Ninguna palabra corrompida salga de vuestra boca, sino la que sea buena para la necesaria edificación, a fin de dar gracia a los oyentes. Y no contristéis al Espíritu Santo de Dios, con el cual fuisteis sellados para el día de la redención".*

Podemos ver aquí en este mismo pasaje que hemos estado estudiando que el Señor nos advierte de no contristar al Espíritu Santo. Cuando elegimos albergar la falta de perdón, entonces estamos empujando a Dios fuera de nuestras mentes y corazones. Estamos silenciando la voz de Dios. Sin embargo, el enemigo trata de hacernos creer que seguimos cerca de Dios mediante el engaño. En consecuencia, aquí tenemos otra oportunidad para humillarnos y someternos a la Palabra de Dios. La Biblia dice en 1 Juan 4:20-21,

> *"Si alguno dice: Yo amo a Dios, y aborrece a su hermano, es mentiroso. Pues el que no ama a su hermano a quien ha visto, ¿cómo puede amar a Dios a quien no ha visto? Y nosotros tenemos este mandamiento de él: El que ama a Dios, ame también a su hermano".*

Así que ahora, la Palabra de Dios establece que como fuimos heridos y enojados por la ofensa, ya no estamos cerca de Dios. ¡No! Cuando eliges estar enojado y no perdonar, entonces empujas a Dios hacia afuera e invitas al Diablo a entrar. Entonces estás en la desobediencia y el pecado. Entonces debes elegir arrepentirte, o te llenarás de ira. La Biblia dice que, si dices que amas a Dios, entonces eres un mentiroso porque tienes odio en tu corazón por alguien.

Cuando tomas la firme decisión de no perdonar a la persona, esto se convierte en odio, y la actividad demoníaca realmente comienza a calentarse. Odiar a alguien conduce a un discurso y acciones violentas. Existen muchas formas de actuar este odio hacia alguien. Podemos ser verbalmente agresivos, físicamente agresivos o pasivamente agresivos. Muchas escrituras hablan de cómo debemos perdonar, pero en esta etapa, es más difícil volver porque hemos endurecido nuestros corazones hacia la Voz de Dios, que nos dice que perdonemos y amemos a la persona. Jesús incluso dijo que deberíamos amar en lugar de odiar en Mateo 5:43-44,

> *"Oísteis que fue dicho: Amarás a tu prójimo, y aborrecerás a tu enemigo. Pero yo os digo: Amad a vuestros enemigos, bendecid a los que os maldicen, haced bien a los que os aborrecen, y orad por los que os ultrajan y os persiguen,"*

Tenemos que orar por nuestros enemigos. Sabía que cuando caí en esta trampa en mis 20 años, sentí que la nube de oscuridad intentaba entrar en mi alma, y no me gustó. Disfruté jugando a ser la víctima y que la gente se compadeciera de mí, pero cuando los demonios intentaron entrar para quedarse, los rechacé.

Tuve que orar por mi enemigo porque sabía que no quería seguir adelante con la ira. Había llegado a una encrucijada y me volví al Señor. Era consciente de lo que tenía que hacer, y era difícil. Había puesto tanto esfuerzo en odiarlos que estaba loco que tenía que arrepentirme. Se había convertido en parte de mi identidad y personalidad. Tenía que arrepentirme del poder que sentía cuando caminaba con estos espíritus. Creó un poder dentro de mí que sería un horno ardiente de ira. Intimidaría a la gente, y se asustarían de mí por los demonios que llevaba conmigo. La gente sabía que había algo diferente en mí, y yo ni siquiera llegué al punto de posesión.

Cuando llegas al punto de la ira, hay un cierto poder que puede ser algo intoxicante. Puedes sentirte potenciado por la oscuridad, e intenta apoderarse de tu persona actuando su agenda a través de ti hacia cualquiera que se cruce en tu camino. El enemigo ahora está completamente afianzado y espera cualquier oportunidad para usarte a su voluntad como un maestro de marionetas. En esta etapa, cualquier cosa te puede hacer enojar, y eso hace que empieces a acumular ofensas, ya sea que tus ofensas te sucedan a ti o algo que le haya sucedido a alguien más. Simplemente estás acumulando más odio y rabia además de tu falta de perdón. Esto lleva a la ira. Cuando el contrato no tiene nada más que tormento día tras día, el contrato te hará miserable. Estás encadenado al contrato, aunque no entiendas todas las ramificaciones de lo que la ira te hace.

Puede haber momentos de desmayos y peleas que podrías experimentar. El Diablo tiene tu corazón, y por lo tanto también tiene tu discurso. No es nada para alguien que escupe las cosas más malvadas jamás pronunciadas y no lo piensa dos veces. En este estado, la persona está llena de maldad y no está escuchando o siguiendo a Dios en una relación cercana. Ellos pueden seguir siendo agradables, pero solo por razones egoístas. Esto lleva a que los espíritus religiosos vengan a decirte que todavía estás siguiendo a Dios, y que todo está bien. Incluso puedes ser un cristiano religioso que cumple con sus obligaciones. Sin embargo, todo el tiempo, estás siendo atormentado por lo que esa persona te hizo y te centras en ese dolor y estás siendo alimentado por la ira y el odio continuamente. Es agotador y atormentador. Como dice Jesús, estarás sin un centavo cuando todo termine porque pagarás el precio por elegir no perdonar Mateo 5:23-26,

> *"Por tanto, si traes tu ofrenda al altar, y allí te acuerdas de que tu hermano tiene algo contra ti, deja allí tu ofrenda delante del altar, y anda, reconcíliate primero con tu hermano, y entonces ven y presenta tu ofrenda. Ponte de acuerdo con tu adversario pronto, entre tanto que estás con él en el camino, no sea que el adversario te entregue al juez, y el juez al alguacil, y seas echado en la cárcel. De cierto te digo que no saldrás de allí, hasta que pagues el último cuadrante".*

Caminar con Satanás y obedecer su contrato es una tortura para ti y para los demás, pero hay esperanza en Jesús. Jesús dice que ser cristiano no va a ser pan comido, pero su yugo es fácil, y la carga es ligera. Esto significa lo siguiente: seguir y obedecer a Jesús no siempre es fácil, pero es liberador y trae alegría. Sin embargo, el yugo del Diablo es agotador, y es una carga continua que termina con la posesión u opresión del demonio. Esto hará que dañe las relaciones con su familia y amigos. Puedes perder tu matrimonio y tu libertad. Puedes enfadarte y ofender a los pastores, iglesias, cristianos y otras personas que han tratado de ayudarte. He visto a gente incluso enfadarse con organizaciones de forma indirecta. Si eres una persona tóxica, nadie quiere estar cerca de ti porque todo lo que haces es filtrar el odio y el juicio de tu boca, y no ves ningún problema en ello. Has elegido tu bando, y eso hace que la gente que te rodea se sienta incómoda, pero a lo mejor no dicen nada porque no saben cómo acercarse a ti o qué decir. Sin embargo, la Palabra de Dios dice que debes arrepentirte. Tienes que tomar la decisión de servir a Dios y sacar al Diablo de tu vida.

Has oído que, "Si no tienes nada bueno que decir, entonces no debes decir nada en absoluto", ¿verdad? Vino de la Biblia en Efesios 4:29-30,

> *"Ninguna palabra corrompida salga de vuestra boca, sino la que sea buena para la necesaria edificación, a fin de dar gracia a los oyentes. Y no contristéis al Espíritu Santo de Dios, con el cual fuisteis sellados para el día de la redención".*

También debemos disipar el rumor de que perdonaré, ¡pero nunca olvidaré! 1 Corintios 13:4-6 dice,

> *"El amor es sufrido, es benigno; el amor no tiene envidia, el amor no es jactancioso, no se envanece; no hace nada indebido, no busca lo suyo, no se irrita, no guarda rencor; no se goza de la injusticia, mas se goza de la verdad".*

Por lo tanto, el amor no guarda ningún registro de lo malo. Debemos elegir ser como Dios y olvidar el mal que se ha cometido.

La ira se transforma en un perpetuo espíritu asesino que está desesperadamente dispuesto a hacer cualquier cosa para alimentarse. No podemos continuar con este pecado y permitir que el enemigo use nuestra boca y nuestra alma. Hay personas que conozco que continuamente permiten al enemigo usar sus bocas, lo que me molesta porque están pecando, y el enemigo tiene una puerta abierta para agredirme porque elijo ser su amigo y pasar el rato con ellos. Le apena al Espíritu Santo usarlos, y le apena al Espíritu Santo bendecir las relaciones que tienen. Se cortan a sí mismos de que Dios pueda usarlos. La Biblia dice que no te involucres con gente que se ha comprometido a pecar porque así aprenderás sus costumbres. Ámalos desde la distancia y ora por ellos para que se arrepientan de las raíces malignas que han permitido que crezcan profundas y robustas. El contrato con el diablo puede romperse, pero se necesitará el milagro del perdón.

El Señor me mostró que una persona que se ofende es como un animal herido en el camino. Cuando te acercas a él ves que está herido y trata de protegerse de más lesiones. Te acercas tratando de ayudar al animal, pero este te gruñe e intenta morderte. Entonces el animal no entenderá que estás tratando de ayudarlo. Prefiere desangrarse hasta morir que permitir que te acerques para ayudarlo. Puede que tengas que intentar una táctica diferente para ayudarlo o pedir ayuda usando los servicios de emergencia. No sabemos exactamente cómo se lesionó. Podría haber sido por un coche que lo atropelló o por otros animales que lo golpearon tratando de matarlo. Te morderá si intentas ponerlo a salvo o ayudarlo, así que debes tener cuidado. El animal ignora que se desangrará y morirá. Solo está sufriendo en su dolor y tratando de evitar más lesiones.

Una persona es como este animal herido. No conocemos todas las circunstancias que causaron las heridas, pero notamos que están heridas. Notamos que necesitan ayuda y están a la defensiva y rechazan la ayuda. Simplemente les duele estar cerca. Podemos tratar de ayudarlos, pero si nos muerden no debemos disparar a la persona y sacarla de su miseria. Al Diablo le encanta cuando los cristianos se enojan con otros cristianos que están perdidos en la ira o la amargura. Hay que permitir que el Señor nos guíe para ayudarles y permitir que su amor fluya a través de nosotros mientras les ministra (1 Corintios 13:4-7). Tenemos que darnos cuenta de que el enemigo nos atacará porque tiene una fortaleza en sus vidas y estamos participando en una guerra espiritual cuando intentamos recuperar el terreno robado que el enemigo ha tomado en sus vidas. Necesitamos pedirle a Dios que cambie su corazón para poder ayudarlos. Hasta que no reconozcan las heridas u ofensas pasadas y vean que está mal, no podrán ser ayudados. Podemos sembrar semillas usando la Palabra de Dios y orar, pero eso es todo. Satanás nos atacará y tratará de mordernos, pero tenemos que usar la sabiduría y el espíritu de Dios para luchar.

Una vez que una persona está tan avanzada, ha sido consumida por estos espíritus demoníacos, y su personalidad se ha visto comprometida. Los demonios han estado activos durante demasiado tiempo, y la gente tiene miedo de arrepentirse porque se crea un vacío cuando eliminan a Satanás de sus vidas. He sido testigo de una posesión demoníaca en la que había tres demonios dentro de una mujer. Un hombre musulmán me pidió que expulsara los demonios de su esposa porque todos los que son de su religión no podían hacerlo. Era un musulmán devoto, y para que él me lo pidiera, fue por desesperación. Sin embargo, yo trabajaba para él en ese momento, y siempre me oía por teléfono hablando de expulsar demonios y del poder de Jesucristo.

Me presenté con un amigo íntimo, y nosotros, después de mucha guerra, expulsamos a los espíritus. Ministramos hasta que todos los demonios fueron expulsados, y el color de sus ojos pasó de negro a verde. Ella estaba asustada porque no sabía quiénes éramos, y sin embargo habíamos estado allí durante horas. Su marido la abrazó y empezaron a hablar. Preguntó cómo estaban sus hijos, y luego comenzamos a compartir el Evangelio con ella. Rechazó el Evangelio y dijo que no quería que los demonios se fueran porque eran sus amigos. Desapareció inmediatamente y sus ojos se volvieron negros otra vez. No quería a Jesús y sintió que los espíritus demoníacos le ofrecían una amistad muy apreciada. Qué triste. Ella había sido realmente engañada.

Cuando decidas perdonar, el Poder de Dios te protegerá y eliminará a Satanás de tu vida. Así que no tienes que tener a alguien que expulse los demonios de tu vida. Sin embargo, necesitas hacer una lista de todas las personas que te han hecho daño. Una vez que hagas una lista, junto a su nombre, debes escribir lo que te hicieron. Al hacer esta lista, deberías orar y preguntarle al Señor a quién más le estás pidiendo perdón, para que la lista esté completa. Podría ser desde tu infancia hasta hoy. Asegúrate de incluirte a ti mismo y a Dios. Nos ofendemos por cosas y personas que ni siquiera lo merecen. Culpamos a Dios debido a que algo en nuestra vida no salió bien, y creemos que Dios pudo haberlo cambiado o nunca debió permitir que sucediera. El Diablo es el Dios de este mundo. Sucederán cosas malas. Tenemos que orar proactivamente contra el enemigo para evitarlo. También deberías ponerte en la lista. Un ejemplo está en el glosario para que lo uses.

Cuando estés escribiendo tu lista, debes asegurarte de anotar todas las ofensas. Debes escribir la persona con la que te ofendes y todo lo que puedas recordar que te cause daño y te haga enojar o resentir a esa persona. Al final del libro he hecho un esquema para que lo uses. Cuando era un joven pastor de jóvenes, conocí a una persona en la Iglesia, que era una bruja blanca en la Iglesia de Satanás antes de que se salvara. Ya había sido liberado en la Iglesia por los ancianos, y escuché historias de que habían expulsado 20 demonios o algo así. Entonces, siempre que escuchaba las historias, me sentía intimidado en carne y hueso con las historias que escuchaba sobre este tipo.

Un día se acercó a mí y me pidió ayuda. Me dijo que quería expulsar demonios, y Dios le dijo que yo era la persona que necesitaba hacerlo. Así que le dije, "Oye, déjame pensar un segundo", y entonces Dios me habló. Le dije lo que el Espíritu Santo me estaba diciendo, lo cual es hacer una lista. Me dijo que estaba enojado con su hermana. Le dije que necesitaba hacer una lista de todo lo que ella le ha hecho y lo que actualmente lo ofende. Luego debe orar sobre la lista y perdonarla. Dijo que estaba enfadado con ella, y que había llegado a un punto en el que planeaba matarla. Le dije que hiciera esa lista y que no necesitaba expulsar ningún demonio de él. El Espíritu Santo me decía que, si hacía una lista, oraba y perdonaba a las personas que le ofendían, los espíritus demoníacos se irían. Los demonios no tienen derecho a estar en la vida de alguien si cierras la puerta por la que entraron.

Le dije que orara por ello y que orara sobre la lista, y me llamó unas horas después y dijo que tenía más de tres páginas de material. Le dije: "Genial, ahora mira las Escrituras sobre el perdón y estúdialas". El Padre Nuestro habla de cómo podemos ser perdonados si perdonamos a los que pecan contra nosotros. Justo después del Padrenuestro, Jesús dice que, si no perdonas a los que pecan contra ti, Dios no te perdonará tus pecados. Por lo tanto, Dios está haciendo una declaración audaz sobre el perdón. El perdón debe ser una prioridad en la vida de un cristiano. He oído decir que necesitamos tener "Piel gruesa y corazón suave". Le dije que orara sobre la lista porque también había sido un terrorista emocional en algún momento de su vida, y hay mucha gente a la que ha ofendido. Así que especialmente cuando se trata de Dios, queremos que todos nuestros pecados sean perdonados, porque el pecado nos separa de Dios.

Así pues, oró sobre la lista, volvió, releyó todo en voz alta y perdonó a su hermana por las ofensas. Él era sincero en esto. Derramó su corazón en ello. Estaba listo para lidiar con ello. Me llamó después de terminar y me dijo que estaba curado. Olvidé mencionarlo, pero cuando lo conocí en el restaurante, entró cojeando con un bastón, y estaba pálido. Recuerdo que ni siquiera podía ponerse de pie porque el dolor era muy fuerte. Inmediatamente después de que me dijo que estaba curado, pensé que se había curado emocionalmente solo por las cicatrices de la falta de perdón. Cuando lo vi en la iglesia, ya no tenía el bastón; no tenía ninguna decoloración en la cara y parecía normal. Incluso estaba haciendo saltos delante de mí. ¡Qué milagro! Dios es increíble. Dios hizo un milagro en su vida porque se arrepintió. Dios se compadeció de él y lo sanó completamente. El Diablo tenía tal fortaleza en su vida que lo estaba paralizando y causándole lesiones corporales y dolor. Una vez que perdonó a su hermana, se llenó del amor de Dios, y eso sanó su cuerpo. El Reino de Dios vino a él. Cada vez que tienes una visita de Dios en la Biblia, Jesús dice que el Reino de Dios ha venido a ti. La Biblia dice que debes servir al Señor con todo tu corazón. Honra a Dios siempre que le damos todo, y nos recompensa por ello. Completa el esquema al final del libro y luego podemos orar. Aquí hay un ejemplo de un contrato demoníaco de la Ira. Todos los contratos le dan al Diablo una misión para hacerse cargo de nuestras vidas.

Ejemplo de un Contrato de la Ira

Yo, <u>Karen</u>, me niego a perdonar a Steve por los pecados que ha cometido contra mí. Ni siquiera consideraré perdonar a Steve porque el dolor y el rechazo es tan doloroso que he terminado con Steve. Le concedo al Diablo y a sus demonios el derecho a ocupar mi mente y mi templo. Elijo aceptar la falta de perdón, la amargura, el odio y la ira como un modo de venganza por las ofensas que Steve me ha hecho. Autorizo al Diablo a repetir todas las ofensas constantemente. Autorizo al Diablo a hacer esto mostrándome imágenes de ofensas pasadas o escenarios que me recuerdan las ofensas. Autorizo al Diablo a reproducir clips de audio de las ofensas. Autorizo al Diablo a hacer esto en cualquier momento del día o de la noche, incluso interrumpiendo mi sueño con sueños o no permitiéndome dormir debido a la constante tortura de recordarme las ofensas.

Autorizo al Diablo a ayudarme a planear mi venganza contra él, incluyendo las cosas que son importantes para él, como sus posesiones, amigos y familia. Autorizo al Diablo a usar las partes de mi cuerpo para vengarse. Autorizo al Diablo a tener acceso a mi boca para poder difundir este odio y reclutar a cualquiera que me ayude a vengarme. Autorizo al Diablo a acceder a todo mi templo para que todos los que me rodean se sientan amargados, deprimidos u oprimidos por los espíritus que he permitido que me torturen. Autorizo que mi discurso en cualquier momento sea usado por el Diablo. Le concedo al Diablo el derecho de derramar la ira sobre cualquier persona que haya herido, herirá o me esté hiriendo ahora. Renuncio a mi paz y alegría para poder ser constantemente bombardeado con la opresión del odio y la ira. Autorizo al Diablo a usarme de la manera que crea conveniente para ayudarme a lograr este objetivo. Renuncio a mi libertad y me rindo al plan del Diablo.

Firmado por,
<u>Karen "La Prisionera"</u>

Testificado y ejecutado por,
<u>El Diablo "Satanás"</u>

¡Rompamos el contrato de la ira ahora mismo! Repite esta oración en voz alta con todo tu corazón. "Padre celestial, vengo a ti hoy en el precioso nombre de Jesús. Señor, te pido que me perdones todos mis pecados como yo perdono a los que me han ofendido. Señor, he sido separado de Ti, y lo siento. Ahora mismo, quiero elevar esta lista a Ti. He estado guardando sin perdón a estas personas, y te pido, por favor que me perdones. Tu Palabra dice que debo perdonar, y fui desobediente. Libero a estas personas de todo lo que me han hecho. En el nombre de Jesús, renuncio a Satanás y a toda raíz de ofensa, falta de perdón, rechazo y amargura en mi vida. Rompo el contrato de la ira en el nombre de Jesús. Ordeno a cada espíritu demoníaco que se vaya ahora mismo y no vuelva. Cierro la puerta en el nombre de Jesús, para cualquier otra actividad demoníaca. Señor perdóname por mi rebelión, y te pido que tu amor purifique mi corazón y me sane. Señor, ayúdame a amar y perdonar a la gente, y que me enamore de ti otra vez. Recibo Tu amor en mi vida. Señor, derrama Tu amor sobre mí. Permíteme usarlo para bendecir a otros. Permito que Tu Amor se mueva por mi templo y lo entregue a todos los que me han ofendido. Me entrego al Amor y obedeceré la Voz del Amor. Gracias en el nombre de Jesús, Amén".

Si hiciste una lista, le pediste al Señor que escudriñara tu corazón, y oraste para perdonar todas esas ofensas, entonces has sido perdonado. También perdonaste las ofensas y vaciaste las pertenencias del diablo del espacio que le diste para que se quedara. Él ya no vive en tu casa. Has llenado esa habitación con el amor de Dios que cubre una multitud de pecados. Cuando el Diablo te recuerde una ofensa para que vuelvas a ofenderte, ora y pide a Dios la fuerza para perdonar a esta persona de nuevo. Coloca el letrero en el frente que dice: "No hay vacantes, el amor de Dios está aquí".

Tenemos que mantener la guardia alta porque al Diablo le encantaba vivir en tu encantadora casa amueblada con alojamiento y comida gratis y tratará de volver a entrar por la misma puerta otra vez. Suplicará, rogará y hará que la ira, la falta de perdón y la ira parezcan tan atractivas, pero como dice Santiago 4:7, "*Someteos, pues, a Dios; resistid al diablo, y huirá de vosotros*". Pelea la justa lucha de la fe y hazlo empacar cada vez que llame a tu puerta. No le dejes plantar ni un solo pensamiento o semilla en tu cabeza porque se convertirá en un gran árbol que se apodere de tu mente. Ya has cortado ese árbol y lo has quemado, ¡así que no hagas crecer otro igual!

CAPÍTULO 6

El Contrato del Miedo

"En el amor no hay temor, sino que el perfecto amor echa fuera el temor; porque el temor lleva en sí castigo. De donde el que teme, no ha sido perfeccionado en el amor". 1 Juan 4:18

He estado tomando el sol durante la última hora. Es increíble absorber algunos rayos del Hijo. Sí, he dicho Hijo. He estado en la presencia del Señor. ¡De qué otra forma puedo hablarte de romper el Contrato del Miedo! Esto es una guerra, y es serio, ¡pero estoy un poco embriagado por el Espíritu ahora mismo! Déjame ser claro; no bebo alcohol. Este es el Vino Nuevo del que habla la Biblia en Efesios 5:17-18, "<u>Por tanto, no seáis insensatos, sino entendidos de cuál sea la voluntad del Señor. No os embriaguéis con vino, en lo cual hay disolución; antes bien sed llenos del Espíritu</u>". Se siente bien estar lleno del Espíritu. No deja espacio para el enemigo con todo el tormento y la opresión que quiere traer sobre nosotros. Jesús dijo que su yugo es fácil, y su carga es ligera. Es increíble ser libre en Jesús. Estoy aquí para testificar y darles esperanza del que libera a los cautivos, ¡y Su nombre es JESÚS! Ahora estoy seguro de que no hay muchos libros donde la gente te diga que han estado adorando al Señor justo antes de escribirte. Relájate y deja que el Señor te ministre a través de Su Espíritu.

Te escribo hoy con el gozo del Señor que llena mi corazón. Jesús me ha liberado de las cosas de este mundo que ahogarán la Palabra de Dios que está plantada en mi corazón. Quiero contarte sobre un espíritu maligno llamado Miedo. Quiere atormentarte como todos los otros espíritus demoníacos. Jesús expulsó espíritus de la gente en el Nuevo Testamento, y fueron sanados de enfermedades específicas o enfermedades físicas. Todos los demonios pueden afectar al cuerpo de muchas maneras. Pueden causar enfermedades y manifestar síntomas reales. Es esencial entenderlo a medida que avanzamos al estudiar la Palabra de Dios. El Espíritu del Miedo es un demonio que causará una reacción en tu cuerpo. El miedo hace que tengas una respuesta de lucha o huida. Esto a veces es natural. Como cuando estás en un campo y caminas en paz, y te enfrentas a un león que se lame los labios y quiere comerte. Experimentarás una pequeña cosa llamada miedo. Comienza con algo pequeño, puede colmarte, y tomar el control si lo permites.

Es natural tener ciertas emociones como la ira y el miedo. Sin embargo, la Biblia advierte que si cedemos a estos demonios entonces estaremos pecando. La ira lleva a la ira y a llenarse de maldad. La preocupación lleva al miedo y a una completa falta de fe en Dios, al consumo y a la posesión de un espíritu maligno. Como cualquier espíritu demoníaco, quiere convencerte de que tienes que estar cerca. Luego quiere que firmes un contrato que te permita tener una habitación en tu casa espiritual. Una vez que se muda, quiere atormentarte día y noche hasta que te rindas y le permitas tomar tus acciones y, eventualmente, tu cuerpo para que lo posea.

El miedo viene del enemigo y en directa oposición a la Palabra de Dios. El enemigo quiere que dudes de la Palabra de Dios. La Biblia dice que puedes ser sanado si tienes fe sin dudar. Mateo 21:21-22,

> *"Respondiendo Jesús, les dijo: De cierto os digo, que, si tuviereis fe, y no dudareis, no solo haréis esto de la higuera, sino que si a este monte dijereis: Quítate y échate en el mar, será hecho. Y todo lo que pidiereis en oración, creyendo, lo recibiréis".*

Si oras y no te curas, entonces puede que no hayas orado con suficiente fe para superar tu duda. También podría ser que tu entorno no sea adecuado para que el Espíritu Santo opere libremente. Jesús experimentó este problema y no pudo hacer milagros en algunos lugares por la falta de fe de la gente (Mateo 13:58). Como pueden ver, es vital para nosotros cambiar nuestra atmósfera a nuestro alrededor, así como mantener nuestras mentes enfocadas en Dios.

Te dije que he estado tomando el sol, pero también he estado en el culto. Elegí un montón de canciones hace mucho tiempo e hice una lista de reproducción en YouTube. La llamé "Adoración Cristiana". Me quedé solo en mi casa en mi habitación y cerré la puerta. Me puse los auriculares y encendí la música. No fue un accidente que todo esto sucediera; se llama hacer un plan. Es un plan estratégico de guerra contra el enemigo. La adoración es vital para tu caminar con el Señor y tu lucha contra el enemigo. La música de adoración se tocaba en el Antiguo Testamento antes de que salieran a la batalla (2 Crónicas 20:21).

Conocí a un tipo de unos 30 años que estaba probando el budismo y se lo tomaba muy en serio. Fue diligente al respecto durante semanas. Un día después de que me vio leyendo la Biblia y adorando, empezó a quejarse del budismo. El budismo te enseña a vaciar tu mente y tu alma. Dijo, "Esta religión no me funciona; todo lo que hago es descargarme, pero el problema es que estoy vacío". Vaya. Me sorprendió la revelación que Dios le estaba mostrando. Como no creyente, sabía que estar vacío o tener un vacío no era correcto. Estaba vacío, y solo quería ser llenado en su lugar. Le hablé del cristianismo y le di el testimonio de Jesús. Desafortunadamente, decidió no permitir que Jesús lo salvara. Rechazó a Jesús, y fue triste. La gente sabe que Jesús es lo mejor para ellos, pero se eligen a sí mismos en lugar de a Dios, lo que puede traerles alegría, amor y paz. Él nos llena a rebosar, ¡y es fantástico! La verdadera alegría viene del Señor y es un fruto del Espíritu (Gálatas 5:22).

Se preguntarán por qué hablo tanto de la adoración cuando este capítulo se supone que es sobre el miedo. Debes creerme que estoy borracho en el Espíritu. Sí, tienes razón. Sin embargo, el Espíritu Santo me hace hacer esto para recordarte que es mejor detener todo e invocar a Jesús cuando estás pasando por el infierno. ¡Jesús es el Príncipe de la Paz! Él detendrá la tormenta en tu vida si le permites la oportunidad. Sin embargo, permitirá que el enemigo nos ataque, pero nos está escuchando atentamente solo para pronunciar su nombre. Jesús está listo como un salvavidas para salvarte de ir al infierno y del enemigo cuando seas cristiano. Sin embargo, Él es un Caballero. No peleará sus batallas por ustedes. Él te ha dado una voz. Puedes usarla para llamarle y luchar contra el enemigo. Jesús calmó la tormenta en la barca cuando los discípulos lo despertaron Marcos 4:35-41,

> *"Aquel día, cuando llegó la noche, les dijo: Pasemos al otro lado. Y despidiendo a la multitud, le tomaron como estaba, en la barca; y había también con él otras barcas. Pero se levantó una gran tempestad de viento, y echaba las olas en la barca, de tal manera que ya se anegaba. Y él estaba en la popa, durmiendo sobre un cabezal; y le despertaron, y le dijeron: Maestro, ¿no tienes cuidado que perecemos? Y levantándose, reprendió al viento, y dijo al mar: Calla, enmudece. Y cesó el viento, y se hizo grande bonanza. Y les dijo: ¿Por qué estáis así amedrentados? ¿Cómo no tenéis fe? Entonces temieron con gran temor, y se decían el uno al otro: ¿Quién es éste, que aun el viento y el mar le obedecen?"*

Jesús tuvo una reacción única cuando se despertó. Se podría pensar que Jesús se despertaría, se asustaría y empezaría a sacar agua del bote, ¿verdad? ¡NO! Jesús no permitió que las cosas de este mundo le robaran su paz. Jesús había declarado unos pocos versos antes, "¡Cruzamos al otro lado!" Por lo tanto, una vez que dijo algo, descansó. Así es como Dios opera. Él declara y descansa. Su Palabra hace el resto. Tenemos que creer en la Palabra de Dios y descansar. La verdadera fe, una vez expresada y comunicada, descansa en Dios y no se preocupa por los resultados.

Los discípulos lo despertaron y le dijeron, ¿no te importa que vayamos a morir? Los discípulos estaban en completo pánico y temían por sus vidas. Esta es una respuesta lógica a un evento que intenta quitarles la vida. Se despertó y reprendió al viento. Luego le dijo al mar: "Que la paz esté tranquila". Después de que Jesús habló, hubo una gran calma. Después de que habló y arregló todo, tenía algunas cosas más que decir. Les preguntó por qué tienen tanto miedo y cómo es que no tienen fe. Jesús les está haciendo esta misma pregunta hoy. Debes responderlas para ser liberado. Hazte estas preguntas y responde hasta que llegues a la raíz del miedo. Para los discípulos estas eran preguntas retóricas porque Jesús ya sabía la respuesta. Sin embargo, la Biblia dice que temían enormemente y se preguntaban quién era esta persona por su poder.

Los discípulos no tenían una fe fuerte en Jesús. Sabían que Jesús podía hacer cosas milagrosas, pero no estaban convencidos de que fuera el Mesías. Eran más espectadores que jugadores del equipo. Los discípulos corrieron como cobardes cuando Jesús fue capturado, y ninguno de ellos se levantó con valentía. No entendieron la revelación de cómo servir a Jesús o quién era. Los discípulos no se armaron de valor hasta que el Espíritu Santo los llenó una vez que Jesús le dio el Espíritu Santo (Hechos 4:31). Después, los discípulos fueron descritos como hombres de valentía y predicados en todas partes, sin importar el peligro. Fueron golpeados, encarcelados y asesinados por su fe. Hay una diferencia entre alguien que está lleno del Espíritu y alguien que solo es un espectador. Esta es la verdadera diferencia entre alguien que tiene una estrecha relación personal con el Señor y alguien que solo está jugando a la Iglesia o siendo religioso, lo cual veremos en el siguiente capítulo.

La duda mata la fe. Tienes que decidir quién es Jesús para ti. Jesús preguntó a todos sus discípulos quién creían que era, (Mateo 16:13). Todos tenían diferentes respuestas o diferentes perspectivas de quién era Él. La forma en que veas a Jesús es la forma en que tendrás la victoria. La Palabra de Dios describe a Jesús como el Hijo de Dios con autoridad sobre el enemigo. Jesús tenía Autoridad sobre los demonios de arena (Legión) y los expulsó sin problemas. ¡Rechazó a Satanás y lo mandó a paseo! Dio su vida en la cruz por el pecado y resucitó victorioso de entre los muertos. Jesús es el León de la Tribu de Judá, y toda rodilla se doblará y confesará que es el Señor. Los demonios gritaron de miedo y lo declararon Señor mientras le rogaban que no los arrojara al abismo del infierno. Jesús nos ha dado las Llaves del Reino, y nos ha dado autoridad sobre el enemigo usando Su Nombre. Solo debemos tener fe en Él y en Su Palabra.

Dudar de la Palabra de Dios te causará ansiedad. Si no hay una Verdad Absoluta en la que confíes, entonces no hay nada que te salve. El Señor es real, pero el enemigo trata de hacerte creer que no es real o que es sordo y no puede o no quiere escuchar tus oraciones. Puede parecer que Dios está dormido, pero quiere que ejercites tu fe. Quiere que decidas quién es Él para ti. Si Él es Dios y el enemigo no es rival para Él, entonces crees en un Dios que es poderoso. Si crees que Él te dio Poder sobre el enemigo, entonces crees en ese Poder y no en ti mismo o en tus habilidades. Si crees esto, entonces le dirás a esa montaña que sea removida, y saltará al mar. Si dudas, entonces serás aplastado por la montaña. Santiago 1:7-8 dice que un hombre de doble ánimo es inestable, "*No piense, pues, quien tal haga, que recibirá cosa alguna del Señor. El hombre de doble ánimo es inconstante en todos sus caminos*". Una persona que no puede decidirse siempre está confundida. ¡DEBES DECIDIR! No hay término medio en esta lucha.

La inestabilidad en todos sus caminos es solo el comienzo. Si alguien es de doble ánimo, entonces tiene sentimientos encontrados. Todo lo que hace está en contradicción directa con la otra creencia que tiene. Están confundidos según Santiago 1:5-7,

> "*Y si alguno de vosotros tiene falta de sabiduría, pídala a Dios, el cual da a todos abundantemente y sin reproche, y le será dada. Pero pida con fe, no dudando nada; porque el que duda es semejante a la onda del mar, que es arrastrada por el viento y echada de una parte a otra. No piense, pues, quien tal haga, que recibirá cosa alguna del Señor*".

Así que, pedir con fe sin dudar es como recibir del Señor, como se ve en el versículo 6. Sin embargo, el que duda es arrojado sin piedad por cualquier viento de doctrina que sopla. Que esa persona sepa que no recibirá nada del Señor. Por lo tanto, Dios es grande en la fe y contra la duda. La Biblia nos ha hablado. Cualquier Doctrina de Demonios nos sacudirá y nos confundirá o engañará. La única salida es tener una fe absoluta en la Palabra de Dios. La fe en la religión no lo hará. La fe en su Iglesia o en su Pastor no lo hará. La fe en tus amigos o en las cosas no lo hará. Debes tener fe en Dios.

La duda en la Palabra de Dios trae ansiedad. La ansiedad lleva al pánico y al miedo. Si no tienes algo en lo que confiar, entonces no tienes un ancla o una roca en la que apoyarte. Dios es nuestra fuente de estabilidad y fe. Él nos da la paz Filipenses 4:6-7 dice,

> *"Por nada estéis afanosos, sino sean conocidas vuestras peticiones delante de Dios en toda oración y ruego, con acción de gracias. Y la paz de Dios, que sobrepasa todo entendimiento, guardará vuestros corazones y vuestros pensamientos en Cristo Jesús".*

Esta es una Escritura poderosa porque las claves para romper el miedo están aquí. ¿Las ves? No te preocupes por nada. ¿Cómo? En la oración está la respuesta. Debemos pedirle a Dios con súplicas y peticiones. Esto significa usar nuestra fe en la Palabra de Dios y citarle las Escrituras en la oración sobre sus promesas. ¡Usa la fe en Su Palabra para pedirle por fe que nos responda con fe! ¿Entendido? Entonces con acción de gracias, ¡le agradecemos con fe por hacerlo!

Así que se necesita fe para orar, creyendo en las Escrituras, y usándolas en la fe para pedirle por fe nuestras peticiones, luego pidiéndole por fe creyendo que lo hará. ¡Finalmente por fe, descansando y agradeciéndole con fe que lo haremos! Por lo tanto, en resumen, ¡todo es por fe! La duda no tiene nada que ver con la fe. Este tipo de fe liberará la Paz de Dios que sobrepasa todo entendimiento o cualquier experiencia que hayas tenido antes. Tendrás tanta paz que te sentirás borracho o relajado. Es diferente de cualquier sentimiento que las drogas, el alcohol, o cualquier cosa que este mundo pueda ofrecer. Esta Paz es súper natural.

Una píldora no puede fabricar Paz sobrenatural para la ansiedad. No te estoy diciendo que dejes de tomar la medicación que estás tomando para la ansiedad si lo haces. Sin embargo, te estoy diciendo que si practicas este tipo de oración como un estilo de vida, puedes tener Paz en cualquier momento que la necesites. Esta es una Paz Sobrenatural, del tipo que Jesús increpa y dice, "Calla, enmudece" al mar en tu vida. El mar de emociones llegará a una calma total cuando esta Paz rodee y guarde tu corazón. Esta Paz guardará tu corazón y tus mentes. Esta es una promesa que Jesús nos da. Cuando tengamos fe en Su Palabra y en Él, entonces tendremos esta Paz. Guardará nuestros corazones y mentes. Jesús nos anima a dejar las ruedas de entrenamiento y a caminar sobre el agua. Caminar con fe excita y complace a Dios. ¡Le encanta!

El Espíritu Santo es fuerte, y Él guardará nuestras mentes contra la opresión del enemigo. Debemos asegurarnos de tener fe en Dios y rendirnos a Él diaria y puntualmente si entienden lo que digo. El enemigo no deja de acosarnos, así que no podemos dejar de buscar a Dios para asegurarnos de que Él está inundando nuestros corazones y mentes con su paz. Ya no se trata de la religión para los cristianos de hoy en día. El enemigo está atacando a los cristianos con más fuerza porque su tiempo es corto, y el final de los tiempos está sobre nosotros. No será mañana, pero dependiendo del momento en que estés leyendo este libro, podría serlo. Tenemos que rendirnos al Señor para que nos salve del enemigo, pero es nuestra responsabilidad luchar contra el enemigo y no caer en el pecado. Elegir el miedo es un pecado. Si la Biblia te dice que hagas algo y no lo haces, entonces es un pecado. La Biblia dice repetidamente que tengamos fe en Dios y que confiemos en la Palabra de Dios.

La ansiedad y la preocupación son síntomas de miedo. Si te sorprendes a ti mismo preocupándote por algo, entonces tienes que dárselo al Señor. Si te vas a preocupar, entonces no puedes orar. Si vas a orar, entonces no puedes preocuparte. Tienes que decidir a quién vas a confiar tu vida pasada, presente y futura. Todo comienza con un pensamiento. Visitas a un médico y te hacen análisis de laboratorio y te dicen que te llamarán la semana que viene. Así que, durante toda la semana, puedes preocuparte y estresarte por ello, o puedes confiar en Dios para los resultados. Si vas al médico y los resultados son normales, entonces has perdido el tiempo preocupándote, ¿no? Ahora, si vas al médico y tienes presión arterial alta, puedes tomar la medicación. Sin embargo, no tienes que temer que tendrás que lidiar con ello toda tu vida. Puedes ponerte en mejor forma y perder peso de forma natural, pero también puedes orar para ser curado de forma sobrenatural. Dios quiere que cuidemos nuestros templos. Nuestro templo es donde Él habita, así que debemos cuidarlo.

Si estás experimentando miedo y tormento, entonces ya has superado una preocupación o inquietud normal. Es una elección a largo plazo preocuparse y dudar de la Palabra de Dios. Cuando digo duda no quiero decir que sea falsa, sino que no se aplica a ti. También puedes estar limitado por tu religión. ¡Eso es desafortunado! La Palabra de Dios no es una religión. No está limitada por la religión. La Religión pone límites a la Palabra, y esto es demoníaco. Nada puede hacer que la Palabra de Dios sea ineficaz excepto tú. ¿Qué? ¡Sí! Si la Palabra de Dios dice algo, entonces es verdad, lo creas o no. Si dudas de las Escrituras, entonces dudas de Dios. Lee las Escrituras para obtener comprensión y fe, ¡y te sorprenderás!

El miedo es lo opuesto a la fe. Si estás lleno de fe y de la presencia de Dios, entonces no puedes temer. La Biblia dice en 1 Juan 4:18, "*En el amor no hay temor sino que el perfecto amor echa fuera el temor. Porque el temor conlleva castigo, y el que teme no ha sido perfeccionado en el amor*". ¡El amor perfecto echa fuera el miedo! Este es el Espíritu Santo de Dios protegiéndonos del miedo. Si estamos llenos de Su Amor, entonces no tenemos espacio para el miedo. El Amor Perfecto echa fuera el miedo. Reprende y ahuyenta el miedo. El miedo no puede existir en tu templo con el Amor perfecto porque expulsa el miedo. Debemos buscar a Dios y estar llenos de Su Amor, luego confía. El enemigo luchará contra nosotros, y debemos reprenderlo y citar las Escrituras y confiar en la Palabra de Dios para protegernos y expulsar todo el miedo. Jesús usó la Palabra de Dios contra el Diablo. Tenemos que hacer lo mismo si no queremos ser oprimidos por el Diablo y ser derrotados.

El cristianismo es una batalla, y tú eres un guerrero en Cristo. Jesús es fuerte, y quiere derrotar al enemigo en tu vida. Simplemente tienes que permitir que Jesús luche a través de ti. No puedes luchar contra el enemigo por ti mismo (con tu propia fuerza). Dios usará tu fe y tu boca, pero tienes que elegir hacerlo con el poder de Dios. Puedes decirle al Diablo que se vaya o que se calle, pero sin el poder del Espíritu Santo, él seguirá con ello hasta que estés agotado, y te aplastará. Santiago 4:7 es la clave, "*Sométanse, pues, a Dios. Resistan al diablo, y él huirá de ustedes*". No dice solo resistir al Diablo. Tienes que someterte a Dios en cada área de tu vida y caminar con Él. Asegúrate de que Él es el Señor de tu vida. Si te sometes a Dios y caminas con su autoridad, puedes resistir al Diablo, y Él huirá de ti. Ponerse la armadura y usarla es la clave para defenderse del enemigo y derrotarlo.

La preocupación es un pecado, y puede volverse demoníaca rápidamente; tenemos que luchar contra ella. Dios dice que conoce los planes que tiene para ti. Buenos planes. Usa Google o la Concordancia Bíblica y busca las Escrituras sobre la confianza. Escríbelas a mano y memorízalas. La forma de combatir el miedo es confiando en Dios. En el libro "Los tres cerditos" hay un ejemplo perfecto de lo que el Diablo trata de hacernos. Le gusta soplar y soplar y amenaza con volar toda la casa. Si abres la puerta al miedo, entonces él entrará, te atará y se hará cargo. Puede ser abrumadoramente persuasivo, así que tenemos que estar preparados para luchar y rechazar sus amenazas. El miedo también tratará de engañarte sutilmente. El miedo roba su confianza y su fe. No te congeles por el miedo. Recházalo y sácalo de tu mente. El miedo te impedirá alcanzar el siguiente nivel con el Señor.

No tengas miedo de Jesús, Isaías 41:10 dice, "No temas, porque yo estoy contigo. No tengas miedo, porque yo soy tu Dios. Te fortaleceré, y también te ayudaré. También te sustentaré con la diestra de mi justicia". Hay 365 referencias en la Biblia que nos dicen que no temamos. ¡Esa es una para cada día o 365 para un día! Si estás siendo bombardeado por el enemigo, ¡entonces usa las 365 Escrituras y haz que se ahogue con la Palabra de Dios hasta que decida dejarte en paz! ¡Sí! Aliméntalo a la fuerza con la Palabra hasta que vomite. Entonces aliméntalo un poco más. Debes entender que el enemigo no se dará por vencido contigo si tienes alguna duda sobre dejarlo volver a tu vida sin importar el pecado que sea. Los demonios odian ser expulsados de un cuerpo. Ellos arañarán, gritarán, patearán y lucharán para volver a entrar (Mateo 12:43-45). Sin embargo, se hartarán y te dejarán si estás usando el Poder de Dios porque no pueden luchar contra eso. Lo intentan, pero finalmente captan la indirecta si no te rindes. Mantente descansado y saludable. ¡Es difícil luchar si estás cansado, hambriento o sin fe! Vuelvan a Dios en la adoración, la oración y la lectura de su Palabra para llenarse de fe.

La preocupación está advertida en las Escrituras. No debemos preocuparnos, Mateo 6:33-34 dice, "*Más bien, busquen primeramente el reino de Dios y su justicia, y todas estas cosas les serán añadidas. Así que, no se afanen por el día de mañana, porque el día de mañana traerá su propio afán. Basta a cada día su propio mal*". Debemos buscar primero el Reino de Dios y su justicia. Si ponemos a Dios en primer lugar en todo lo que hacemos, entonces Dios cuidará de nosotros. El mañana aún no se ha manifestado. Hoy es el mañana del que te preocupaste ayer, y todavía estás vivo y sano. El mañana nunca llegará aquí porque hoy es el día que Dios ha dado. Hoy es el día en que debemos obedecer al Señor. Vive este día libre, ya que es tu último día en la tierra. Si ya has muerto en tu mente (Rompió el Contrato del Miedo), entonces el Diablo no puede asustarte para que te preocupes por cada nueva enfermedad que encuentres en Internet.

La lógica es una herramienta que el enemigo usa todo el tiempo. Debes tener cuidado de rechazar la lógica en todas sus formas. La lógica es una de las armas favoritas del Diablo. No puedes derrotar al Diablo con la lógica. Tienes que usar la Palabra de Dios y tener fe. La lógica te engañará para que creas que no hay esperanza. Frases como "Bueno, le pasa a todo el mundo", "No puedes vivir para siempre", "Dios no sana en estos días" y "Por eso tienes seguro" te roban la fe. Jesús dijo que mis ovejas conocen mi voz. Su Voz es alentadora. El Espíritu Santo es gentil y no condena. Dios te condenará, pero no gritará ni condenará.

Cuando era un joven pastor, Dios me dijo: "No puedes luchar con la carne". Inmediatamente supe que Dios me hablaba directamente. Traté de resistir a Satanás constantemente en muchas áreas de mi vida. No me sometía completamente a Dios para obtener la victoria. Simplemente estaba tratando de luchar por mi propia voluntad y tratando de ser un mejor cristiano con solo decir no al pecado. No es así como funciona. La Biblia dice que tenemos que caminar en el Espíritu en Gálatas 5:16, "_Digo, pues: Anden en el Espíritu, y así jamás satisfarán los malos deseos de la carne_". Cuando estamos en el Espíritu, estamos contentos, y el Espíritu está controlando la carne. Esta es la única manera de domar la carne. Es rebelde y quiere recoger todos los espíritus demoníacos que pueda encontrar. La carne es un problema casi tan grande como el enemigo porque son amigos.

Sin embargo, saldremos victoriosos si dejamos que Dios gane la batalla por nosotros. Regocíjate, y de nuevo, ¡digo que te regocijes! ¡Jesús ha vencido al enemigo! Dios no te ha dado un espíritu de temor 2 Timoteo 1:7 dice, "_Porque no nos ha dado Dios un espíritu de cobardía sino de poder, de amor y de dominio propio_". Podemos tener una mente sana si permitimos que Dios nos colme. El poder está disponible a través de la oración y la Autoridad que Dios nos ha dado como cristianos para usar Su Nombre. Necesitamos reprender al enemigo continuamente con Poder a través del Espíritu. El miedo puede traer depresión porque te hace pensar que no hay esperanza. La esperanza diferida enferma el corazón (Proverbios 13:12) y puede llevar a la depresión o a la ansiedad. Tenemos que luchar, para que el enemigo no nos paralice y nos deje sin ganas de salir de la cama o de perder relaciones y trabajos. Todo comienza con el primer pensamiento del día. Empieza a luchar al principio del día, o serás derrotado al final del día. Deja que el amor eche fuera el miedo, empezando con tu primer pensamiento del día.

Cuando el enemigo nos hace temer algo, entonces un espíritu maligno vendrá y nos atormentará. El miedo puede causar que tu ritmo cardíaco se eleve, que tu mente comience a correr, e incluso que la adrenalina fluya por tu cuerpo. Incluso puede invocar una respuesta de lucha o huida en tu cuerpo. Siempre debemos elegir luchar contra el miedo con fe. Dios te ha dado un Espíritu de Poder para vencer al enemigo. Debemos reprender al enemigo y usar la Palabra de Dios contra él. Esto nos dará poder y nos llenará con el Espíritu Santo y la fe. A veces, cuando estamos luchando contra el enemigo, no nos sentimos energizados por el Espíritu Santo, pero eso no significa que Dios no esté fluyendo a través de nosotros. Puede que haya momentos en los que no sintamos a Dios en absoluto y estemos reprendiendo al enemigo un montón, pero Dios está de pie viendo crecer nuestra fe y está orgulloso de nosotros.

Hay momentos para orar con otras personas, y hay momentos para orar por nosotros mismos. Hay veces en las que la gente nos reprende al enemigo, y hay veces en las que lo reprendemos nosotros mismos. Deberíamos estar reprendiendo al enemigo todo el día cada vez que trata de meternos un pensamiento en la cabeza o de amenazarnos. Deberíamos luchar sin importar el humor que tengamos. Debemos descansar en el Señor. No podemos descansar si nuestro corazón está latiendo fuera de nuestro pecho o estamos en pánico. Está bien detenerse y cerrar los ojos y respirar profundamente. Esto calma tu cuerpo y baja tu presión sanguínea y el pulso. Entonces nuestro cuerpo se calma, y debemos tomar el control de nuestra mente orando.

Ríndete al Señor y toma todos tus pensamientos cautivos. Tu mente y tu espíritu se calmarán y se fortalecerán. Siempre elige luchar. Cuando dejes de luchar, el Diablo te llevará cautivo. Permite que el Señor te muestre que eres un guerrero, y lo hará una batalla a la vez. Nunca tengas miedo del enemigo porque Jesús ya lo ha derrotado. Las emociones son creadas principalmente por los pensamientos. Si controlas tus pensamientos, entonces tus emociones rara vez se saldrán de control. Lleva tus pensamientos cautivos y reprende al enemigo.

Es hora de hacer una lista para identificar todos nuestros miedos. Haz una lista de todos tus miedos y sácalos de tu cabeza y en papel. Esto puede llevar un tiempo. Necesitas pensar en todas tus ansiedades y miedos. ¿De qué te preocupas durante el día? ¿Qué te hace perder el sueño por la noche? Por lo tanto, necesitas preguntarte cuál es tu mayor temor. ¿Cuánto tiempo lo has tenido? ¿De dónde vino? Por lo tanto, mi pregunta para ti es, ¿por qué el miedo? ¿Por qué dejas que el miedo cause estragos en tu vida? Piensa en ello. ¿Cuándo empezaste a experimentar miedo y ansiedad? ¿Tus padres lidiaron con el miedo? ¿Es algo generacional? Tienes que hacerte estas preguntas y orar y pedirle a Dios que te muestre cuándo fue la primera vez que tuviste miedo a algo malsano. ¿Fue el miedo al hombre? ¿Miedo a estar solo? ¿Miedo a los espacios cerrados? ¿Miedo a las alturas? ¿Cuál es tu miedo? ¿Es el miedo al fracaso? ¿Miedo a perder algo o alguien? ¿Cuándo te engañó el Diablo para que aceptaras el miedo? Haz una lista de todos tus miedos. He hecho una línea en la parte de atrás del libro para ayudarte antes de que ores. ¡Complétalo y ora!

Ahora que tienes una lista de tus miedos y los reconoces, es hora de entregar tus miedos al Señor. Ahora, esto requiere que dejes de preocuparte. Esto requiere que empieces a confiar en el Señor para manejar estos problemas. ¿Crees que Jesús te ama? ¿Crees que Jesús es más grande que tus problemas? ¿Crees que Jesús sabe cómo cuidarte? Bien, oremos. Repite esta oración en voz alta: "Padre, hoy vengo a ti por la fe. Creo que la Palabra de Dios es real. Creo que no importa cómo me sienta, Tu Palabra es la Verdad. Te pido perdón por caminar con miedo y no confiar en Ti. Perdóname por tratar de hacer Tu trabajo. No estoy equipado para manejar todos estos problemas. Necesito Tu ayuda, Señor. Confío en que Tú me cuides. Pongo mi vida en Tus manos. Confío en Ti. Sé que me amas. Renuncio al espíritu del miedo. Renuncio a todos los espíritus malignos que tratan de controlarme. Te acepto a Ti, Jesús, en mi vida. Recibo Tu poder. Espíritu Santo por favor lléname, Señor por favor lávame. Ayúdame a confiar en Ti. Te hago Señor de mi vida. Acepto Tu Paz. Descanso en Tu Obra Terminada. Ayúdame a seguirte y a confiar en Ti. Ayúdame a luchar contra el enemigo diariamente. Ayúdame a usar la Sabiduría de las Escrituras. Lléname con Tu Amor Perfecto que echa fuera todo el miedo. ¡Rompo el Contrato del Miedo que he firmado con el enemigo! Renuncio al espíritu del miedo. ¡Te ordeno que dejes mi vida y no vuelvas! Espíritu Santo, por favor lléname con tu Espíritu de Poder y Amor. Ayúdame a escuchar tu voz y obedecerla, en el nombre de Jesús, Amén".

Alégrate, Jesús es el Príncipe de la Paz. Él ha inundado tu templo y lo hará tan a menudo como te vuelvas hacia Él. Estarás tentado a temer y a preocuparte, pero sigue luchando la buena batalla de la fe. Confía en el Señor y en su Palabra. Cada vez que el Diablo intente hacerte pensar en el futuro o preocuparte por algo, debes reprenderlo. Puedes tener paz cuando quieras a través de la oración. Ora, reprende al enemigo y adora al Señor. Dios no quiere que tengas miedo. Ten valor y confía en tu Señor Jesús que es capaz de cuidarte

CAPÍTULO 7

El Contrato de la Religión

"Como perro que vuelve a su vómito, así es el necio que repite su necedad". Proverbios 26:11

Alabado sea Dios. Es un gran día para servir al Señor. Estoy emocionado de exponer las obras de Satanás. Nos roba la alegría, la paz y arruina nuestras vidas. Los Espíritus Religiosos son espíritus demoníacos malignos que convencen a la gente de ser religiosos o perfectos, y se oponen a Dios. Los espíritus religiosos nos distraen continuamente de una relación genuina con Dios. Nos convierten en fariseos, lo cual es demoníaco. Los fariseos eran los líderes religiosos de la época de Jesús que seguían la Ley hipócritamente. Actuaban como si fueran perfectos, pero eran malvados por dentro. Se guiaban por espíritus religiosos y odiaban a Jesús. Los espíritus religiosos son juzgadores, orgullosos, arrogantes, malvados y espíritus acusadores basados en obras. Estos espíritus le chupan la vida a cualquier cristiano que se les acerque. Nos tientan para que nos pongamos religiosos para servir a Dios y lo hagan sobre la religión en lugar de una relación cercana y genuina con Dios. Discutiré más sobre ellos y lucharé contra ellos, pero primero, debemos ver cómo nos hablan y tratan de oprimirnos con sus costumbres.

Los espíritus religiosos son muy engañosos, y traen consigo otros espíritus también. No trabajan solos. Este espíritu quiere crear en ti una mentalidad que juzgue a otros cristianos y su caminar. Quiere hacerte el hábito de hacer actividades religiosas en lugar de tener un paseo cercano con el Señor. Veamos las Escrituras para ver cómo funcionan para distraer a la gente de servir verdaderamente al Señor. Lucas 10:38-42,

"Aconteció que, yendo de camino, entró en una aldea; y una mujer llamada Marta le recibió en su casa. Esta tenía una hermana que se llamaba María, la cual, sentándose a los pies de Jesús, oía su palabra. Pero Marta se preocupaba con muchos quehaceres, y acercándose, dijo: Señor, ¿no te da cuidado que mi hermana me deje servir sola? Dile, pues, que me ayude. Respondiendo Jesús, le dijo: Marta, Marta, afanada y turbada estás con muchas cosas. Pero solo una cosa es necesaria; y María ha escogido la buena parte, la cual no le será quitada".

Marta se quejaba de que María estaba adorando a Jesús y no estaba trabajando. Jesús la corrigió diciendo: "Marta, Marta, se necesita una cosa. Marta estaba tratando de hacer la casa y que todo fuera perfecto. Estoy seguro de que desempolvaba e hizo todo lo que pudo. Marta tenía al Creador de este Universo en su casa justo delante de ella, y eligió hacer cosas para impresionarlo. Jesús le hizo saber que esto no es lo que Él quiere.

Jesús espera que hagamos lo correcto y que tengamos integridad, pero quiere obediencia y no sacrificio cuando se trata de asuntos espirituales. El sacrificio es completo en Cristo Jesús. Quiere que lo adoremos y lo conozcamos por encima de todo. Cuando Jesús está en tu casa, quiere pasar tiempo de calidad contigo y no que le atiendas. La mayoría de la gente tiene miedo de la intimidad, por lo que no se rinden a Dios en la adoración. El objetivo de los espíritus religiosos es asegurarse de que no adoramos a Dios, entrar en el Lugar Santísimo detrás del Velo, aplicar la Palabra de Dios mientras nos arrepentimos y tener una visita diaria con Dios que nos cambiará. Cuando pasamos tiempo con Dios, entendemos que es un Dios amoroso lleno de Gracia y Misericordia. Nos encanta recibir esto de Dios, pero los espíritus demoníacos no quieren que lo recibamos o lo demos a otros.

Los espíritus religiosos son capataces que quieren castigar a la gente por no servir a Dios correctamente, de acuerdo con la Ley. No hagas esto y no hagas aquello, de esto se trata la religión. No es lo que Jesús prioriza como una relación genuina con Dios (no la religión). Quieren que mantengamos activo todo el Contrato con el Diablo. Quieren que nos mantengamos en el pecado mientras nos dicen que estamos haciendo un gran trabajo con el Señor. Luego quieren que juzguemos a los demás y nos regodeemos de ellos mientras nunca fluya el amor de Dios con la misericordia y la gracia que fluye dentro y fuera de nuestros templos. Todos sabemos que, si pecamos, entonces hay un castigo por nuestro pecado. Sabemos que cuando tomamos una terrible decisión que es pecaminosa.

No podemos dejar de pecar por nuestra cuenta. Necesitamos caminar en el Espíritu para evitar cumplir los malos deseos de la carne. Los espíritus religiosos tratan de forzarnos a caminar en el camino cristiano en nuestra fuerza sin la ayuda de Dios.

Miremos el Templo en el Antiguo Testamento para ver una imagen clara (Éxodo 25-30, 35-40). El Tabernáculo de Moisés tiene tres partes. La disposición del Templo comienza con una vasta área a su alrededor llamada el Patio Exterior. Tenía una puerta que conduce al Patio Exterior, que tiene el ritual, la Cuenca de Purificación y un Altar. Dentro del Templo está el Lugar Santo que alberga la Menorá en el candelabro de oro, la mesa de los panes de la feria y el altar del incienso. Por último, está el Lugar Santo, que tiene el Arca de la Alianza con el propiciatorio encima como cubierta. En el Lugar Santísimo está el lugar donde Dios ha designado al Sumo Sacerdote para experimentar Su Presencia Directa.

El Sumo Sacerdote tenía el deber de servir al Señor realizando todos los rituales para acceder a la Presencia del Señor para expiar los pecados del pueblo. Servir al Señor era algo serio porque el Señor es Santo y tiene que juzgar el pecado con la expiación de sangre. El Sumo Sacerdote tenía que realizar muchos rituales, que son complejos y muy detallados. Si no los realizaba correctamente, entonces el Señor lo mataría por ser desobediente. El Sumo Sacerdote en el patio exterior del Templo tenía que purificar sus manos y pies tres veces antes de poder empezar a hacer sacrificios en el Altar. Pero antes de comenzar este ritual de purificación, tenía que asegurarse de que llevaba las prendas adecuadas diseñadas por Dios. Tenían que ser formados correctamente según sus especificaciones. Una vez que el Sumo Sacerdote tenía todas las prendas correctas y una placa de oro en su cabeza que decía "Santo para Dios", podían comenzar los rituales. Se le apartaría para el servicio llevando las prendas correctas.

El Sumo Sacerdote estaría con las ropas correctas, y entonces podría empezar a dirigirse hacia la Presencia de Dios. Empezó el ritual de purificación de lavarse las manos y los pies y luego hacer la expiación temporal o el sacrificio de sangre. Luego la sangre se aplicaría en el Altar y en otros lugares estratégicos. Luego, llevaba la sangre al Lugar Santo o al Tribunal Interior y la aplicaba al Altar del Incienso. Quemaría incienso mientras encendía la Menorá en el candelabro. Una vez que todos estos rituales estaban correctamente completados, entonces podía pasar de la cubierta de un velo grueso al Santo de los Santos. Aplicaba sangre en el Banco de Misericordia siete veces para expiar los pecados.

Este es un resumen de cómo el Señor quería que el Sumo Sacerdote expiara los pecados y los rituales involucrados.

Cuando Jesús vino a la Tierra, llevó una vida sin pecado y fue enviado por Dios para expiar el pecado, para toda la humanidad de una vez por todas. Jesús fue llamado el Cordero de Dios, que quita el pecado del mundo. Jesús derramó su sangre, y fue derramada en siete lugares. Una vez siendo golpeado con un gato de nueve colas, clavos en cada una de sus manos y pies, arrancando su barba, dándole un puñetazo, sudando sangre en oración, teniendo una corona de espinas en su cabeza y una lanza en su costado. Murió en la cruz, y su sangre hizo directamente una expiación permanente que fue aceptable para Dios. Jesús fue nuestro Sumo Sacerdote porque expió los pecados de toda la humanidad. Él era el Creador del mundo, pero tenía que expiar los pecados de la humanidad por sí mismo. Dios diseñó todo esto, pero ten por seguro que lo entiendes o no que ha sucedido. Cuando Jesús murió, el Velo que conducía al Santo de los Santos se rasgó de arriba a abajo. Dios le mostró al mundo que los sacrificios ya no eran requeridos o aceptables. Todo el mundo puede tener acceso a la presencia de Dios a través de Jesús. Hebreos 10:19-22 dice,

> *"Así que, hermanos, teniendo libertad para entrar en el Lugar Santísimo por la sangre de Jesucristo, por el camino nuevo y vivo que él nos abrió a través del velo, esto es, de su carne, y teniendo un gran sacerdote sobre la casa de Dios, acerquémonos con corazón sincero, en plena certidumbre de fe, purificados los corazones de mala conciencia, y lavados los cuerpos con agua pura".*

Jesús murió por el pecado y fue a Dios e hizo un camino para que nosotros llegáramos a Dios. El requisito para llegar a Dios ya no se basa en rituales y sacrificios porque Jesús cumplió la Ley de Requisitos para expiar el pecado. Ahora el camino para llegar a Dios es creyendo en Jesús como el sacrificio de sangre. Esta expiación no debe ser replicada por nadie más. Jesús se ha puesto a la derecha del Padre y ahora está intercediendo por nosotros. Él tiene el oído directo de Dios, y aquellos que creen y aceptan a Jesús como Salvador también tienen este acceso. Todo ha cambiado desde los rituales del Antiguo Testamento, como se describió anteriormente. El camino hacia Dios es a través de la oración en el nombre de Jesús. Si aceptas a Jesús, entonces tus pecados fueron expiados, y has recibido este perdón.

La Palabra de Dios explica que Dios es un Dios amoroso y lleno de gracia. Él nos llama sacerdotes y nos da nuevas responsabilidades para servirle sin necesidad de expiación y purificación para complacer a Dios. Dios dice que, sin fe, es imposible complacerlo. Ahora debemos emplear la fe como un principio clave en todo lo que hacemos. La fe abre todo en el Reino de Dios. Es por la fe en lo que Jesús ha hecho y en lo que Su Palabra nos promete. Dios anhela una relación personal con nosotros porque nos llama el Templo de Dios. La vieja forma de llegar a Dios es maldita y demoníaca. Cuando intentas buscar a Dios a través de medios rituales de justicia, entonces es una trampa de Satanás. Verás, la gente satánica sacrifica y usa sangre, pero todo es demoníaco.

Mucha gente trata de ganarse su salvación o la aprobación de Dios haciendo las cosas correctamente (tratando de ser perfectos). La Biblia nos dice que, si eres perfecto, pero infringes la Ley de Dios en un área muy pequeña, entonces eres culpable de toda la Ley. O eres perfecto (lo cual es imposible), o eres culpable de ser un pecador. La perfección es una carga masiva que nadie puede cumplir. Muchos lo han intentado, y todos han fallado. Dios no solo tenía leyes sobre las normas externas, sino también sobre las internas. Jesús dijo que, si miras a una mujer para codiciarla, ya has cometido adulterio sin seguir adelante con el acto. El pecado comienza en nuestra mente antes de la ruptura real de la Ley en el exterior. Dios mira nuestros corazones y nuestros pensamientos. Nos conoce por nuestra persona interior y no solo por las cosas que hacemos en el exterior.

Dios da gracia 1 Pedro 5:5, "*Igualmente, jóvenes, estad sujetos a los ancianos; y todos, sumisos unos a otros, revestíos de humildad; porque: Dios resiste a los soberbios, y da gracia a los humildes"*. Tenemos que ser humildes y aceptar la gracia de Dios. No podemos ser perfectos; ni siquiera los sacerdotes del Antiguo Testamento podían ser perfectos. El Sumo Sacerdote era un pecador y seguía el camino prescrito para limpiarse usando las prendas correctas y lavándose las manos y los pies. Nunca ha habido ningún humano perfecto, pero el Diablo quiere que pensemos que podemos ser los primeros. No solo quiere que pensemos que podemos ser perfectos, sino que realmente impresionaría a Dios si lo fuéramos. ¡Vaya broma! Somos pecadores salvados por la gracia según Efesios 2:8-9, "*Porque por gracia sois salvos por medio de la fe; y esto no de vosotros, pues es don de Dios; no por obras, para que nadie se gloríe"*. Es por la Gracia de Dios muriendo por nosotros y nuestra fe en ese Regalo que nos salvamos, y no es por nada que podamos hacer porque nadie nunca pudo. Jesús lo hizo, y es definitivo. Cuando murió en la cruz, dijo, "Consumado es" (Juan 19:30).

Jesús pagó la pena del pecado. Nos ha liberado de los rituales que la Biblia llama obras muertas. Aquí hay un ejemplo en Hebreos 6:1, *"Por tanto, dejando ya los rudimentos de la doctrina de Cristo, vamos adelante a la perfección; no echando otra vez el fundamento del arrepentimiento de obras muertas, de la fe en Dios"*. Estas acciones religiosas son conocidas por Paul como Elementales. Deberíamos seguir adelante y dejar de intentar ser el perfecto Sumo Sacerdote que expía el pecado. La perfección religiosa es demoníaca y nos hace pensar que podemos ser Jesús en nuestra carne pecaminosa. No lo somos, y es imposible complacer a Dios solo a través de nuestras acciones. Estás ofendiendo al Señor y jugando en la trampa del enemigo. Pablo pregunta retóricamente cómo podemos empezar por que Dios nos limpia en el Espíritu (Ser salvos) y tratamos de seguir limpiándonos a través de la carne (Obras) en Gálatas 3:3, *"¿Tan necios sois? ¿Habiendo comenzado por el Espíritu, ahora vais a acabar por la carne?"*. Es imposible que nuestras acciones a través de la carne por la perfección se sumen a lo que Dios hizo espiritualmente a través de Jesús y el Espíritu Santo.

El Diablo te tiene en un bucle de permanecer en el Tribunal Exterior y nunca llegar al Santo de los Santos. Estás constantemente en pecado y tratas de purificarte. Puedes estar sin pecado y purificarte pidiéndole perdón a Dios, pero luego tratando de pasar por el Lugar Santo y realizar el ritual de perfección para entrar en el Lugar Santísimo. Todo este proceso se ha cumplido, y resulta demoníaco seguir intentando esta vieja y anticuada forma religiosa de complacer a Dios. Él rasgó el velo en el Templo de Salomón, y todo esto terminó. El Velo que nos separaba de Dios fue rasgado sobrenaturalmente por Dios de arriba a abajo como prueba de que lo hizo, y la expiación está completa (Marcos 15:38). Jesús incluso profetizó sobre la destrucción del Templo, que ocurrió en el año 70 D.C. El Templo nunca ha sido reconstruido desde entonces. El antiguo camino ha pasado, así que ríndanse al nuevo camino en Hebreos 4:14-16,

> *"Por tanto, teniendo un gran sumo sacerdote que traspasó los cielos, Jesús el Hijo de Dios, retengamos nuestra profesión. Porque no tenemos un sumo sacerdote que no pueda compadecerse de nuestras debilidades, sino uno que fue tentado en todo según nuestra semejanza, pero sin pecado. Acerquémonos, pues, confiadamente al trono de la gracia, para alcanzar misericordia y hallar gracia para el oportuno socorro".*

Los espíritus religiosos influyen en las personas para que sirvan a Dios y no pasen tiempo con Él. Consiguen que la gente se mantenga ocupada tratando de complacer a Dios con sus esfuerzos y no se relaje en la gracia de Dios. Cuando digo relajarse, me refiero a descansar en lo que Jesús ha hecho. Pero ten la seguridad de que el problema del pecado ha sido resuelto, y ahora es el momento de pasar a una relación genuina con Dios. Cuando pasamos tiempo con Dios, Él nos muestra que tenemos un propósito y un llamado. Quiere que hagamos cosas para Él, pero no que intentemos ser perfectos para impresionarle. Le mostramos nuestra devoción haciendo su voluntad. Esto, por supuesto, es no cometiendo pecado, pero va más allá de eso ahora. Quiere que le sirvamos por gracia.

Él ha dado los dones del Espíritu y la Armadura de Dios por los cuales le servimos en el amor. Esto implica llenar nuestros templos con su amor. Podemos tratar de hacer cosas buenas por Dios, pero termina siendo vacío e infructuoso sin Su Poder. Claro, todo se hace, pero como dijo Jesús, "Los pobres estarán siempre con ustedes". Debes hacer Su Voluntad, no solo cosas buenas en tu esfuerzo. Hacer las cosas con tu propio poder es como una persona que está tratando de hacer salto de altura sin listón. Sin el listón, saltarán, y no será impresionante, pero con el listón, volarán mucho más alto y con un mínimo esfuerzo. Esto implica tener una relación personal con Dios. Dios te dirá lo que quiere que hagas y lo confirmará a través del Espíritu Santo, que también reside en ti. Jesús dijo: "Mis ovejas conocen mi voz".

Ahora, habiendo visto un camino perfecto, dejemos las obras muertas y sirvamos a Dios a través de la intimidad del Espíritu. La manera de hacer esto es pasando tiempo con Dios en su presencia. Debemos abandonar el pecado para hacer esto. Tenemos que arrepentirnos de nuestro pecado, que nos mantiene alejados de la Presencia de Dios. Cuando renunciamos a nuestros ídolos, así es como nos purificamos a través de la obediencia. Esta obediencia no es visible con lo que se puede hacer y no se puede hacer. Es una decisión interna que Dios bendice con su poder para superar el pecado, que controla nuestras acciones externas. Si estamos llenos del Espíritu, no cumpliremos con los deseos de la carne. Así que, ¡caminemos en el Espíritu!

Los espíritus religiosos no quieren que camines en esta libertad. Quieren que peques y que solo confieses el pecado, pero que te concentres en hacerlo mejor la próxima vez. Quieren que te confieses a Dios, para que te sientas limpio, pero quieren mantenerte en la trampa de la arrogancia, pensando que puedes dejar de pecar o servir a Dios en el poder de la carne. Cuando el contrato no tiene nada más que tormento día tras día, el contrato te hará miserable. Estás encadenado al contrato, aunque no entiendas todas las ramificaciones de lo que los espíritus religiosos te hacen.

Esto es lo que hicieron los fariseos, y Jesús los llamó hijos de Satanás. Bueno, dijo que su padre era el Diablo, así que es lo mismo. Se les consideraba sin reproche porque cumplían toda la Ley a la perfección. Jesús no estaba impresionado. Dijo que por dentro eran lobos voraces y lobos con piel de oveja. Parecían reales, pero por dentro eran malvados hasta la médula. Puedes ser un fanático de un equipo deportivo y saber todo sobre ellos. Esto no te hace amigo íntimo del entrenador. Puedes ser un fan de Jesús y conocer la Biblia muy bien. Puedes repetir los hechos e incluso enseñar a otras personas, pero nunca tener una relación íntima con Jesús. Solo te hace religioso, y tienes que pasar del conocimiento a una relación genuina con Dios.

Los fariseos y saduceos trataron repetidamente de atrapar a Jesús en todo lo que hizo o dijo (Marcos 12:13-37). Cuando los espíritus religiosos se apoderan de un hijo, no pueden evitar señalar los pecados de otras personas. Les gusta señalar que son mejores que ellos y que son el Señor sobre ellos. Este es un espíritu de acusación y juicio que acompaña al espíritu religioso. Estos espíritus intentan engañar a los cristianos y acusarlos. Estos espíritus son malvados y quieren avergonzarte para que te sientas condenado. Parecen ser genuinos hasta que juzgas sus frutos. Se vuelven celosos y miserables porque a la miseria le gusta la compañía, y tratan de arrastrarte con ellos. Estos demonios son muy desalentadores y opresivos. Están basados en el trabajo y el conocimiento. No se preocupan por ti y tratan de ofenderte. El hacerte como tú no está a la altura del estándar de Dios. Quieren que respondas en la carne y no en el Espíritu. Jesús siempre respondió en el Espíritu. Fue paciente porque sabía con qué espíritu estaban trabajando. A veces no importaba la respuesta que les diera; se enojaban y trataban de ponerle las manos encima o matarlo.

Estos espíritus demoníacos quieren tratar de burlarse de ti y debatir contigo hasta que cometas un error en un área con ellos, y entonces señalan tu defecto. Recuerdo haber tratado con una mujer, que tenía demonios hablando a través de ella, y el demonio seguía equivocándose y usando términos de tercera persona cuando hablaba conmigo. Tienes que prestar atención a lo que dicen, pero también a cómo lo dicen. Esto es muy importante cuando se usa el discernimiento. Debes permitir que el Espíritu Santo te muestre si es un espíritu demoníaco o solo una persona. Sea como sea, están influenciados por un Espíritu religioso. Ora por ellos y trata de hablarles la Verdad con amor. Si el Señor te lleva a expulsar a un demonio, asegúrate de controlar la situación. No intentes hacerlo en un avión o en un coche. Asegúrate de que tú y preferentemente, una persona que te acompañe pueda ayudarte a acordar en la fe y ayudar a expulsar a los demonios.

Si no quieren ayuda, entonces no puedes discutir con una persona que tiene una fortaleza demoníaca y ganar. Los demonios eventualmente te desgastarán, y terminarás ofendiéndote. No puedes ayudar a alguien que no quiere ayuda. Puedes ir a ellos con otro cristiano y expresar tu preocupación, pero si no quieren arrepentirse, es mejor orar por ellos y dejar que Dios les hable. Hay que escuchar al Señor, pero desgraciadamente, con algunos espíritus, es una pérdida de tiempo porque el anfitrión ha decidido que quiere que los desalmados estén allí. Esto es triste, pero es una realidad posible. Si un demonio tiene una fortaleza en su vida, entonces será alimentado por la lógica y la teología demoníaca. No debes ceder a esto porque intentan hacerte sentir loco o ser más listo que tú. Trataron de hacérselo a Jesús, pero Él tenía el Discernimiento Divino y el Poder para tratar con estos espíritus asquerosos. Debes orar y estar listo para tratar con ellos en todo momento.

El Día del Juicio estará lleno de gente que odia a Dios y no quiere tener nada que ver con Él. Ellos sufrirán, pero no podemos rescatarlos o protegerlos de la Ira de Dios. Estos espíritus siempre están tratando de empujar las obras y odian la gracia. Tratarán de empujar la Doctrina de la pérdida de su salvación. Esta es una creencia demoníaca basada en obras. Si eres salvado, desearás servir al Señor. Puedes retroceder, y está mal, pero el Señor te corregirá y te permitirá arrepentirte. He estado allí unas cuantas veces. ¡Déjame decirte que es mejor no retroceder porque el Señor lleva un remo gigante y duele cuando golpea a sus hijos! ¡Ay!

Debemos estar en guardia diariamente porque podemos retroceder si seguimos escuchando la voz del enemigo en nuestras cabezas. Tenemos que luchar y caminar cerca del Señor para evitar el pecado y la desobediencia. El amor cubre una multitud de pecados. Arrepiéntanse y no juzguen a los demás a menos que estén por encima del reproche en esa área; Mateo 7:3-6 dice,

> *"¿Y por qué miras la paja que está en el ojo de tu hermano, y no echas de ver la viga que está en tu propio ojo? ¿O cómo dirás a tu hermano: ¿Déjame sacar la paja de tu ojo, y he aquí la viga en el ojo tuyo? ¡¡¡Hipócrita! saca primero la viga*

de tu propio ojo, y entonces verás bien para sacar la paja del ojo de tu hermano. No deis lo santo a los perros, ni echéis vuestras perlas delante de los cerdos, no sea que las pisoteen, y se vuelvan y os despedacen".

Tenemos que asegurarnos de que no somos hipócritas al señalar los defectos o pecados de alguien a menos que estemos dispuestos a arrepentirnos. Jesús dijo que nos arrepintamos primero antes de juzgar a otras personas. Este espíritu religioso no admitirá la culpa o hará que la persona mire su propio pecado. Se sienten santurrones y no se quitan el tablón o el enorme trozo de madera de los ojos, lo que les ciega incluso para no ver nada delante de ellos. Tienen que arrepentirse, y entonces pueden ver claramente para quitar la mota del ojo de su hermano. No necesitamos estar en una misión de búsqueda de fallas. Solo comprueba tus motivos. Si notas que tu discurso es constantemente degradante, juzgando a los demás, diciéndoles lo que tienen que hacer, siendo odioso, o no diciendo la verdad con un espíritu amoroso, tienes que mirar bien por qué estás haciendo esto. El Diablo es llamado el acusador de los hermanos, así que ¿por qué actúas como él? Ora, y Dios te lo revelará. El Espíritu Santo nos condenará por el pecado, así que no necesitas hacer su trabajo. Quiere que restaures a la persona enamorada y que ayudes a la persona engañada.

Estos espíritus religiosos se apoderan de nuestras mentes y crean una mentalidad en nosotros que continuamente quiere comparar nuestro caminar con el de otra persona. El cristianismo se trata de amar a la gente. Si están haciendo algo pecaminoso, entonces ora por ellos. Si no se arrepienten, y eso te hace enojar, entonces debes preguntarle a Dios por qué estás enojado con su caminar con Dios. Jesús nos advierte en el versículo 6 que no demos lo que es sagrado a los perros ni arrojemos nuestras perlas a los cerdos. Ellos pisotearán toda tu fe y te harán pedazos. Si ves a una persona religiosa, ora por ella y huye. Es una trampa. Si el Señor te lleva a atenderlos, hazlo con sabiduría y ora por ellos. Lleva a otra persona contigo, y si no se arrepiente, déjala en paz.

Ora por ellos mientras sacudes el polvo de tus pies. Mateo 10:14-17 dice,

"Y si alguno no os recibiere, ni oyere vuestras palabras, salid de aquella casa o ciudad, y sacudid el polvo de vuestros pies. De cierto os digo que, en el día del juicio, será más tolerable el castigo para la tierra de Sodoma y de Gomorra, que para aquella ciudad. He aquí, yo os envío como a ovejas en medio de lobos; sed,

> *pues, prudentes como serpientes, y sencillos como palomas. Y guardaos de los hombres, porque os entregarán a los concilios, y en sus sinagogas os azotarán".*

O se salvan, y Dios les ayudará a arrepentirse, o no se salvan, y van al infierno. De cualquier manera, ellos rechazaron la Palabra de Dios, y tú tienes que orar y seguir adelante. Plantaste una semilla, y Dios la regará. No lo hagas con un espíritu equivocado porque causará que esa persona se ponga más a la defensiva y se meta en tus asuntos y luche contigo. En el pasado, he hecho todo lo que he podido con el espíritu correcto y a través de la oración, pero a veces la gente no responde. Entonces, unos años después, están sirviendo a Dios. Nunca se sabe, así que sigue orando.

Deberías mostrar la gracia y el amor de Dios hacia alguien que está atrapado en un patrón pecaminoso, ya que según Gálatas 6:1, "*Hermanos, si alguno fuere sorprendido en alguna falta, vosotros que sois espirituales, restauradle con espíritu de mansedumbre, considerándote a ti mismo, no sea que tú también seas tentado*". Esto nos convence porque a la persona religiosa no le importa lo mala que sea su actitud. No debemos responder de la misma manera. Debemos tener un espíritu de mansedumbre cuando tratamos con gente atrapada en el pecado. Decir la verdad en el amor. Es un recordatorio de cómo debemos actuar como cristianos. Si has estado obrando de otra manera, entonces examínate a ti mismo. Si lo que te he estado hablando tiene sentido, entonces puede que tengas un espíritu religioso. Puede que haya otros espíritus que te hayan atormentado también y es hora de romper el contrato con el diablo.

Repite esta oración, y permitamos que el Amor de Dios llene nuestros corazones y mentes. "Padre celestial, te necesito en mi vida. Vengo a Ti pidiendo Tu ayuda. No he estado caminando cerca de Ti, y me arrepiento de mis pecados. Necesito Tu Gracia en mi vida. No puedo ser cristiano sin Ti. Renuncio a intentarlo en mis esfuerzos. Necesito que Tu Amor me inunde. Renuncio a mis malos caminos y te pido que por favor me perdones. Ayúdame a amar a la gente como Tú lo haces. Renuncio a todo Espíritu demoníaco que trabaje en mi vida. Cierro la puerta a toda actividad demoníaca en el nombre de Jesús. Ayúdame, Señor, a servirte con un corazón puro. Ayúdame, Señor, a leer Tu Palabra todos los días y a tener una relación íntima contigo. Necesito más de Ti en mi vida, y te pido que suavices mi corazón y me ayudes a escuchar Tu Voz. Rompo el contrato de la religión que he hecho con el enemigo. ¡Renuncio a todos los espíritus de la justicia propia, el orgullo y la religión! Espíritu Santo, te invito a que me llenes con Tu Espíritu. Déjame empezar hoy, caminando en el amor. En el nombre de Jesús, te lo ruego, ¡Amén!" Regocíjate porque el Espíritu del Señor está trayendo libertad a tu vida. ¡Sigamos adelante para aprender más sobre cómo ser salvados en Jesús!

CAPÍTULO 8

El Contrato de la Lujuria

"Así que, hermanos, os ruego por las misericordias de Dios, que presentéis vuestros cuerpos en sacrificio vivo, santo, agradable a Dios, que es vuestro culto racional. No os conforméis a este siglo, sino transformaos por medio de la renovación de vuestro entendimiento, para que comprobéis cuál sea la buena voluntad de Dios, agradable y perfecta".
Romanos 12:1-2

Hay una guerra por su templo. El Diablo quiere tomar el control completo de él. Quiere tu mente y tu cuerpo. Quiere tu completa devoción y adoración. El Diablo sabe que puede obtenerla de ti mientras siga tratando de agotarte. Te ofrecerá todas las cosas que cree que harán que te vendas a él. Con Jesús, intentó numerosas tácticas. Él hace lo mismo con nosotros, excepto que somos más susceptibles a él que a Jesús. Jesús tenía el Espíritu Santo sin medida y era Dios en la carne. No somos Dios, por lo tanto, somos capaces de pecar. Tenemos que renovar nuestras mentes diariamente para permitir a Dios entrar y evitar que Satanás se apodere de nuestras vidas.

Poco sabíamos que cuando nos salvamos estábamos en una batalla de por vida. Sabía de una lucha, pero no me di cuenta de que iba a ser tan intensa. La batalla es seria, y queramos o no, tenemos que luchar. Hemos sido reclutados en una guerra, y no hay vuelta a casa después de una gira. Tenemos una lucha diaria en nuestras manos. Algunos días permitimos que Dios luche a través de nosotros, y salimos victoriosos. La mayoría de los días para la mayoría de los cristianos están llenos de derrotas. Esta derrota es el resultado de nuestro libre albedrío. Hemos decidido permitir el pecado en nuestras vidas sin arrepentirnos. Un ídolo se define como cualquier cosa que ponemos entre Dios y nosotros. La idolatría es un gran problema. Hoy en día, servimos a ídolos que no son postes de Asherah y Terneros de Oro, que son algunos de los ídolos del Antiguo Testamento. Servimos a las pantallas, a nosotros mismos, a otras personas, a las cosas y a esta cultura.

La idolatría ocurre cuando decidimos sentarnos en el trono o poner otra cosa en el trono. Quitamos a Dios y nos ponemos en el trono o en otra cosa a la que queremos servir. La lujuria está en todas partes en nuestra cultura. La gente codicia imágenes de perfección. La gente pasa miles de horas al año tomando fotos y tratando de perfeccionarlas para publicarlas en línea. Todo se trata de uno mismo, y esta cultura promueve eso. La imagen es algo que cambia continuamente y que nunca se puede obtener. Es vano que te sirvas a ti mismo y promuevas tu imagen. Este templo exterior se desvanecerá, y todos nos marchitaremos hasta que Él venga. Esta cultura fomenta los ídolos, y es una cultura malvada. Los cristianos en América son lo único que impide que el mal se apodere completamente como lo ha hecho en otros países. En otros países, no se puede predicar sobre Jesús sin ser encarcelado o asesinado.

Estamos en un país que se parece a Sodoma y Gomorra. Estaba maduro para el Juicio de Dios. Practicamos la idolatría, la brujería, la homosexualidad, y hemos echado a Dios de nuestra vida cotidiana. Esta cultura se ha ido por los tubos en los últimos 40 años que llevo vivo. Recuerdo haber visto la televisión mientras crecía y no había maldiciones y rara vez veía mujeres vestidas de forma inapropiada. En la televisión ahora, hay homosexualidad, perversión, transgénero, y muchas abominaciones que se hablan en contra en la Biblia. La lujuria es un problema, y no es solo la televisión la que la ha permitido entrar. Hay todo un mundo en la web que la promueve y gana miles de millones al año haciéndolo. La cultura se ha relajado ahora para aceptar cualquier cosa, y no debemos intimidar a nadie con nuestra opinión o puntos de vista. La intimidación y la vergüenza son cosas nuevas que se consideran malvadas.

Satanás es un maestro del engaño y la manipulación. Lentamente trae cosas malignas, pero las coloca en ideas sanas. Por ejemplo, hay un buen programa que promueve la familia y tiene algunos personajes homosexuales. La familia acoge a estas personas, y luego el programa las convierte en las favoritas. Consiguen más tiempo en la pantalla, y los espectadores aceptan sus estilos de vida. Déjenme aclarar algo. No importa el pecado que hayas hecho en tu vida o que estés cometiendo ahora, Dios te ama. Te perdonará y aceptará si te arrepientes de tus pecados y obedeces Su Palabra. Pero para hacer esto, tenemos que volver y romper todo el contrato que hemos firmado con Satanás. Permitir que la cultura nos influya es un área en la que nos hemos comprometido y formado un contrato firme con el enemigo. Tenemos que cambiar nuestros corazones y mentes y permitir que el Espíritu Santo nos convenza cuando veamos algo contrario a los Principios Bíblicos. No digo que no se puedan ver cosas seculares. Digo que muchas cosas seculares no son saludables para tu caminar con Dios y son una distracción para que no camines cerca de Dios.

Vivimos nuestras vidas como queremos, y luego culpamos a Dios porque sentimos que nos ha dejado. Al igual que Jesús en la cruz cuando dijo a Dios, "¿Por qué me has abandonado?" Dios había puesto todo el pecado del mundo en Él. Lo juzgó, y donde está el pecado, no puede haber luz. Entiende lo que te estoy diciendo. Escúchalo. Si has elegido pecar en un área en particular, entonces esa puerta está cerrada para Dios. Él no va a derribar la puerta. Tienes que permitirle entrar y limpiar la habitación. Es como si Dios entrara con una bolsa de basura y le dieras todo lo que quieres tirar. No va a entrar y empezar a tirar todo. Dejar que se quede en la puerta tampoco es suficiente. Tienes que dejarle entrar para que te hable de tus posesiones. Él tiene que venir a hablar contigo y tratar de convencerte de que necesitas limpiar tu habitación. Podrías decir, "Es mi habitación; no necesito limpiarla, y estoy cómodo tal y como está". Esto es como un cerdo en la suciedad, están cómodos. Un perro con pulgas es otra palabra que se le queda grabada en la mente. Pican, son molestas y son una plaga.

El espíritu de la lujuria es escurridizo, y viene con otros demonios también. El espíritu de la perversión es su primo oscuro. Estos espíritus están continuamente tratando de romper sus valores morales bíblicos hasta que pueden atacar sus creencias fundamentales. Estos demonios quieren que cuestiones todo lo que Dios ha dicho sobre el sexo y la sexualidad. La Biblia dice que no debemos codiciar o tener sexo fuera del matrimonio. En la Biblia, era común ser virgen hasta que te casabas. Hoy en día, se reparten condones a los estudiantes con la idea de que no hay nada que podamos hacer para evitar que suceda, porque ellos lo harán. Estos espíritus se han apoderado de América, y nosotros como cristianos tenemos que luchar contra el mal. No estoy hablando de un acto religioso. Las personas que practican el estilo de vida LGBT, etc. son personas que Jesús ama. Hay esperanza para ellos si se arrepienten de su pecado y aceptan a Jesús como Señor. Los cristianos pueden incluso ser engañados en este estilo de vida después de ser salvos, pero tienen el Espíritu Santo diciéndoles cada día que se arrepientan.

Ya no podemos hacer que un pecado sea peor que el otro. El pecado es el resultado de que el Diablo entre en nuestras vidas y nos confirme que el pecado está bien. La persona que peca ha sido diluida y engañada por el enemigo. Debemos predicar la Palabra de Dios como la Verdad Absoluta en esta cultura del mal. Está bien hacer cualquier cosa que quieras ahora mismo excepto predicar contra el pecado como la homosexualidad. Debemos amar al pecador, pero no al pecado. Cristianos, debemos darnos cuenta de lo que estamos luchando, por ejemplo, Efesios 6:12 dice, "*Porque no tenemos lucha contra sangre y carne, sino contra principados, contra potestades, contra los gobernadores de las tinieblas de este siglo, contra huestes espirituales de maldad en las regiones celestes*". Estamos luchando contra los espíritus demoníacos que han engañado a la gente e influido en sus pensamientos y han creado una fortaleza en sus mentes. Es solo una mentira demoníaca que le dice a alguien que puede ser homosexual, y está bien. Tenemos que atacar esa mentira y no a la persona.

Tenemos la tarea de un trabajo interminable de lucha contra la cultura porque ha afectado a todos. En primer lugar, debemos permitir que Dios nos libere de esta perversión. Es como el huevo y la gallina cuando hablas de perversión y lujuria. ¿Nuestras mentes se pervirtieron antes de la lujuria, o deseábamos algo, y luego se pervirtieron después de pecar? Tenemos que despertar y darnos cuenta de que esta cultura malvada debe ser rechazada por los cristianos. No podemos seguir sirviendo a Dios y tener una relación íntima con Él si participamos en esta cultura. ¿Crees que soy demasiado religioso? Si lo crees, entonces todavía no entiendes lo que estoy tratando de decirte. Me encanta ver todo tipo de programación, pero la mayor parte está infestada de la perversión de este mundo. Una vez que la ves, se te echa encima, y el mal que promueve se te queda grabado en la mente. Y no solo eso, sino que casi toda la programación de hoy en día evita hablar de Dios. La televisión o los medios de comunicación te programan para que no pienses en Dios. Se llama programación de televisión. Cualquier cosa que veas o hagas trata de programar tu mente. Dios sabía esto, y dijo que deberíamos renovar nuestras mentes diariamente con la Palabra de Dios.

Nos afecta lo que vemos y escuchamos diariamente. Me recuerda a Slimer, uno de los fantasmas de los "Cazafantasmas". Parece tonto e inofensivo, pero cuando viene a por ti, te babea dejando una espesa sustancia viscosa que no se desprende fácilmente. Por eso la Palabra de Dios dice que debemos ser transformados diariamente por la lectura de la Palabra en Romanos 12:2, "*No os conforméis a este siglo, sino transformaos por medio de la renovación de vuestro entendimiento, para que comprobéis cuál sea la buena voluntad de Dios, agradable y perfecta".* Viste esta escritura al principio del capítulo, pero ¿tiene ya sentido? ¿Ves cómo has estado en pecado todo este tiempo solo porque aceptas la cultura? Si la Biblia dice que no hagas algo y luego lo haces, es un pecado. No importa cómo intentes justificarlo, la Biblia tiene razón, y tú estás equivocado. La verdad duele, pero te hará libre si la conoces y la sigues de cerca. Cuando alguien se cansa de estar en la esclavitud, escapará por cualquier medio necesario. Ese soy yo mientras vivo en este mundo malvado. Me gustan muchas cosas que tiene para ofrecer, pero casi siempre compromete mi camino con Dios de una manera u otra. Que la Palabra de Dios sea verdadera, y todo hombre mentiroso. Debemos obedecer la Palabra de Dios no porque sea lo correcto, como el "Síndrome de Martha" o como una "Cosa religiosa", sino porque aflige al Espíritu Santo y queremos servir a Dios por lo que no debemos conformarnos a este Mundo.

La Palabra de Dios está mostrando lo que el Espíritu Santo le está diciendo a la Iglesia. Romanos 12:1-2,

> *"Así que, hermanos, os ruego por las misericordias de Dios, que presentéis vuestros cuerpos en sacrificio vivo, santo, agradable a Dios, que es vuestro culto racional. No os conforméis a este siglo, sino transformaos por medio de la renovación de vuestro entendimiento, para que comprobéis cuál sea la buena voluntad de Dios, agradable y perfecta".*

Recuerdo que me enseñaron estas Escrituras en el Colegio Bíblico. Cuando me salvé, me inscribí en el Instituto Bíblico en pocos meses. Leí la Biblia como un loco, pero recuerdo que el profesor rompió este pasaje, que me ayudó tanto. Intentaré hacer justicia a este pasaje para que tú tengas la misma experiencia. Podemos encontrar la perfecta voluntad de Dios obedeciendo estas Escrituras.

Hablamos un poco antes sobre el Tabernáculo del Antiguo Testamento con todos los rituales que debía completar el Sumo Sacerdote antes de ser admitido en el Lugar Santo o el Santo de los Santos. Ahora el Altar del Señor era donde los sacrificios debían ser presentados y matados como expiación al Señor. El animal se sacrificaba, y su sangre se usaba para los rituales. Romanos 12:1 dice que somos sacrificios vivos, *"Así que, hermanos, os ruego por las misericordias de Dios, que presentéis vuestros cuerpos en sacrificio vivo, santo, agradable a Dios, que es vuestro culto racional".* El problema de los sacrificios vivos es que cuando están en el altar, pueden deslizarse cuando se pone demasiado incómodo. Debemos presentar nuestros cuerpos como un sacrificio vivo. Santo y aceptable es un requisito de un sacrificio en el Antiguo Testamento, en Levítico 1:3, "*Si su ofrenda fuere holocausto vacuno, macho sin defecto lo ofrecerá; de su voluntad lo ofrecerá a la puerta del tabernáculo de reunión delante de Jehová*".

Debemos presentar nuestros cuerpos como un sacrificio vivo. Esto significa un participante dispuesto que está listo para ir en cualquier momento. Debemos estar preparados en todo momento para ser usados por Dios como en 2 Timoteo 4:2, "*que prediques la palabra; que instes a tiempo y fuera de tiempo; redarguye, reprende, exhorta con toda paciencia y doctrina*". Así que debemos estar listos para presentarnos como un sacrificio vivo sin tacha que sea aceptable para Dios, que es nuestro servicio razonable. Esta frase servicio razonable significa que es algo que el Señor cree que es algo razonable para pedirle que le sirva adecuadamente. Ahora pueden ver que el Señor requiere que le sirvamos y no simplemente que seamos creyentes. La Biblia afirma que incluso los demonios creen en Dios y tiemblan, pero se oponen a Dios. El Señor nos llama a la acción sin excusas. Él quiere que le sirvamos. Es un tremendo privilegio ser usado por el Señor. Me encanta servir a Dios y permitir que me use. No es fácil sacrificar mi carne para tener una relación cercana con Él, pero se hace más fácil. Una vez que le dices a tu carne que no, esta quiere rebelarse. Pero cuando la matas de hambre, su voz se convierte en un débil susurro. Experimentarás el gozo del Señor, y te dará energía sobrenatural. No extrañarás que tus deseos mundanos, malvados y carnales se cumplan, y la voz condenatoria del enemigo.

Conformarse a este mundo es un pecado a los ojos del Señor, Romanos 12:2 dice, "*No os conforméis a este siglo, sino transformaos por medio de la renovación de vuestro entendimiento, para que comprobéis cuál sea la buena voluntad de Dios, agradable y perfecta*". Así que, se nos dice que no nos conformemos con este mundo, sino que nos transformemos por la renovación de su mente a través del lavado de la Palabra de Dios. Esto es algo diario que debemos hacer porque el enemigo está tratando de transformar nuestras mentes diariamente a través de los caminos del Mundo y sus influencias. Dios nos alienta a estar preparados, para que podamos caminar sobre el agua cuando nos llame a salir del barco. Si seguimos mirando hacia abajo a las preocupaciones de este mundo, entonces seguiremos cayendo, y Jesús tendrá que sacarnos continuamente del agua. Este ciclo se sigue repitiendo cuando somos desobedientes a la Palabra de Dios. El tiempo para que hagamos lo mínimo como creyentes ha terminado. El mundo está tomando el control, y tenemos que luchar contra las fuerzas del mal.

El mundo nos dice que el sexo está bien fuera del matrimonio, y que está bien hacer lo que quieras con quien quieras. Esto es una mentira del infierno. Se nos dice que huyamos del mal en 2 Timoteo 2: 21-22,

"Así que, si alguno se limpia de estas cosas, será instrumento para honra, santificado, útil al Señor, y dispuesto para toda buena obra. Huye también de las pasiones juveniles, y sigue la justicia, la fe, el amor y la paz, con los que de corazón limpio invocan al Señor".

Podemos ser considerados un vaso para el honor y santificados si nos arrepentimos y servimos a Dios en lugar del pecado. Para vencer la lujuria, debemos buscar la justicia y buscar a Dios con todo nuestro corazón. La lujuria es un deseo que ha sido pervertido por el enemigo en nuestras vidas. La lujuria busca usar y contaminar. La única manera de deshacerse de este deseo es estar lleno de amor. El amor vence a la lujuria y a todos los deseos malvados. 1 Juan 1:9 dice, "_Si confesamos nuestros pecados, él es fiel y justo para perdonar nuestros pecados, y limpiarnos de toda maldad"._ Dios puede limpiar tu mente de la lujuria y la perversión. Tienes que arrepentirte y creer en la Palabra de Dios completamente.

No hace falta decirlo, pero aclararé algunas cosas que no son bíblicas. El sexo antes del matrimonio no es bíblico. Tener una relación sexual entre personas del mismo sexo no es bíblico. La fornicación, la lujuria y la masturbación son un pecado. Ver porno y desnudez, junto con otras cosas sexualmente tentadoras, también es pecaminoso. Negarse a sí mismo a su pareja es también un pecado que se advierte fuertemente en 1 Corintios 7:5, "_No os neguéis el uno al otro, a no ser por algún tiempo de mutuo consentimiento, para ocuparos sosegadamente en la oración; y volved a juntaros en uno, para que no os tiente Satanás a causa de vuestra incontinencia"._ Dios te dio todo lo que necesitas en tu cónyuge, y no necesitas nada ni nadie más. El sexo es una cosa santa ante los ojos del Señor para los casados. El sexo es una experiencia íntima para los casados, pero el Diablo quiere pervertirlo para todos. El Diablo quiere que el sexo sea algo común que cualquiera pueda hacer en cualquier momento, y que no signifique nada. Esto te ata a la carne de la otra persona, que es demoníaca fuera de los confines del matrimonio Génesis 2:24 dice, "_Por tanto, dejará el hombre a su padre y a su madre, y se unirá a su mujer, y serán una sola carne"._

La Biblia dice que no se puede jugar con fuego sin ser quemado según Proverbios 6:27-29, "*¿Tomará el hombre fuego en su seno sin que sus vestidos ardan? ¿Andará el hombre sobre brasas sin que sus pies se quemen? Así es el que se llega a la mujer de su prójimo; No quedará impune ninguno que la tocare*". El hecho es que, si estás casado, entonces no puedes engañar. Si eres soltero, tampoco puedes engañar porque es el futuro marido o mujer de otra persona. Estamos casados con Dios, y si nos casamos con alguien más, entonces somos una sola carne con ellos, pero seguimos casados con Dios. La lujuria y la perversión corrompen tu mente y tu cuerpo. Hay enfermedades de transmisión sexual y todo tipo de problemas con el sexo fuera del matrimonio. La lujuria quiere que obedezcas su voz Romanos 6:12-14,

> "*No reine, pues, el pecado en vuestro cuerpo mortal, de modo que lo obedezcáis en sus concupiscencias; ni tampoco presentéis vuestros miembros al pecado como instrumentos de iniquidad, sino presentaos vosotros mismos a Dios como vivos de entre los muertos, y vuestros miembros a Dios como instrumentos de justicia. Porque el pecado no se enseñoreará de vosotros; pues no estáis bajo la ley, sino bajo la gracia*".

No debemos ofrecernos a la lujuria o al enemigo. Deberíamos ofrecernos a Dios. ¡El pecado ya no es nuestro amo, y no tenemos que obedecerlo! Vaya, es una verdad asombrosa si te aferras a ella. No tenemos que pecar porque el pecado ya no es nuestro amo.

El Diablo quiere que caigas en el pecado de la lujuria. Cuando peques, querrás hacerlo de nuevo porque el pecado es divertido al principio hasta que empiezan las consecuencias. Cuando le des al Diablo una puerta abierta, entonces empezará a llamarte como un gatito callejero al que le diste comida y leche una vez. Seguirá viniendo cuando tenga hambre, y maullará y maullará hasta que te moleste hasta la muerte. En lugar de echar al gatito, simplemente lo alimentas de nuevo, para que no tengas que oírlo maullar. Entonces empieza a venir más a menudo, y tú sigues alimentándolo. Antes de que te des cuenta, pasarás mucho tiempo alimentándolo hasta que se convierta en un gato. Finalmente, lo dejas entrar a la casa y le pones un gran tazón de comida y agua en su propio tazón que le compraste. Ahora es un residente permanente, y tú estás comprometido.

El pecado de la lujuria como otros viene tan sutil e inocente, y terminas, aceptándolo, y quedando atrapado. Esto se aplica al sexo antes del matrimonio, la pornografía y todos los pecados sexuales. El Diablo quiere ser tu titiritero, y cuando tira de los hilos te mueves. Este espíritu te oprimirá y te poseerá si se lo permites. Tienes que detener a ese espíritu maligno y sacarlo de tu templo. Tienes que dejar de adorar a estos demonios. Cuando obedecemos a estos demonios, los adoramos y les damos nuestro templo cuando nos tientan o nos dicen que lo hagamos. Cuando el contrato no tiene nada más que tormento día tras día, el contrato te hará miserable porque tienes que obedecerlo. Estás encadenado al contrato, aunque no hayas entendido todas las ramificaciones de lo que la lujuria te hace.

El Diablo es astuto. Él te hará conocer a alguien, y luego lentamente llegarás a conocerlo, y luego tendrás sexo. Porque has desarrollado sentimientos por ellos como persona, sientes que no puedes cortar la relación porque no quieres herir sus sentimientos. Después de todo, tú querías tener sexo y eras egoísta, así que no deberían ser castigados, ¿verdad? Se mudaron juntos, y ahora están ahorrando dinero en las facturas, así que es una gran bendición, ¿verdad? Pero en tu vida personal, dejaste de orar a diario. Dejaste de leer la Palabra de Dios. Dejaste de ir a la Iglesia. Luego, a medida que los conoces más, te das cuenta de que no sabes si quieres casarte seguro o no. ¿Esta persona es la adecuada para mí? ¿Es siquiera un cristiano (2 Corintios 6:14)? ¿En qué te has metido? ¿Cómo sucedió todo esto? Ya no me siento cerca de Dios. Dios, ¿a dónde fuiste?

Dios no se fue a ninguna parte. Lo que pasó es que firmaste un Contrato de Lujuria con el Diablo. Permitiste que el Diablo entrara y te tentara a pecar. Te quedaste en ese pecado hasta que dejaste que te controlara. Te entregaste a la lógica y al razonamiento de los espíritus demoníacos, y fuiste engañado por el pecado. Pecaste voluntariamente y pensaste que eras más inteligente que Dios y que podías salirte con la tuya. Pensaste que podías pecar, y que la vida sería mejor. Puedes pecar y ahorrar dinero. Creer la mentira de que el pecado te ayudará es lo peor que puedes hacer. El pecado es una trampa. Podemos convertirnos en esclavos del pecado si nos sometemos a él. Nos controlará y nos dirá qué hacer, y seremos impotentes. Pero Dios puede liberarnos del poder del pecado. Dios es nuestro Maestro, y quiere que seamos libres. Romanos 6:15-18,

> *"¿Qué, pues? ¿Pecaremos, porque no estamos bajo la ley, sino bajo la gracia? En ninguna manera. ¿No sabéis que, si os sometéis a alguien como esclavos para obedecerle, sois esclavos de aquel a quien obedecéis, sea del pecado para muerte, o sea de la obediencia para justicia? Pero gracias a Dios, que, aunque erais*

esclavos del pecado, habéis obedecido de corazón a aquella forma de doctrina a la cual fuisteis entregados; y libertados del pecado, vinisteis a ser siervos de la justicia"

Ya no somos esclavos del pecado, pero sí de la justicia. Esta verdad os hará libres y os permitirá vivir una vida para Dios. Es hora de someterse a la Palabra de Dios y desechar el pecado que tan fácilmente nos atrapa, Hebreos 12:1-2,

"Por tanto, nosotros también, teniendo en derredor nuestro tan grande nube de testigos, despojémonos de todo peso y del pecado que nos asedia, y corramos con paciencia la carrera que tenemos por delante, puestos los ojos en Jesús, el autor y consumador de la fe, el cual por el gozo puesto delante de él sufrió la cruz, menospreciando el oprobio, y se sentó a la diestra del trono de Dios".

Debemos dejar de recurrir al pecado para satisfacernos y permitir que Dios nos llene para que podamos correr la carrera de la libertad en Jesús. El pecado nos separa de Dios.

Tenemos una relación con Dios, pero cuando pecamos, elegimos servirlo en vez de a Dios. No es fácil desechar el pecado si se ha convertido en un hábito servir al pecado. Debemos mantener los ojos en Jesús, para no permitir que la carne gobierne nuestras vidas. Debemos orar para que Dios nos conceda el arrepentimiento y recobre el sentido para escapar de la trampa del Diablo, porque hemos sido cautivos de él para hacer su mala voluntad. Tenemos que tener humildad y arrepentirnos. Es nuestro servicio razonable, y debemos estar listos para presentarnos ante Dios como un sacrificio voluntario. Si sientes que el Señor te habla, entonces elige este día a quién servirás. ¡Oremos y saquemos al diablo de nuestras vidas para que Dios nos libere!

Repite esta oración: "Padre celestial, te pido que me perdones mis pecados. He sido mundano y no he obedecido Tu Palabra. Mi mente se ha pervertido. Señor, por favor, lava mi mente de la maldad y la lujuria. Renuncio al contrato que he firmado de la lujuria. Me arrepiento de la lujuria y la perversión. Rompo el contrato de la lujuria en el nombre de Jesús. Señor, por favor líbrame del pecado sexual. Ayúdame a amarte. Ayúdame a no actuar en la lujuria y la perversión y a servir a mi carne. Dedico mi templo a ti en pureza. Señor renueva mi mente y dame un corazón puro. Purifícame, Señor, para que pueda servirte. Ayúdame a ponerte a Ti primero. Te necesito en mi vida. Ayúdame a tener una relación íntima contigo. Lléname con Tu amor. Lávame con Tu Sangre. En el nombre de Jesús, te lo ruego. Amén". Ahora que has orado y te has arrepentido de la lujuria y la perversión, es hora de llenar esta habitación con el Espíritu Santo. ¡Vamos a aprender a liberarnos de los enemigos, a agarrar y servir al Señor!

CAPÍTULO 9

El Contrato de la Condenación

"Ahora, pues, ninguna condenación hay para los que están en Cristo Jesús, los que no andan conforme a la carne, sino conforme al Espíritu". Romanos 8:1

¡Qué bendición es ser libre en Jesús en la actualidad! Ser capaz de acceder a la presencia directa de Dios sin obstáculos es una bendición. Disfrutar libremente del Señor y recibir sus bendiciones es impresionante. Estoy emocionado de hablar con ustedes sobre la condenación. Me emociona que Dios te dé una revelación de la condenación, y que el enemigo tenga que evacuar el lugar que tiene en tu vida. Hoy el Contrato de la Condenación se va a romper. Estarás un paso más cerca de servir al Señor con todo tu corazón, mente, alma y fuerzas. Donde está el Espíritu del Señor, hay libertad. Veamos el Contrato de la Condenación para ver qué engaños te ha impuesto el enemigo.

La condenación se define como la expresión de una extrema desaprobación, censura, o la acción de condenar a alguien a un castigo o sentencia. Entendemos que la condenación es severa. Dios condenó el pecado según en Romanos 8:3, "Porque lo que era imposible para la ley, por cuanto era débil por la carne, Dios, enviando a su Hijo en semejanza de carne de pecado y a causa del pecado, condenó al pecado en la carne". Dios es un Dios santo. No puede aceptar el pecado como una parte aceptable de cualquier realidad. Dios es Santo, y para que tengamos una relación con Él, no podemos tener pecado en esa ecuación. Dios no permitirá que el pecado esté a su alrededor y quede impune. Dios odia tanto el pecado que envió a Jesús a morir para expiarlo. El pecado es malo a los ojos del Señor. El pecado es una rebelión directa a las leyes o normas de Dios.

En matemáticas, sabemos que 1 más 1 es igual a 2; esto es una Verdad Absoluta. El pecado es un problema que solo Dios puede resolver. Tenía una solución cuando se presentó el problema del pecado. Ahora cuando participamos en el pecado, caemos bajo la Ley del Pecado y la Muerte, de acuerdo con

Romanos 8. La Ley en el Antiguo Testamento fue dada para condenar a la gente por el pecado. La Ley reveló la incapacidad de la gente para cumplirla perfectamente. ¿Cómo? Sí. La Ley fue dada para mostrarnos que no podíamos seguirla con perfección. La Ley magnifica el pecado en nuestra alma que quiere ser liberada. La carne es una naturaleza pecaminosa caída que reside dentro de nosotros, según la Biblia. La carne siempre está buscando formas de satisfacerse. No podemos pasar un día sin que la carne trate de manipularnos y controlarnos para alimentarla. Después de que la carne haya pecado para comer, entonces se pone más hambrienta. Es un problema que no puede ser arreglado por métodos humanos o con soluciones humanas. ¡Su "fuerte voluntad" no arreglará el problema de la carne! Tenemos que darnos cuenta de que necesitamos una solución sobrenatural al pecado y a nuestra carne pecaminosa.

El Libro de Romanos está lleno de Doctrina Cristiana, así que debe ser estudiado cuidadosamente. El Apóstol Pablo nos da una visión real del problema del pecado después de haber nacido de nuevo y de haber caminado con el Señor en Romanos 7:15-20,

> *"Porque lo que hago, no lo entiendo; pues no hago lo que quiero, sino lo que aborrezco, eso hago. Y si lo que no quiero, esto hago, apruebo que la ley es buena. De manera que ya no soy yo quien hace aquello, sino el pecado que mora en mí. Y yo sé que, en mí, esto es, en mi carne, no mora el bien; porque el querer el bien está en mí, pero no el hacerlo. Porque no hago el bien que quiero, sino el mal que no quiero, eso hago. Y si hago lo que no quiero, ya no lo hago yo, sino el pecado que mora en mí".*

Estas escrituras de arriba son de la Biblia de los Mensajes, y se explican de una manera específica para que podamos entenderlo más claramente. La versión bíblica de New King James lo dice de una manera diferente, Romanos 7:15-20 dice,

> *"Porque lo que hago, no lo entiendo; pues no hago lo que quiero, sino lo que aborrezco, eso hago. Y si lo que no quiero, esto hago, apruebo que la ley es buena. De manera que ya no soy yo quien hace aquello, sino el pecado que mora en mí. Y yo sé que, en mí, esto es, en mi carne, no mora el bien; porque el querer el bien está en mí, pero no el hacerlo. Porque no hago el bien que quiero, sino el mal que no quiero, eso hago. Y si hago lo que no quiero, ya no lo hago yo, sino el pecado que mora en mí".*

Podemos ver que el pecado está en nuestra naturaleza (Ley del Pecado y la Muerte), y no podemos entenderlo para vencerlo. La única forma en que podemos es someternos al Señor y permitirle luchar contra el pecado a través de nosotros por lo que Pablo describe la Ley del Espíritu de Vida en Cristo Jesús en Romanos 8:2, "*Porque la ley del Espíritu de vida en Cristo Jesús me ha librado de la ley del pecado y de la muerte"*. Las leyes a las que se hace referencia aquí tratan de la carne y el Espíritu dentro del cristiano. La carne nos lleva al pecado, pero el Espíritu nos lleva a la justicia ante Dios.

Nuestro espíritu no puede pecar y ser condenado, y nuestra carne (naturaleza pecaminosa) no puede ser santificada. Esa es una afirmación cargada, pero estúdienla a fondo para obtener la revelación de Dios. Seremos salvados porque Jesús nos ha redimido y sellado con el Espíritu Santo. Pero nuestra carne (naturaleza pecaminosa) no puede ser salvada. Debe ser muerta de hambre, puesta en una cruz, reprendida, negada, y cualquier otro sinónimo que pueda encontrar en el diccionario. No debemos atender a la carne (naturaleza pecaminosa) según Romanos 13:11-14,

"Y esto, conociendo el tiempo, que es ya hora de levantarnos del sueño; porque ahora está más cerca de nosotros nuestra salvación que cuando creímos. La noche está avanzada, y se acerca el día. Desechemos, pues, las obras de las tinieblas, y vistámonos las armas de la luz. Andemos como de día, honestamente; no en glotonerías y borracheras, no en lujurias y lascivias, no en contiendas y envidia, sino vestíos del Señor Jesucristo, y no proveáis para los deseos de la carne".

Se nos dice que no hagamos ninguna provisión para la carne. Bien, así que ahora tenemos un problema. Dices que no puedo dejar de pecar, así que me rendí y empecé a abastecerme de lo que mi carne quiere, para no tener que ir tanto de compras. ¡NO! La gente derrotada piensa de esta manera. Podemos derrotar el pecado en nuestras vidas un día a la vez y una tentación a la vez. Si todos ustedes están abastecidos de comida pecaminosa para su carne, deben tirar todo. Pueden ganar a través de Cristo Jesús. El Diablo quiere que nos rindamos y que nos rindamos a la molesta, horrible, vergonzosa y miserable carne que parece no querer callarse nunca. Bueno, Jesús no tiene problemas para superar tu carne si le dejas. Se necesita una sumisión diaria a Dios y llenarse del Espíritu. El gozo del Señor ahogará sobrenaturalmente tu carne y la dejará inconsciente para que puedas vivir en la victoria. La carne se despertará para tratar de tomar el control, pero tienes que sofocarla de nuevo y ponerla a dormir (por el Poder Sobrenatural de Dios). ¡Canta canciones de alabanza y adoración a tu carne y ponla a dormir!

El proceso de tomar el control de la carne por el Espíritu se llama santificación. Esto es aprender a caminar con Dios para que podamos permitir que Dios transforme nuestras mentes con la Palabra de Dios. La renovación de la mente nos ayuda a renovar nuestra forma pecaminosa de pensar. Estás reprogramando tu mente para servir a Dios en justicia por medio de la obediencia a Él y no por medio de perfeccionar la Ley o ser perfecto. Aquí es donde al Diablo le gusta entrar y confundirte y tratar de destruir cualquier progreso que estés haciendo. Estás sirviendo al Señor y leyendo la Palabra, y aquí viene una persona para tentarte. Puede ser que esta persona sea atractiva y floja en su moral, y te tiente a pecar. El Espíritu Santo sabe que la tentación viene y te advierte antes y durante la tentación. Una vez que te rindes a este pecado, entonces estás obedeciendo a tu carne (naturaleza de pecado). Una vez que se comete el pecado, has afligido al Espíritu Santo, y el enemigo y el pecado se han interpuesto entre tú y Dios.

Para que puedan entender este proceso, lo explicaré de una manera que tenga sentido. Tienes dos cristianos que son amigos y aman al Señor. Han estado sirviendo al Señor por el mismo tiempo y están siendo santificados en su caminar con Dios. Son salvos, y eso los hace justificados (Salvos) ante Dios. Ahora, debido a la soledad o a otra razón, Steve se ve tentado a llevar la amistad a otro nivel. Se impacienta con la forma en que Dios quiere que lo haga, e invita a Jenny a una cita. Satanás tienta a Steve a querer romper la Ley de Dios y pecar. Steve cede a la tentación, y también lo hace Jenny y tienen sexo. Así que ahora ambos han pecado. Ambos han desobedecido la Ley de Dios y ahora tienen que tomar una decisión. ¿Siguen con sus vidas y fingen que no acaban de romper la Ley de Dios? ¿Endurecen sus corazones a la voz del Señor y siguen pecando? ¿Se vuelven a Dios y se arrepienten de su pecado? La forma en que manejan esto es esencial.

Si pretenden que no han roto la Ley de Dios y siguen pecando, significa que se han comprometido a pecar. Están eligiendo desobedecer a Dios continuamente y ni siquiera consideran su Santa Ley. Están afligiendo al Espíritu Santo y están en pecado. Este pecado los separa (los aleja) de Dios, y están en desobediencia (Rebelión hacia las leyes de Dios). Han elegido pecar, adorarse unos a otros, ponerse en el Trono de Dios, y dejar a Dios a un lado mientras hacen su voluntad. Ahora, este es un lugar peligroso para ellos. Dios no aprueba la rebelión y no permitirá que los cristianos rompan su ley y se salgan con la suya. Él elige lo que hace a esta pareja mientras continuamente pecan y se rebelan contra Él. Endurecen sus corazones a la Voz de Dios y no se arrepienten de su pecado mundano.

Muchas religiones enseñan que la gente que cae en el pecado va al infierno. Tal vez ellos mismos piensan esto, y se rinden al pecado porque están condenados. Ahora bien, la Biblia no dice esto sobre alguien en pecado. Debemos confesarnos al Señor y suavemente enfrentarnos unos a otros y arrepentirnos. El Señor está lleno de gracia y es feliz cuando lo elegimos a Él en vez de al pecado. Puede haber consecuencias durante nuestro tiempo de pecado, pero cuando volvemos a Él, está feliz de encontrarnos y nos acepta con gusto como dice Lucas 15:20, *"Y levantándose, vino a su padre. Y cuando aún estaba lejos, lo vio su padre, y fue movido a misericordia, y corrió, y se echó sobre su cuello, y le besó"*. El hijo se dio cuenta de que debido al pecado, tuvo una vida difícil. Prefiere volver y ser un sirviente que quedarse en el pecado. Pero cuando se acerca al padre, es recibido con los brazos abiertos. Su padre incluso lo ve desde lejos y corre hacia él. Dios se emociona cuando venimos a Él. Él corre hacia nosotros. El Creador del Universo corre a nuestro encuentro. El amor de Dios no quiere que suframos. Quiere que nos encontremos con la Gracia cuando nos volvemos a Él. Si estamos constantemente en rebelión y en pecado, esa es otra historia. Él usará lo que sea necesario para llamar nuestra atención. ¡Es mejor evitar este proceso!

Ahora cuando empiezan a pasarnos cosas malas, pensamos que Dios nos odia, pero eso no es cierto. Las cosas malas le suceden a todos en el Planeta. Cuando estamos en pecado, no esperamos que Dios nos bendiga abundantemente. Podemos ser arrogantes y pensar que Dios debería o tiene que bendecirnos, pero no lo hace. Nunca te dejará o te abandonará. Él te ama y quiere que te arrepientas y te vuelvas a Él. La condena viene del enemigo. Dios te dará un codazo amoroso y te condenará a arrepentirte, ¡PERO ÉL NO TE GRITARÁ! Te advertirá y te suplicará, pero no te forzará. Usará predicadores, extranjeros y cristianos para predicarte. Usará sueños, visiones y otras formas de hablarte. Hay una convicción en cada momento cuando estás en pecado. Es difícil ignorar a Dios cuando estás en pecado. Él nunca se detendrá. Él te ama tanto que no te permitirá que te sientas cómodo en tu pecado. Jonás se sintió cómodo en su pecado, pero sabía que Dios podía llegar hasta el medio del océano para atraparlo. ¡Pero pensó que solo necesitaba una siesta para obedecer a Dios! Increíble. ¡No tomes siestas! ¡Dios recompensará a aquellos que lo busquen diligentemente! ¡No te rindas, porque a su debido tiempo cosecharás si no te desmayas! ¡AMÉN!

Así que, puedes caer en una o dos trampas con la condenación. Puedes pecar y luego ser condenado, pero no querer enfrentarte a Dios, así que huyes de Él. En segundo lugar, puedes pecar y luego dejar que el Diablo te golpee hasta que te arrepientas. De cualquier manera, permites que la condenación te controle. La condenación del enemigo es opresiva. Podrías pecar y decidir huir de Dios porque crees que no te perdonará. Puedes sentir que no estás listo para Su perdón. Evitarás arrepentirte y serás condenado continuamente por el enemigo. La condenación te dice que has desobedecido a Dios, y podrías seguir pecando. El Diablo te convence para que profundices en el pecado. Una vez que lo haces, entonces te condena por hacerlo. Te mantiene en la trampa de la condenación diciéndote que no eres lo suficientemente bueno para volver a Dios. Una mentira que el enemigo te dirá es, "Desobedeciste a Dios, y Él ha terminado contigo ahora" o "Te has alejado demasiado de Dios, y Él no te aceptará de nuevo". El Diablo tiene un montón de mentiras. La Biblia dice que lo que hayas hecho, Dios te perdonará si se lo pides.

El enemigo también es feliz si pecas y le permites que te golpee después de que le hayas pedido a Dios que te perdone. Nosotros, como humanos, operamos con un sistema de recompensas en esta sociedad. Si me haces el bien a mí, entonces yo te haré el bien a ti. Si me ofendes, entonces te recompensaré con el mal también. Cuando pecamos, el enemigo quiere que pensemos que Dios es así con nosotros. La forma en que Dios ha manejado el pecado es desde el principio hasta el final de los tiempos. En el momento en que Jesús estaba colgado en la cruz, Dios recogió todo el pecado desde el principio de los tiempos hasta el final de los tiempos, y luego lo tomó todo y lo puso sobre Jesús. Jesús expió todos los pecados de una sola vez. En un momento dado, Jesús dijo, "Dios mío, Dios mío, ¿por qué me has abandonado?" En este punto es donde sintió que el pecado del mundo descansaba sobre él. El pecado no es aceptable para Dios, y Dios le dio la espalda en el juicio por el pecado. Jesús sintió eso en la cruz. Así es como podemos experimentar la salvación en un punto futuro desde que Jesús murió en la cruz. La salvación no es un proceso evolutivo al que nadie tenga que añadir nada.

Así que, a diferencia de la religión católica, nosotros como cristianos creyentes en la Biblia no creemos en cosas que no se mencionan en la Biblia. Por lo tanto, no creemos en el purgatorio. Si te salvas, y tienes un pecado no confesado, entonces vas al cielo. El pecado no confesado no significa que no sea un pecado perdonado. El pecado no confesado se siente como un pecado no perdonado porque sentimos la culpa y la condena de ese pecado momentáneamente. Tenemos que orar y dar esa culpa y condenación a Dios continuamente, para que podamos sentir el Perdón y el Amor de Dios. Eso no nos da el derecho o la licencia para salir y pecar. Romanos 6:1-4 dice,

> "¿Qué, pues, diremos? ¿Perseveraremos en el pecado para que la gracia abunde? En ninguna manera. Porque los que hemos muerto al pecado, ¿cómo viviremos aún en él? ¿O no sabéis que todos los que hemos sido bautizados en Cristo Jesús, hemos sido bautizados en su muerte? Porque somos sepultados juntamente con él para muerte por el bautismo, a fin de que como Cristo resucitó de los muertos por la gloria del Padre, así también nosotros andemos en vida nueva".

Podemos continuar en el pecado, pero solo acumula más culpa y condenación, y el enemigo toma una habitación en nuestra casa y nos condena y controla. Cuando el contrato no tiene más que tormento día tras día, te hará miserable y estarás agotado. Estás encadenado al contrato, aunque no entiendas todas las consecuencias de la condena. Repito esto para ayudarte a entender que el Diablo te ha engañado con cada contrato que has firmado. Debemos volver a los brazos amorosos de Dios para recibir el perdón y el estímulo para seguir caminando con Él.

Ahora, cuando pecamos, el Diablo quiere que nos metamos en un bucle o patrón de pecado. Quiere que pequemos, y luego quiere condenarnos por el pecado. Quiere que este patrón se repita, para que nunca nos sintamos lo suficientemente dignos para arrepentirnos. También quiere que nos acostumbremos a pecar y a ignorar a Dios. Nos decimos a nosotros mismos que dejaremos de hacer cualquier pecado que sea, y las cosas mejorarán. Ocurre lo contrario. Seguimos pecando, y siempre se pone peor. Una vez que pecas y te importa que hayas pecado, entonces te golpeas a ti mismo por ello. No sé cuántas veces he pecado y he permitido que el enemigo me hable después. Me dice, "Vaya, esta vez sí que lo hiciste, no te importa nada el Señor y eres un hipócrita". Entonces porque sé que he pecado, me siento mal inmediatamente. Sé que lo hice, y sé que a Dios no le agrada que haya pecado. Hago una gran fiesta de lástima y permito que el Diablo traiga todos sus demonios. Me siento y permito que los espíritus me azoten hasta el punto de la depresión. Durante este tiempo, puede llevar a más pecados y más tortura y culpa. Solía dejar pasar esto por una semana o más. Pecaba y luego me golpeaba a mí mismo. Había organizado una fiesta tan terrible que el enemigo probablemente no sintió la necesidad de estar allí porque yo era un buen organizador de fiestas. Había aceptado y firmado el Contrato de Condena del Diablo.

Llegué al punto de saber que tendría que tomarme unos días como mínimo para sentarme y dejar que el Diablo me golpeara. Entraría en una depresión y me aislaría y vería la televisión o haría algo que me adormecería. Sabía que mi verdadera pasión de ser usado por el Señor tendría que quedar en segundo plano mientras el Diablo me oprimía con su condena. Terminamos castigándonos a nosotros mismos y dejando que el Diablo nos castigue también. Hay espíritus religiosos que acompañan esta condena también. Te castigas a ti mismo o dejas que el enemigo te castigue porque no eres perfecto. Él se desquita con una mentira como esta: "Después de todo conocías la Biblia y sabías que era pecado", y "Sabes cómo no pecar, así que no vales nada". Si te castigas por ello, entonces te meterá la nariz como un perro que se ha hecho caca en la alfombra. Tenemos que arrepentirnos de nuestro pecado e intentar no volver a pecar, ¿verdad? No. Tenemos que arrepentirnos del pecado, pero acercarnos a Dios de todas las maneras posibles, para que nos llene de su Espíritu y podamos conquistar el pecado. Cuando somos tentados y tenemos la Armadura puesta, estamos listos para luchar contra el pecado. La Armadura de Dios es sobrenatural, y tenemos que ir a Dios para ponérsela (Efesios 6).

Si no estamos en la Armadura de Dios, entonces el Diablo lo sabe, y viene corriendo a tentarnos porque sabe que puede hacernos pecar eventualmente. Dios te hablará con una voz suave y amorosa cuando hable contigo. Cuando eres tentado, Él te da una salida, según 1 Corintios 10:12-13,

"Así que el que piensa estar firme, mire que no caiga. No os ha sobrevenido ninguna prueba que no sea humana; pero fiel es Dios, que no os dejará ser probados más de lo que podéis resistir, sino que dará también juntamente con la prueba la salida, para que podáis soportarla".

Nunca estás tentado más allá de lo que eres capaz de soportar. La forma en que el pecado ocurre es tan abrumadora que normalmente no tienes mucho tiempo para prepararte. Hay una pequeña ventana en la que puedes elegir. Te sientes tentado, y es como si hubiera una gran sombra que empieza a elevarse en la pared de tu alma. Ves la sombra elevándose, y sabes que está a punto de alcanzarte. En ese momento, tienes la opción de obedecerla o de huir de ella y orar. Dios te dará amor constante y te advertirá cuando estés siendo tentado. Dios no te condenará, pero te dirá que te ama y te animará a levantarte y buscarlo si eliges pecar. Dios es un Dios amoroso que no te gritará ni te animará a abandonar. Dios sabe por qué fallas y pecas. Es porque no estás caminando lo suficientemente cerca de Él para conquistar el pecado. Eres llevado por Satanás y desgastado por la tentación hasta que pecas.

Volver a pecar o cometer un pecado es algo horrible. Es algo encomiable estar en un lugar donde no tienes ningún pecado que estés cometiendo en tu vida. Cuando digo cometer, no me refiero a hacerlo una sola vez, sino que es un pecado que has permitido que se haga cargo en cualquier momento. Te has entregado a ese pecado. Puede que te resistas a veces, pero es esporádico y la tentación de pecar es más bien una invitación a pecar que ya has aceptado hacer. Si tienes pecados recurrentes que has cometido, entonces el Contrato de Condena está en pleno vigor.

Has decidido que quieres tu pecado por encima de todo lo demás. Has elegido silenciar la voz de Dios de cualquier manera que venga a ti. No quieres oír predicar sobre el pecado y rehusar arrepentirte. Esto trae la condenación del enemigo. Dios también tratará duramente con aquellos que no están dispuestos a arrepentirse. Esto es diferente de alguien que está incursionando en el pecado y se arrepentirá rápidamente. Cuando eliges el pecado en lugar de Dios, haces de esa cosa tu ídolo, y arruinará tu vida si lo eliges continuamente en lugar de Dios. El Diablo te mentirá y te dirá que no debes orar e ir a Dios porque te sientes como un hipócrita por no hacer lo correcto. Dios me mostró que, si no vamos a Él y oramos después de pecar, eso es lo que nos hace hipócritas. Huir de Dios porque pensamos que deberíamos haberlo hecho mejor es lo que es hipócrita, no el pecado en sí mismo. No podemos servir a Dios sin seguirlo y usar el poder del Espíritu Santo y la oración para superar el pecado. Si huimos de Él y tratamos de hacer un mejor trabajo la próxima vez, entonces estamos siendo hipócritas. Tenemos que correr directamente a Dios y arrepentirnos de pecar de inmediato a pesar de cómo nos sentimos o de las mentiras condenatorias que el Diablo nos está diciendo.

Debemos arrepentirnos del pecado que hay en nuestra vida, para no ser condenados por el Diablo. Es un lugar opresivo que el Diablo te golpee y te controle con su condena. Romanos 8:1 dice, "<u>Ahora, pues, ninguna condenación hay para los que están en Cristo Jesús, los que no andan conforme a la carne, sino conforme al Espíritu</u>". Puedes experimentar una vida libre de condenas si estás en Cristo Jesús. Si llevas una vida agradable a Dios en el Espíritu (no tratando de ser perfecto en los esfuerzos de la carne), entonces no serás condenado; Gálatas 5:18 dice, "<u>Pero si sois guiados por el Espíritu, no estáis bajo la ley</u>". La Ley no puede condenarte, y tampoco puede Satanás si estás caminando en el Espíritu. Si estás entregando tu vida a Dios, entonces no hay leyes que hayan sido quebrantadas. El Diablo no tiene derecho a condenarte; Gálatas 5:22-25 dice,

"Mas el fruto del Espíritu es amor, gozo, paz, paciencia, benignidad, bondad, fe, mansedumbre, templanza; contra tales cosas no hay ley. Pero los que son de Cristo han crucificado la carne con sus pasiones y deseos. Si vivimos por el Espíritu, andemos también por el Espíritu"

Es hora de que vivamos una vida agradable a Dios, para que no seamos condenados. Si tienes pecados en tu vida por los que necesitas arrepentirte, entonces el Espíritu Santo te lo está mostrando diariamente. Ahora es el momento de confesar este pecado y sacar al Diablo de tu vida. Puedes saber dónde se esconde el Diablo en tu vida porque se mostrará en tus pensamientos, palabras y acciones. Él tiene el derecho de condenarte porque has roto la Ley de Dios. Te perseguirá hasta que te rindas a su voz de condena. Es opresivo y demoníaco. Jesús dijo que viene a liberar a los cautivos. Si te rindes a Jesús, Él desalojará al Diablo de tu vida y te liberará. No importa lo que hayas hecho, el Señor te perdonará; Salmo 103:2-4,

"Bendice, alma mía, a Jehová, y no olvides ninguno de sus beneficios. El es quien perdona todas tus iniquidades, el que sana todas tus dolencias; El que rescata del hoyo tu vida, el que te corona de favores y misericordias".

El Señor está dispuesto a perdonarte por cualquier pecado que hayas cometido. La Biblia dice que todos los pecados en el versículo 3, y esto significa todos. Hoy es el día para liberarte de tu pasado y permitir que la Sangre de Jesús te limpie de todos los pecados y heridas del pasado. Josué 24:15 dice,

"Y si mal os parece servir a Jehová, escogeos hoy a quién sirváis; si a los dioses a quienes sirvieron vuestros padres, cuando estuvieron al otro lado del río, o a los dioses de los amorreos en cuya tierra habitáis; pero yo y mi casa serviremos a Jehová".

Jesús contó la parábola del hijo pródigo (Lucas 15:11-32). Esta parábola es sobre un hijo que no quería vivir más en casa. Pidió su herencia al padre y se fue. Gastó todo su dinero, y al poco tiempo, estaba viviendo con los cerdos. Se dio cuenta de que podía volver a casa y no tener que vivir como un vagabundo o un animal de granja. Cuando volvió a casa, finalmente, recibió una cálida bienvenida del padre que vino corriendo a su encuentro. Dios quiere que vuelva a casa y deje de vivir una vida de vacío, arrepentimiento y condenación. Rendirse al Señor es gratificante y es la máxima libertad que cualquiera puede experimentar.

Tu pasado ya no puede dominarte si lo llevas a Dios. Él te sanará de la condenación. El pasado no puede ser cambiado, ya está hecho. No podemos deshacer nuestros errores del pasado. Los huevos se han roto y la tortilla se ha hecho. El Salmo 103:2-4 dice, "*Bendice, alma mía, a Jehová, y no olvides ninguno de sus beneficios. El es quien perdona todas tus iniquidades, el que sana todas tus dolencias; El que rescata del hoyo tu vida, el que te corona de favores y misericordias*". Dios te perdonará todos tus pecados, no solo los que creas que son realmente malos. Ábrete a Dios y cuéntale tus secretos y deja ir tu vergüenza. El pasado es el territorio de Dios ahora y solo Él puede lidiar con él. Todos lo hemos intentado y nos ha vuelto locos.

El Diablo te atormentará continuamente hasta que liberes el pasado a Dios. Una vez que se lo entregues a Dios, el Diablo tratará de traerlo de vuelta, pero podemos citar las Escrituras para ponerlo en su lugar. Deja que Dios haga su trabajo y te dé una pizarra limpia. Él ha determinado que así es como debe ser. Relájate en el Plan de Dios. Romanos 8:38-39 dice,

> "Por lo cual estoy seguro de que ni la muerte, ni la vida, ni ángeles, ni principados, ni potestades, ni lo presente, ni lo por venir, ni lo alto, ni lo profundo, ni ninguna otra cosa creada nos podrá separar del amor de Dios, que es en Cristo Jesús Señor nuestro".

El Diablo siempre tratará de separarnos de Dios engañándonos y condenándonos. Debemos luchar contra el enemigo y volver a la presencia de Dios. Dios nunca nos dejará ni nos abandonará. Cuando no podemos sentir a Dios en nuestras vidas no significa que nos haya dejado o dejado de amarnos. Solo tenemos que ir y ponernos en la Presencia de Dios y seremos capaces de sentir Su Abrazo Amoroso.

Elijamos servir al Señor y rechacemos el pecado y a Satanás de nuestras vidas. Repite esta oración en voz alta y dilo con todo tu corazón y con toda sinceridad. "Padre Celestial, acepto Tu Amor por mi vida. Acepto que Tú me amas. He pecado contra Ti, y necesito Tu perdón. Por favor, perdóname por todos mis pecados. No puedo caminar este camino cristiano sin Ti. Necesito estar cerca de Ti. Por favor, lávame y dame un nuevo comienzo. Necesito Tu ayuda para luchar contra el enemigo. Señor, dame el poder de servirte. Renuncio a Satanás en mi vida. Renuncio a todas las mentiras de condena en las que creí. Nada puede separarme del amor de Dios en Cristo Jesús. Rompo el contrato de condenación en el nombre de Jesús. Elijo aceptar tu amor. Señor, lléname con tu espíritu y tu paz. Ayúdame a escuchar tu voz de amor. Ayúdame a conocerte. Me rindo a Ti hoy y te hago Señor de mi vida. En el nombre de Jesús, te lo ruego. Amén".

Hermanos, alegrémonos de que la voz del Señor sea una voz de amor. Está emocionado de encontrarse con nosotros cada vez que oramos. No permitamos que nada nos impida orar. ¡Cuando pecamos, corramos a orar y a recibir la Misericordia de Dios y no permitamos que el enemigo nos haga pecar de nuevo o nos golpee con la condenación! ¡Has autorizado con éxito al Señor a expulsar a Satanás de otra habitación de su templo! ¡Sigamos viendo cómo podemos ser completamente libres en Jesús! ¡Amén!

CAPÍTULO 10

El Contrato de la Mundanidad

"¡Oh almas adúlteras! ¿No sabéis que la amistad del mundo es enemistad contra Dios? Cualquiera, pues, que quiera ser amigo del mundo, se constituye enemigo de Dios". Santiago 4:4

Hay áreas de compromiso en nuestras vidas que nos impiden acercarnos realmente al Señor. En el patio exterior del tabernáculo del Antiguo Testamento, vemos que el Sumo Sacerdote está continuamente haciendo rituales de purificación y sacrificios. El Sumo Sacerdote nunca cumple su propósito en el papel del Nuevo Testamento. Si el ministro se queda en las Cortes Exteriores solo haciendo rituales, entonces es un desperdicio colosal de propósito y servicio al Señor. Hoy en día mucha gente sigue en el Tribunal Exterior, y solo confiesan continuamente sus pecados, hacen oraciones a Dios, y no hacen el ministerio, sino que tienen un montón de opiniones. Esto lleva a la mundanidad y a una relación personal e íntima con Dios. La mundanidad es caer en los caminos del mundo y no tener en cuenta los caminos de Cristo.

Una sencilla definición de mundanidad es relajarse o no tomar en serio la Palabra de Dios para obedecerla. La mundanidad es entregarse al pecado y permitir que te controle. Esta mentalidad dice que está bien no ir a la Iglesia, actuar como no creyentes, mezclarse con la multitud, no seguir a Cristo o dejar que su luz brille en el mundo. Un cristiano mundano sería alguien que dice que cree en Dios, pero no está comprometido con Cristo. No leerían su Biblia, no irían a la Iglesia, ni darían testimonio a los demás. Estarán cómodos en su pecado y no querrán arrepentirse. Su discurso se corromperá con las cosas de este mundo. Incluso debatirán por qué deben seguir la Palabra de Dios con completa obediencia. Los cristianos mundanos se han puesto a sí mismos y a sus propios intereses por encima de la Palabra de Dios.

Si se despiertan y hacen lo suyo todo el día y oran por el perdón al final del día, no llegarán a ninguna parte con Dios. Vives la peligrosa mentira de pecar, ser usado por el enemigo, y luego pensar que eres justo al final del día con una rápida oración. Es un engaño del enemigo y no un verdadero camino con Dios. Miqueas 6:8 dice, "*Oh hombre, él te ha declarado lo que es bueno, y qué pide Jehová de ti: solamente hacer justicia, y amar misericordia, y humillarte ante tu Dios*". Esto requiere humildad para caminar regularmente con Dios en obediencia, no solo decir una rápida oración por la noche y quedarse dormido a mitad de camino. La Biblia dice que ser amigo del mundo es pecaminoso en Santiago 4:4-5,

"*¡Oh almas adúlteras! ¿No sabéis que la amistad del mundo es enemistad contra Dios? Cualquiera, pues, que quiera ser amigo del mundo, se constituye enemigo de Dios. ¿O pensáis que la Escritura dice en vano: ¿El Espíritu que él ha hecho morar en nosotros nos anhela celosamente?*"

La mundanidad se considera demoníaca y te convierte en un Enemigo de Dios. Dios es un Dios celoso (Éxodo 20:5), y quiere que le sirvamos a Él y no a este mundo. Él nos anhela celosamente con un amor y una compasión saludables. Hay que darse cuenta de que, si somos mundanos, entonces estamos sirviendo al enemigo. Sin fe, es imposible complacer a Dios. No podemos vivir una vida dedicada a este mundo y pensar que estamos sirviendo a Dios. Deberíamos tener una contracultura. Nuestra cultura nos lleva a creer naturalmente y abandonar la fe y las cosas sobrenaturales. Ser un animador de la cultura es pecaminoso. Esta cultura apoya el mal y llama al mal bien. Dice que apoya el estilo de vida del mismo sexo y castiga a los que predican contra él. Se dice que está bien vivir con alguien antes del matrimonio, y ni siquiera importa su orientación sexual.

Esta cultura apoya a los cristianos que no van a la Iglesia. "Dios me perdonará por no ir" o "Odio la Iglesia con todos estos hipócritas cristianos". Su opinión es errónea si no se alinea con la Palabra de Dios. Dios instituyó la Iglesia y dio dones y oficios para la Iglesia y nos dijo que no abandonáramos la reunión para la Iglesia en Hebreos 10:25, "*no dejando de congregarnos, como algunos tienen por costumbre, sino exhortándonos; y tanto más, cuanto veis que aquel día se acerca*". No importa qué razón tengas para justificar lo que crees. Pablo dice que no debemos ser como algunas personas (mundanas) que no van a la Iglesia, sino que debemos reunirnos con otros creyentes para la voluntad y propósitos de Dios. Es posible que no quieras ir a la Iglesia porque tu vida no está bien con Dios. Esto no es una excusa para desobedecer la Palabra de Dios. Si entiendes este mensaje, pero no quieres cumplirlo, entonces eres rebelde, tu orgullo te impide servir al Señor, y el Diablo está feliz por ello. Estás siendo mundano y ayudando al enemigo siendo un Enemigo de Dios. Sin embargo, dices oh no, no soy un enemigo de Dios. Yo amo a Dios. Bueno, ¿obedeces Su Palabra? Si no vas a la Iglesia, entonces estás en desobediencia.

¿Por qué estoy enfatizando esto? La Gran Comisión nunca va a suceder si los cristianos no participan en ella. El Diablo les dice a los cristianos que no vayan a la Iglesia porque pueden escuchar un sermón en casa. Esto es correcto. El Diablo te dice que no tienes que ir a la Iglesia para ser cristiano. Esto es técnicamente correcto. El Diablo te dice que tengas un día de descanso y que necesitas dormir. Esto es correcto. El Diablo te dará miles de razones para no ir a la Iglesia, pero todas son verdades a medias. Todas tienen un aspecto de verdad, así que nos las comemos como Eva y luego somos castigados. Se supone que debes ir a la Iglesia para animarte y ayudar a la gente. ¡No se trata solo de ti! Ay. Sé que eso duele, pero es verdad. Cuando Dios te unge, siempre es para otra persona. ¿Qué? La unción viene y se apoya en una persona para que la otra persona pueda recibirla y ser bendecida por ella. Somos bendecidos en el proceso. Es increíble y un gran honor ser indigno (Calificado por nuestros propios méritos), pero usado por Dios. ¡Su Gracia es verdaderamente asombrosa!

Dios no va a derramar su unción en el Mar Muerto o en alguien sin salida. El Mar Muerto en Jerusalén no tiene salida. Es una calle sin salida. Estamos muertos y vacíos si no dejamos que Dios derrame Su Unción sobre nosotros para que podamos dejarla fluir constantemente como un río para los demás. Dios quiere que te muevas, y entonces verás los Dones del Espíritu activos en tu vida. Quiere que tengas una razón para usar tu fe. En América parece que solo tenemos fe en que la nevera se mantenga fría, o en que Internet y la electricidad se mantengan encendidas durante una tormenta. Estamos tan cómodos en América que estamos perdiendo nuestro propósito, y está causando que la Iglesia parezca débil. Antes que el Internet fuera usado para todo, teníamos que salir y conocer gente y ser interactivos, y así es como Dios lo quiere hoy en día. Levántate del sofá y tira tus excusas a la basura. Podrán ver esos programas más tarde.

Los días son cortos, y la gente necesita tu ayuda. Puedes pensar que no tienes nada que ofrecer, pero te equivocas, y el Diablo te ha estado mintiendo.

Dios ha plantado en todos nosotros un conjunto único de habilidades y dones. Usa tus habilidades y ayuda a alguien. Todos somos el Cuerpo de Cristo, y nos necesitamos unos a otros. Ayuda a guiar a la gente a la Verdad. Usa este libro como un arma contra el enemigo. Ayuda a la gente a liberarse de los contratos que han firmado con Satanás. Tener estudios bíblicos con familiares y amigos usando este libro y orando al final de cada capítulo. ¡Obtén la PALABRA! Si estás ocupado haciendo cosas buenas, entonces solo estás boxeando en el aire, como dice Pablo en 1 Corintios 9:26, "<u>Así que, yo de esta manera corro, no como a la ventura; de esta manera peleo, no como quien golpea el aire</u>". Debemos concentrarnos en cumplir nuestro propósito y objetivos en la vida.

Si no te conectas con otras personas que necesitan tu ayuda, tampoco recibirás la ayuda que necesitas porque Dios usa a otras personas para ayudarnos todo el tiempo. La Biblia dice que tenemos Oficios en la Iglesia que necesitan ser cumplidos como dice en Efesios 4:11-12, "<u>Y él mismo constituyó a unos, apóstoles; a otros, profetas; a otros, evangelistas; a otros, pastores y maestros, a fin de perfeccionar a los santos para la obra del ministerio, para la edificación del cuerpo de Cristo</u>". Dios diseñó esto para que puedas estar equipado para el trabajo del Ministerio y edificar. El Diablo no quiere que eso suceda, y si sirves al enemigo, te quedarás fuera de la Iglesia. Sin embargo, si vas a servir a Dios, irás a la Iglesia, que es Su voluntad. He tenido mucha gente que me ha dicho que está bien no ir a la Iglesia. Todos han firmado un contrato de mundanidad con el diablo. Este contrato impide que sean bendecidos por Dios y sean liberados de las fortalezas demoníacas. En cambio, este contrato los obliga a servir al Diablo siendo mundanos. No hay solución para esto, excepto retractarse.

Tenemos que arrepentirnos de nuestras excusas y preferencias y servir a Dios. Tienes un propósito en la Iglesia y Dios realmente quiere que ayudes a otros como dice Efesios 4:16, "<u>de quien todo el cuerpo, bien concertado y unido entre sí por todas las coyunturas que se ayudan mutuamente, según la actividad propia de cada miembro, recibe su crecimiento para ir edificándose en amor</u>". Cada parte hace su parte, y eso causa el crecimiento del Cuerpo de Cristo. Si amas a Dios, entonces ayudarás a que Su Cuerpo funcione correctamente. Eres una parte del Cuerpo, y no puedes decirle a la Mano que no te necesito o al Pie que no te necesito. Debemos dejar de hacer cosas buenas y hacer cosas de Dios. Debemos dejar de hacer nuestra gran comisión y ayudar a cumplir la Gran Comisión. Seremos responsables de desobedecer la Palabra de Dios.

El contrato de mundanidad puede ser difícil de romper. Este contrato nos permite estar cómodos. Hoy en día este mundo está lleno de comodidades. Toda esta sociedad se basa en la conveniencia. No queremos tener que dejar nuestra casa si no es necesario. Esto amenaza nuestro tiempo libre y nuestro estilo de vida. Si somos mundanos, entonces no tenemos que ser molestados. Sin embargo, se nos considera un Enemigo de Dios si somos amigos del Mundo. No sé ustedes, pero Dios no trata muy bien a sus enemigos por lo que aprendimos en el último capítulo. Todos debemos contar el costo y decidir romper cada área del Contrato.

No hay un solo Contrato que valga la pena ser un Enemigo de Dios, ¿verdad? Cuando cuentas el costo, debes asegurarte de decidirte. Jesús dijo en Lucas 9:62, "_Y Jesús le dijo: Ninguno que poniendo su mano en el arado mira hacia atrás, es apto para el reino de Dios_". El Reino de Dios es una cosa que está reservada para la gente que se dedica al Señor y que tiene fe. El Reino de Dios es el poder de Dios que viene sobre aquellos que caminan con fe. Jesús dijo que cuando sanes a alguien, diles que el Reino de Dios ha llegado a ellos. Como cristiano, no puedes tener una doble mentalidad. Se supone que todos los cristianos deben estar en el ministerio en su iglesia y en el mercado. Somos testigos en todos los lugares a los que vamos.

Si quieres servir a Dios, no puedes recorrer el 90 por ciento del camino y renunciar. Este es un llamado serio del Señor, y debes asegurarte de que estás listo para responderlo. Sé que lo estás, pero no puedes asirte al mundo. Debes dejarlo ir. Tu identidad está escondida en Cristo y no en este mundo. Colosenses 3:1-3 dice,

> "_Si, pues, habéis resucitado con Cristo, buscad las cosas de arriba, donde está Cristo sentado a la diestra de Dios. Poned la mira en las cosas de arriba, no en las de la tierra. Porque habéis muerto, y vuestra vida está escondida con Cristo en Dios_".

A veces, da miedo dar un salto de fe, salir del barco y caminar sobre el agua. Los otros, estoy seguro, criticaron a Pedro por salir del barco y caer al agua. Sin embargo, le envidiaban porque no tenían las agallas para dar ese paso de fe. Lo mismo ocurre con la gente del mundo. Cuando salgas del barco, entonces la gente mundana estará motivada para servir a Dios. La fe inspira, y le dará a otros la esperanza que necesitan para motivarse a servir a Dios. Lo he visto ocurrir en mi vida repetidamente.

Jesús describe la Palabra de Dios en una parábola como una semilla. Si se cultiva bien la tierra fértil, entonces la Palabra de Dios puede crecer fácilmente. Si tienes mala tierra, entonces la semilla no podrá crecer correctamente. Hay muchas condiciones que Jesús da para el crecimiento de esa semilla. La mayoría de estas condiciones son dañinas para la semilla como puedes ver en Mateo 13:3-9,

> "Y les habló muchas cosas por parábolas, diciendo: He aquí, el sembrador salió a sembrar. Y mientras sembraba, parte de la semilla cayó junto al camino; y vinieron las aves y la comieron. Parte cayó en pedregales, donde no había mucha tierra; y brotó pronto, porque no tenía profundidad de tierra; pero salido el sol, se quemó; y porque no tenía raíz, se secó. Y parte cayó entre espinos; y los espinos crecieron, y la ahogaron. Pero parte cayó en buena tierra, y dio fruto, cuál a ciento, cuál a sesenta, y cuál a treinta por uno. ¡El que tiene oídos para oír, oiga!"

Tú eres el que ha plantado la semilla. Si tu corazón no está listo para permitir que la semilla entre y crezca, entonces la rechazará. Puedes incluso culpar a Dios si quieres, pero no es su culpa. Tenemos que romper el Contrato del Diablo y arrepentirnos de nuestro pecado. Debemos volvernos a Dios para recibir la Palabra de Dios en buena tierra (vs. 8). Escucha lo que el Espíritu del Señor está diciendo a través de la Palabra. Un grano de mostaza puede caer en buena tierra y crecer en un árbol masivo o ser rechazado por la tierra. Arrepiéntete y ten fe en la Palabra de Dios.

El Señor ama bendecir a su pueblo cuando es obediente a Él. Quiero que entiendan cómo trabaja el Señor al bendecir a Su pueblo. Dios tiene un plan para que le obedezcamos y seamos bendecidos. Las bendiciones del Señor, como las de Job, nos protegen del enemigo. Ahora, estas bendiciones son condicionales. Dios te bendecirá si le obedeces. Las bendiciones de Dios son condicionales, pero su amor es incondicional. Tienes que aceptar a Jesús para ser salvado, pero Él ya ha hecho el sacrificio incondicionalmente. Todo lo que tienes que hacer es aceptar Su Amor. Sin embargo, si quieres ser bendecido por Dios, entonces hay muchas cosas que Él quiere que hagamos. Sin embargo, Sus bendiciones son asombrosas y valen la pena. Nunca he sido de los que se vuelven locos por servir al Señor para futuras recompensas o bendiciones de la vida después de la muerte. Mucha gente dirá, "Voy a tener una gran mansión en el Cielo", o "Dios me bendecirá si doy el diezmo". Todas estas cosas son ciertas, pero nuestra motivación debería ser servir a Dios con gratitud.

Ser capaz de ayudar a otras personas es una bendición en sí misma. Te hace sentir fantástico ayudar a alguien que necesita y quiere ayuda. ¿Sabías que algunas personas no quieren que el Señor les ayude? Es una locura, pero he conocido a varias personas así. Quieren hacerlo de la manera difícil. Dios resiste a los orgullosos, pero da gracia a los humildes como dice en 1 Pedro 5:5-6,

> "Igualmente, jóvenes, estad sujetos a los ancianos; y todos, sumisos unos a otros, revestíos de humildad; porque: Dios resiste a los soberbios, y da gracia a los humildes. Humillaos, pues, bajo la poderosa mano de Dios, para que él os exalte cuando fuere tiempo".

Hablando de ser humildes, debemos someternos diariamente al Señor al pasar tiempo con Él. Dios quiere que tengamos una humildad que nos haga pasar tiempo con Él para ser más como Él.

Tenemos que arrepentirnos de nuestro callado corazón hacia el pecado para terminar con la mundanidad. La Biblia dice que debemos renovar nuestras mentes diariamente. ¿Cómo lo hacemos viendo la televisión, las aplicaciones en nuestro teléfono, trabajando mucho, pasando tiempo con otras personas o haciendo actividades? No. Esto debe hacerse leyendo la Palabra de Dios. Romanos 12:1-2 dice,

> "Así que, hermanos, os ruego por las misericordias de Dios, que presentéis vuestros cuerpos en sacrificio vivo, santo, agradable a Dios, que es vuestro culto racional. No os conforméis a este siglo, sino transformaos por medio de la renovación de vuestro entendimiento, para que comprobéis cuál sea la buena voluntad de Dios, agradable y perfecta".

La lectura de la Palabra de Dios involucra a tus ojos, y puedes tomarte el tiempo para estudiar las Escrituras o escribirlas. Puedes escuchar sermones todo el día si quieres, o la Biblia digital. Puedes dejarlo todo el día, y el Señor te hablará. Estarás renovando tu mente. En cuanto a la mejor manera de renovar tu mente, te sugiero que leas la Palabra de Dios. Esto es mejor porque puedes controlar adónde el Señor quiere llevarte a través de las Escrituras, y es un viaje. Puedes subrayarlas y escribir notas en tu Biblia, y es increíble.

Vamos a asegurarnos de que todas las habitaciones de tu casa estén vacías. Esto es fundamental para dedicarse al Señor plenamente. No quieres abrirle la puerta a Satanás. La Biblia dice que, si le damos al Diablo un punto de apoyo, entonces él destruirá nuestras vidas. Este punto de apoyo llevará a mayores pecados y a la división entre tú y el pueblo de Dios. Quiero que le preguntes al Señor de qué necesitas arrepentirte hoy. Esta es una pregunta seria porque estás tratando de identificar todas las áreas en las que el Diablo está activo en tu vida. Crea una lista. Lo primero que puedes poner en la lista es el orgullo. No me importa quién seas. Si dices que no tienes orgullo, entonces eres orgulloso. El objetivo de esto es, ser honesto, y tener humildad. Dios resiste a los orgullosos, pero da gracia y favor a los humildes. Tienes que encontrar el lugar y el tiempo o la razón por la que firmaste el contrato para cualquier pecado que no puedas conquistar. Tenemos más de un área de pecado en nuestras vidas.

Tenemos que poner a Dios en primer lugar diariamente y permitirle moverse en nuestras vidas a través de nuestra obediencia a Él. Haz un inventario honesto de tus ídolos y pecados. Queremos que el Señor limpie nuestras vidas del mal como dice en el Salmo 51:10, "*Crea en mí, oh Dios, un corazón limpio, y renueva un espíritu recto dentro de mí*". El Señor te guiará en el arrepentimiento. La voz del enemigo te ordenará que peques, y parece que no tienes elección. Estas áreas de tu vida no están sometidas a Dios, y necesitan estar bajo la autoridad de Jesucristo. Prepara una lista de estas cosas y cualquier otra cosa que el Espíritu Santo te muestre, y oremos. He hecho un esquema para ti al final del libro. Completa el bosquejo ahora y prepárate para orar sobre él.

Repite esta oración en voz alta, ¡y oremos! "Padre celestial, hoy vengo a ti en humildad. Necesito Tu ayuda, Señor. Parece que no puedo caminar por Tus caminos debido a mi pecado. Por favor perdóname Señor, por mis pecados. Lo siento, y no quiero seguir cometiendo estos pecados porque son malvados. Quiero más de Ti. Renuncio a Satanás en mi vida. Confieso todos estos pecados a Ti, Señor. Espíritu Santo, necesito que me liberes. Libero mi voluntad para mi vida. Me arrepiento de mi rebelión a Tu Palabra. Me arrepiento por cada lugar que te he quitado del trono en mi vida. Dios me limpia con Tu sangre. Te ruego que rompas todas estas fortalezas de mi vida y me permitas tener libertad. Dijiste que donde está el Espíritu del Señor, hay libertad. Señor, libérame de estas cadenas. Rompo el contrato de la mundanidad en el nombre de Jesús. Renuncio a ti, Satanás, ya no eres mi amo y no me controlas. Te reprendo en el nombre de Jesús. Renuncio a todas tus mentiras. Ayúdame Señor Jesús a caminar diariamente contigo y a ponerte en primer lugar. Ayúdame a leer Tu Palabra y a comprenderla. Ayúdame a aplicarla a mi caminar y a obedecerte en vez de hacer lo que mi carne quiere hacer. Señor, te amo. En el nombre de Jesús, te lo ruego. Amén". Estudiemos sobre el poder de Dios en el capítulo 11.

CAPÍTULO 11

El Inigualable Poder de Dios

"He aquí que yo soy Jehová, Dios de toda carne; ¿habrá algo que sea difícil para mí?"
Jeremías 32:27

Comencemos con un rápido desafío mental. Piensa rápidamente y responde a estas preguntas con lo opuesto al ejemplo dado. Aquí hay una pregunta de muestra. ¿Qué es lo opuesto a pobre? La respuesta es rico. ¿Qué es lo opuesto al día? ¿Qué es lo opuesto a grande? ¿Qué es lo opuesto a la izquierda? ¿Qué es lo opuesto a Dios? Bueno, si has respondido al Diablo, entonces esta es una respuesta común. Ya que Dios creó a Satanás, entonces Dios no tiene igual. Nadie lo creó. Dios es el creador de todas las cosas, incluyendo al Diablo. El Diablo era un ángel en el cielo al que Dios le dio la tarea de dirigir la adoración. Dios es Omnipresente, Omnipotente y Omnisciente. Dios es el único ser que es Omnipresente, lo que significa que puede estar en todas partes a la vez. Dios es Omnipotente, lo que significa que es Todopoderoso. Esto significa que es inigualable en su poder. Él nos ha dado su poder sobre el enemigo. Es emocionante pensar en ello, ¿no? Dios también es Omnisciente, lo que significa que Él es Omnisciente. Por eso todas las profecías de la Biblia son 100% exactas, y todas ellas se cumplirán. Esta es una forma fácil de probar que la Biblia es en realidad la Palabra de Dios.

Los espíritus demoníacos y el poder del enemigo son muy evidentes en la Biblia. Atormentan a las personas y las poseen. Vemos ejemplos en el Antiguo y Nuevo Testamento. El Antiguo Testamento tiene una historia de Satanás en Job. Está parado frente a Dios, tratando de hablarle de Job. Satanás está hablando de cómo Dios ha bendecido a Job, y no había manera de que él llegara a

Job. La bendición de Dios era tan poderosa que ni siquiera el mismo Satanás podía llegar a él. Job 1:9-12 dice,

> *"Respondiendo Satanás a Jehová, dijo: ¿Acaso teme Job a Dios de balde? ¿No le has cercado alrededor a él y a su casa y a todo lo que tiene? Al trabajo de sus manos has dado bendición; por tanto, sus bienes han aumentado sobre la tierra. Pero extiende ahora tu mano y toca todo lo que tiene, y verás si no blasfema contra ti en tu misma presencia. Dijo Jehová a Satanás: He aquí, todo lo que tiene está en tu mano; solamente no pongas tu mano sobre él. Y salió Satanás de delante de Jehová".*

Hay mucho que aprender de este pasaje sobre Satanás y su poder. Está limitado a lo que Dios le permita hacer a su pueblo. Satanás habló de que la bendición de Dios es tan PODEROSA que no puede violarla. Habló de la Bendición de Dios en las manos de Job y las bendiciones de sus posesiones. El Poder de Dios era tan fuerte en la vida de Job que el enemigo necesitaba permiso. ¡Oh, y el enemigo tenía que obedecer a Dios! Dios dijo que no se tocara su vida, y Satanás no podía.

Sus sirvientes de la oscuridad o hechiceros tienen poder, pero no coinciden con el poder de Dios. Miremos el libro de Éxodo para ver esto en Éxodo 7:8-12,

> *"Habló Jehová a Moisés y a Aarón, diciendo: Si Faraón os respondiere diciendo: Mostrad milagro; dirás a Aarón: Toma tu vara, y échala delante de Faraón, para que se haga culebra. Vinieron, pues, Moisés y Aarón a Faraón, e hicieron como Jehová lo había mandado. Y echó Aarón su vara delante de Faraón y de sus siervos, y se hizo culebra. Entonces llamó también Faraón sabios y hechiceros, e hicieron también lo mismo los hechiceros de Egipto con sus encantamientos; pues echó cada uno su vara, las cuales se volvieron culebras; mas la vara de Aarón devoró las varas de ellos".*

Los hechiceros tenían el poder del Diablo, pero no podían ni siquiera sostener una vela al Poder del Objeto Ungido de Dios. Por lo tanto, podemos ver que el Diablo es limitado, y sus hechiceros son magos de segunda categoría comparados con un Objeto ungido por Dios. La Unción o el Poder de Dios es más fuerte que la magia negra. El Reino de Satanás tiene poder y eso atrae a algunas personas hacia él. ¡Debemos estar preparados para mostrar el Poder de Dios para poder ser un testigo de estas personas y mostrar a Dios como el Todopoderoso y Misericordioso Rey del Universo!

Sigamos adelante y tratemos de encontrar algo que al menos pueda igualar el Poder de Dios. No creo que encontremos nada en toda la Biblia, por eso el nombre de este capítulo, pero sigamos buscando. Por lo tanto, viajaremos a la historia del Profeta Elías. Es una historia extraordinaria, y me encanta. Vaya. Elías era tan audaz y conocía el poder de Dios que se burlaba del enemigo con él. Increíble. Elías usó su fe, 1 Reyes 18:25-29 dice,

> "Entonces Elías dijo a los profetas de Baal: Escogeos un buey, y preparadlo vosotros primero, pues que sois los más; e invocad el nombre de vuestros dioses, mas no pongáis fuego debajo. Y ellos tomaron el buey que les fue dado y lo prepararon, e invocaron el nombre de Baal desde la mañana hasta el mediodía, diciendo: !!Baal, respóndenos! Pero no había voz, ni quien respondiese; entre tanto, ellos andaban saltando cerca del altar que habían hecho. Y aconteció al mediodía, que Elías se burlaba de ellos, diciendo: Gritad en alta voz, porque dios es; quizá está meditando, o tiene algún trabajo, o va de camino; tal vez duerme, y hay que despertarle. Y ellos clamaban a grandes voces, y se sajaban con cuchillos y con lancetas conforme a su costumbre, hasta chorrear la sangre sobre ellos. Pasó el mediodía, y ellos siguieron gritando frenéticamente hasta la hora de ofrecerse el sacrificio, pero no hubo ninguna voz, ni quien respondiese ni escuchase".

¿Quizás de aquí viene el dicho de que su petición ha caído en oídos sordos? Lo siento, estoy un poco borracho de espíritu. Es divertido una vez que aprendes que el poder de Satanás NO SE ACERCA AL PODER INCOMPATIBLE DE DIOS. Satanás tiene a la gente corriendo asustada porque tiene un fuerte ladrido. Veamos el resultado aquí de 6 horas de gritos y alaridos hasta que sus voces se apagaron. Su dios Satán y los ídolos a los que servían no podían hacer nada por ellos. ¡Imagínate eso! Servir a los ídolos toda la vida, y luego cuando llega el momento de que aparezcan, no pasa nada. Menos mal que nadie pagó dinero para ver a Baal actuar en este circo, ¡porque no era un espectáculo!

Elías se burló de ellos, y yo me estoy riendo a carcajadas. Dijo, "Llora en voz alta, porque es un dios; o está meditando, o está ocupado, o está de viaje, o tal vez está durmiendo y debe ser despertado". Él dijo, ¿qué? Vaya. ¿Quizás está meditando, o está ocupado? ¿Tal vez está en un paseo y no puede ser alcanzado o no tiene señal celular? Elías conocía el poder de Dios y lo más importante era que tenía una relación personal con él. La Biblia dice que el pueblo que conoce a su Dios será fuerte y llevará a cabo grandes hazañas (Daniel 11:32). Debemos ser intrépidos cuando se trata de ser testigos de Dios.

Ahora le toca al Profeta del Señor brillar. Vaya, después de toda esa charla basura, mejor que estés listo para poner o callar. Bueno, estaba listo 1 Reyes 18:32-35 dice,

> "Edificó con las piedras un altar en el nombre de Jehová; después hizo una zanja alrededor del altar, en que cupieran dos medidas de grano. Preparó luego la leña, y cortó el buey en pedazos, y lo puso sobre la leña. Y dijo: Llenad cuatro cántaros de agua, y derramadla sobre el holocausto y sobre la leña. Y dijo: Hacedlo otra vez; y otra vez lo hicieron. Dijo aún: Hacedlo la tercera vez; y lo hicieron la tercera vez, de manera que el agua corría alrededor del altar, y también se había llenado de agua la zanja."

Había suficiente agua en el altar y en la ofrenda para asegurarse de que toda duda se borraría para un posible truco de magia. 1 Reyes 18:38-39 dice,

> "Entonces cayó fuego de Jehová, y consumió el holocausto, la leña, las piedras y el polvo, y aun lamió el agua que estaba en la zanja. Viéndolo todo el pueblo, se postraron y dijeron: ¡Jehová es el Dios, Jehová es el Dios!"

Ahora el Señor se aseguró de respaldar a su profeta. Dios una vez más mostró su poder. No solo hizo que el fuego cayera del Cielo, sino que también, detuvo completamente la magia y la habilidad del enemigo para quemar la ofrenda en el altar. Por lo tanto, tenemos a Satanás teniendo que pedir permiso, la magia del hechicero fue engullida, y los falsos profetas fueron excluidos. Ahora pasemos al Nuevo Testamento.

Jesús vino a la Tierra y tuvo un encuentro con Satanás. Apagó a Satanás solo con el uso de la Palabra de Dios (Lucas 4:1-13). Jesús no tuvo problemas con los demonios tampoco según en Marcos 5:11-13,

> "Estaba allí cerca del monte un gran hato de cerdos paciendo. Y le rogaron todos los demonios, diciendo: Envíanos a los cerdos para que entremos en ellos. Y luego Jesús les dio permiso. Y saliendo aquellos espíritus inmundos, entraron

en los cerdos, los cuales eran como dos mil; y el hato se precipitó en el mar por un despeñadero, y en el mar se ahogaron".

Una vez más, le rogaron a Jesús que les diera permiso. Jesús no gritó ni chilló. Solo habló. Él tiene autoridad. Es simple. Ellos rogaron y suplicaron. Jesús mostró su poder sobre las obras del enemigo según Mateo 4:23-24,

"Y recorrió Jesús toda Galilea, enseñando en las sinagogas de ellos, y predicando el evangelio del reino, y sanando toda enfermedad y toda dolencia en el pueblo. Y se difundió su fama por toda Siria; y le trajeron todos los que tenían dolencias, los afligidos por diversas enfermedades y tormentos, los endemoniados, lunáticos y paralíticos; y los sanó".

No tenía problemas para curar a los enfermos o expulsar demonios. Cuando se trataba del poder sobrenatural del enemigo, Jesús no podía ser atacado o intimidado. Jesús dio voluntariamente su vida por el pecado, pero fue su elección. Jesús también se apareció a más de 500 personas durante 40 días antes de ir al Padre. 1 Corintios 15:3-8 dice,

"Porque primeramente os he enseñado lo que asimismo recibí: Que Cristo murió por nuestros pecados, conforme a las Escrituras; y que fue sepultado, y que resucitó al tercer día, conforme a las Escrituras; y que apareció a Cefas, y después a los doce. Después apareció a más de quinientos hermanos a la vez, de los cuales muchos viven aún, y otros ya duermen. Después apareció a Jacobo; después a todos los apóstoles; y al último de todos, como a un abortivo, me apareció a mí".

Así que Jesús resucitó y mostró su poder sobre la muerte y la tumba. Caminó por la ciudad y continuó mostrando su poder.

Jesús fue al Padre y expió nuestro pecado. Lo hizo derramando su sangre 7 veces en la Tierra como Sumo Sacerdote. Dios liberó el Espíritu Santo para llenar el templo de los creyentes. El Espíritu Santo hizo que los hombres nacieran de nuevo. Este poder permitió que todos los creyentes se convirtieran en la Iglesia. La Biblia dice que somos el Templo de Dios. El Espíritu Santo nos llena cuando nacemos de nuevo, y ahora somos un templo para el Espíritu Santo. Nos convertimos en una Iglesia o un Templo. Nuestros cuerpos albergan al Espíritu Santo de Dios. Esto incluye el Poder de Dios. Ahora, la Iglesia o el Creyente individual tiene el mismo Poder que tuvo Jesús, que es el Espíritu Santo. Jesús tenía el Poder del Espíritu Santo sin medida. Estamos limitados por nuestro propio libre albedrío y fe en esta área. Sin embargo, la fuente del Poder sigue siendo la misma. Es el Espíritu Santo que vino sobre Jesús después de su bautismo y el mismo Espíritu Santo cayó en Pentecostés en Hechos 2:1-4,

> *"Cuando llegó el día de Pentecostés, estaban todos unánimes juntos. Y de repente vino del cielo un estruendo como de un viento recio que soplaba, el cual llenó toda la casa donde estaban sentados; y se les aparecieron lenguas repartidas, como de fuego, asentándose sobre cada uno de ellos. Y fueron todos llenos del Espíritu Santo, y comenzaron a hablar en otras lenguas, según el Espíritu les daba que hablasen".*

Una vez que estos creyentes recibieron la promesa de la que Jesús les habló mientras esperaban el cenáculo, entonces tuvieron poder Hechos 1:8 dice, *"pero recibiréis poder, cuando haya venido sobre vosotros el Espíritu Santo, y me seréis testigos en Jerusalén, en toda Judea, en Samaria, y hasta lo último de la tierra"*. Jesús entregó a sus creyentes el Espíritu Santo. Esto es lo que les pasa a todos los cristianos en el Nuevo Nacimiento cuando creen en Jesús y nacen de nuevo. En Hechos, vemos varias veces que los Apóstoles sanaban a las personas y expulsaban demonios por el Poder de Dios. Jesús les dio poder sobre el enemigo y les dio poder para cumplir la Gran Comisión y hacer discípulos. Se nos ordena creer en Dios por los milagros y expulsar demonios según Marcos 16:15-18,

> *"Y les dijo: Id por todo el mundo y predicad el evangelio a toda criatura. El que creyere y fuere bautizado, será salvo; mas el que no creyere, será condenado. Y estas señales seguirán a los que creen: En mi nombre echarán fuera demonios; hablarán nuevas lenguas; tomarán en las manos serpientes, y si bebieren cosa mortífera, no les hará daño; sobre los enfermos pondrán sus manos, y sanarán".*

Todas estas cosas son parte de la Gran Comisión, y se nos comisiona con el poder de ir y predicar a todo el mundo el Evangelio salvador de Jesucristo. La administración del enemigo no ha dejado de existir y es muy activa. El Poder de Dios sigue activo a través del Espíritu Santo en los templos de los creyentes. Dios usa los ángeles y las oraciones de los cristianos para mostrar su poder también. Los cristianos deben ir cara a cara y de pies a cabeza con el enemigo en esta Edad Oscura. El Espíritu Santo da poder a los Creyentes con Dones y Unción para manejar la magia satánica, maldiciones y demonios que tratan de atacar a los creyentes.

No intentes luchar contra las fuerzas demoníacas sin conocer tu autoridad en Cristo. No trato de asustarte o intimidarte. Vemos que el poder de Dios es demasiado poderoso para las fuerzas satánicas. Si no tienes o crees en el Poder de Dios dentro de ti, no tendrás éxito. Hechos 19 tiene una poderosa historia sobre una situación similar. Hechos 19:13-16,

"Pero algunos de los judíos, exorcistas ambulantes, intentaron invocar el nombre del Señor Jesús sobre los que tenían espíritus malos, diciendo: Os conjuro por Jesús, el que predica Pablo. Había siete hijos de un tal Esceva, judío, jefe de los sacerdotes, que hacían esto. Pero respondiendo el espíritu malo, dijo: A Jesús conozco, y sé quién es Pablo; pero vosotros, ¿quiénes sois? Y el hombre en quien estaba el espíritu malo, saltando sobre ellos y dominándolos, pudo más que ellos, de tal manera que huyeron de aquella casa desnudos y heridos".

En el versículo 13, dice: "Os conjuro por Jesús, el que predica Pablo". Esta es una relación indirecta. Este tipo de autoridad no funciona. No tenían una relación personal con Jesús. No estaban seguros de que esto funcionaría porque no tenían el Poder dentro de ellos o la Autoridad para hacerlo. El demonio dijo, "Jesús, lo sé, y Pablo, lo sé; pero ¿quién eres tú?"

A esto se le llamaría una pregunta retórica. Los demonios sabían la respuesta. Todos los involucrados sabían la respuesta. No eran nadie, y fueron tratados como nadie. Dice que los espíritus malignos los golpearon, y apenas salieron de allí, corriendo desnudos y heridos. El Diablo te pondrá en ridículo si intentas luchar contra él sin el poder de Cristo. Si eres un cristiano lleno del Espíritu, entonces tienes el Espíritu Santo, y estarás bien. Dios te cubre las espaldas, y las fuerzas de la oscuridad no te alcanzarán. ¡Los alcanzarás por el Poder de Dios, y ellos tendrán que huir! Siempre asegúrate de escuchar a Dios en el momento adecuado para expulsar a los demonios y cómo manejar cada situación porque todas son diferentes. Algunos demonios solo salen por medio del ayuno y la oración (Mateo 17:21).

El poder de Dios es real, y ha sido probado repetidamente en el Antiguo Testamento por las serpientes que se comen y las ofrendas que se queman. Dios no teme mostrar su poder, y cada vez que lo hace es una oportunidad para ministrar y mostrar su poder para que otros se arrepientan Hechos 19:17-20,

> "Y esto fue notorio a todos los que habitaban en Éfeso, así judíos como griegos; y tuvieron temor todos ellos, y era magnificado el nombre del Señor Jesús. Y muchos de los que habían creído venían, confesando y dando cuenta de sus hechos. Asimismo, muchos de los que habían practicado la magia trajeron los libros y los quemaron delante de todos; y hecha la cuenta de su precio, hallaron que era cincuenta mil piezas de plata. Así crecía y prevalecía poderosamente la palabra del Señor".

La gente que sirve al enemigo lo hace por muchas razones diferentes. Cuando el poder de Dios se manifiesta, expone la debilidad del Diablo y su reino. Mucha gente se arrepentirá como lo hizo esta gente. Quemaron todos sus libros y se arrepintieron.

En consecuencia, hay muchas religiones diferentes y cosas que el enemigo utiliza para hacer que le sirvas. Religiones falsas, cultos, brujería, tablas de Ouija, hechizos, cantos, lectores de palmas, y amuletos de buena suerte son todos dispositivos malignos que el enemigo utiliza para engañar a la gente. No debemos participar en ninguna de estas actividades demoníacas ni dar poder a ninguna baratija o artículo. Como el Señor usó pañuelos con Pablo, el mismo tipo de artículos pueden ser maldecidos con energía demoníaca. Es hora de arrepentirse si han participado en cualquier tipo de actividad demoníaca. Debes librar tu casa de cualquier objeto siniestro o maligno que hayas recogido o que te haya sido dado. Ora y haz un recorrido por tu casa. El Espíritu Santo le mostrará si tiene algún objeto que desapruebe que tenga. No cuestiones a Dios o el valor de la cosa que estás tirando. Quemaron sus libros de brujería, y el valor total del dinero era de 50 mil piezas de plata. Obedece a Dios y deshazte de ello. Puedes tirarla fuera de tu casa.

Las cosas que debes tirar incluyen literatura para otras religiones y escrituras de otras religiones como el mormonismo, libros demoníacos, y símbolos o baratijas. Las películas de terror o los libros que tienen historias satánicas deben ser tirados. Las cosas que involucran lo oculto o satánico deben ser tiradas. Estos artículos crean fortalezas en la casa y obstaculizan al Espíritu de Dios. Cualquier otra cosa que el Espíritu Santo te muestre que pueda guiarte a pecar o que sea pecaminosa también debe ser desechada. Los artículos que te roban la paz o que cuestionas deben ser desechados. Deberías tener paz total cuando caminas por tu casa. Jesús es el Príncipe de la Paz. Cuando termines, tira todas las cosas en el cubo de basura fuera de tu casa. Pídele a Dios que te perdone por tener estas cosas en tu casa e invita al Espíritu Santo a que entre en tu casa y descanse allí, trayendo la Paz.

Ahora oremos por la participación de cualquier actividad o implicación demoníaca que hayas hecho en tu vida. Si actualmente estás involucrado en algo que el Señor no aprobaría, entonces es tiempo de confesar estas cosas y arrepentirse. Tu lealtad está con Jesús y no con nadie ni con nada. Si has participado en actividades malignas como brujería, oraciones demoníacas vengativas, o cualquier cosa mencionada en este capítulo, etc., entonces has invitado a una fortaleza demoníaca a tu vida y has firmado un contrato que autoriza la posesión u opresión demoníaca para atormentarte. Debes arrepentirte y renunciar a cualquier vínculo con la actividad satánica. No importa si apenas participaste, o si eras un líder en la Iglesia de Satanás. Esto es serio, y tienes que volver a anunciar a Satanás. Oremos y permitamos que el poder incomparable de Dios rompa cualquier vínculo con Satanás que hayas hecho.

Haz esta oración en voz alta con fe y con todo tu corazón. "Padre Celestial, hoy te confieso mis pecados. Si he participado en algo desamónico o satánico, por favor perdóname. Renuncio a mi lealtad a cualquier actividad o artículos satánicos. Renuncio a la brujería y a la rebelión. Señor, suplico el poder de la sangre de Jesús para limpiarme. Creo en el PODER DE DIOS, y acepto Tu Amor y Poder en mi vida. Por favor, límpiame de todo el mal que he cometido. Siento haber usado ese poder, y no lo volveré a hacer. Ayúdame a servirte. Rompo el contrato de brujería que he firmado con el Diablo. Renuncio a ti, Satanás, y te ordeno que dejes mi vida en el nombre de Jesús. No te seguiré más. ¡Cállate y vete! Dios Tú eres el Todopoderoso, y nadie es más poderoso que Tú. Límpiame, Señor, y permite que tu amor fluya a través de mí. Ayúdame a ser un testigo para los demás. Te hago Señor de mi vida. ¡Soy tu siervo y tú eres mi amo! En el nombre de Jesús, te lo ruego. Amén".

Ahora que nos hemos arrepentido de las obras de las tinieblas y hemos abrazado el verdadero poder de Dios, estamos listos para usar este poder contra el enemigo. Dios quiere que caminemos humildemente con Él. La vida cristiana tiene obstáculos, ¡pero nada es demasiado difícil para Dios! Has limpiado otra habitación para que Dios habite. ¡Te estás llenando del Espíritu Santo!

CAPÍTULO 12

La Vida Abundante

"El ladrón no viene sino para hurtar y matar y destruir; yo he venido para que tengan vida, y para que la tengan en abundancia". Juan 10:10

Jesús nos dice que vino a darnos una vida abundante y desbordante. Jesús quiere que tengamos una vida que sea desbordante con el Espíritu. Tal vez pensaste que todos los cristianos deben ir por ahí en bancarrota, locos y enfermos. ¡No! Jesús nos dijo que el plan del enemigo es matarnos, robarnos y destruirnos. Jesús quiere bendecirnos y liberarnos. Ahora todos los frutos del Espíritu son sobrenaturales; Gálatas 5:22-23 dice, "*Mas el fruto del Espíritu es amor, gozo, paz, paciencia, benignidad, bondad, fe, mansedumbre, templanza; contra tales cosas no hay ley*". Jesús vino a darnos una vida abundante y desbordante. La Vida Abundante es una promesa sobrenatural a la que se refiere aquí. La felicidad (la versión del mundo de la alegría) es algo por lo que tienes que pagar para conseguirla. Las personas pueden tener todo en el mundo y serán felices por solo 5 minutos. Siempre quieren más. Nunca tienen la alegría que los satisface y les da satisfacción. La alegría es gratis, y puedes estar totalmente quebrado y tenerla desbordante en tu vida. Jesús dijo que de tu vientre fluirán ríos de agua viva según Juan 7:38, "*El que cree en mí, como dice la Escritura, de su interior correrán ríos de agua viva*". La alegría viene de obedecer al Señor y probar los frutos del Espíritu.

Tenemos un poderoso río dentro de nosotros que quiere desbordarse. Este río es el Espíritu de Dios. Cuando nos sometemos y seguimos a Dios, ¡el Espíritu de Dios dentro de nosotros empieza a reventar como una botella de Coca-Cola de 2 litros con varios Mentos caídos en ella! Puedes verlo en YouTube si no lo has visto. Es un explosivo desbordante y nada puede contenerlo. Cuando esto sucede, experimentamos cosas sobrenaturales que el mundo no puede comprender, y quedamos asombrados. Podemos estar borrachos en el Espíritu a las 9 am (Hechos 2) y aún así estar bien para conducir. Les digo que si no han experimentado esto, entonces se están perdiendo. Jesús quiere que nos divirtamos con las cosas sobrenaturales que nos provee, no con las cosas mundanas que traen resaca. Hay alegría en servir al Señor. Efesios 5:17-19 dice,

> *"Por tanto, no seáis insensatos, sino entendidos de cuál sea la voluntad del Señor. No os embriaguéis con vino, en lo cual hay disolución; antes bien sed llenos del Espíritu, hablando entre vosotros con salmos, con himnos y cánticos espirituales, cantando y alabando al Señor en vuestros corazones".*

Por lo tanto, no te emborraches, lo que lleva al pecado, sino que te llenes del Espíritu. Habla del Señor y canta canciones al Señor. Esto te trae alegría en lugar de solo una felicidad temporal. Dios pondrá una canción en tu corazón que te sacará de cualquier desesperación.

Entonces, ¿cómo te llenas del Espíritu? Esa es una buena pregunta. Te daré algunas formas de ser lleno del Espíritu. Estar lleno significa que primero, necesitamos vaciar algo. Si queremos estar completamente llenos de Dios, entonces necesitamos vaciar todas las cosas mundanas de nuestro templo primero. Entonces podremos estar completamente llenos de Dios. Por eso, si tienes pecado en tu vida, entonces debes arrepentirte y confesar este pecado. Tienes que empezar a caminar con el Señor y pasar tiempo con Él. El Espíritu Santo dentro de nosotros necesita conectarse con Dios para abastecerse y desbordarse. Así que, puedes hacerte una idea, diré que somos la botella de coca de 2 litros, y Jesús es el Mentos. Tenemos que ir a Jesús para que pueda dejar caer ese dulce, dulce Mentos en nosotros para que podamos explotar con el amor sobrenatural, la alegría, la paz, la paciencia, la bondad, la gentileza, la mansedumbre y el autocontrol. Si estamos llenos de ofensa y amargura regularmente y tratamos de llenarnos del Espíritu, entonces nos estamos engañando a nosotros mismos, y nuestras oraciones no pasan del techo Mateo 5:23-24,

> *"Por tanto, si traes tu ofrenda al altar, y allí te acuerdas de que tu hermano tiene algo contra ti, deja allí tu ofrenda delante del altar, y anda, reconcíliate primero con tu hermano, y entonces ven y presenta tu ofrenda".*

Dios quiere que tengas paz con tu hermano en tu corazón y en el de ellos, si es posible. Sé el primero en perdonar. Libérate de la trampa del enemigo. No dejes que esa falta de perdón se arraigue porque afectará tu vida de oración.

Dios quiere que seas puro en tu corazón y en tu mente para que puedas estar lleno del Espíritu Santo diariamente. Esta no es una actividad de una vez a la semana como la Iglesia. Danos hoy el pan de cada día, no semanal o mensual, o solo el pan de las vacaciones. Necesitamos estar en el lugar donde Dios es nuestro Pan del que dependemos para nuestro sustento. Si usas otras cosas para satisfacerte, estás lleno de ellas, y te dejarán sintiéndote vacío y necesitando más. Jesús dijo que de tu vientre fluirán ríos de agua viva. Este refrescante río hace que todo florezca. Se necesita obediencia para tener un paseo cercano con el Señor, ¡pero puedo testificar que es INCREÍBLE! Conozco a muchos cristianos, pero no tienen un paseo sobrenatural cercano con el Señor. Hacen cosas religiosas, pero no tienen una reacción de Mentos. Esto se debe a que están llenos de sí mismos y de otras cosas mundanas malignas. Debemos buscar dentro de nosotros mismos y hacer que el Espíritu Santo haga brillar la luz en cada área que necesite ser limpiada y entregada a Dios.

Ahora cuando tu vida está en el punto en el Señor, puedes empezar a tener experiencias sobrenaturales realmente únicas. La gente verá el fruto del Espíritu en tu vida y querrá dejar esos estúpidos y pecaminosos hábitos que los agobian y oprimen. La libertad en Cristo es solo el comienzo de la alegría. Por lo tanto, cuando quieras tener un desbordamiento en el Espíritu, deberías hacer varias cosas como un cambio de estilo de vida. Los cinco grandes para mí son: leer la Palabra de Dios, los devocionales diarios, la oración, la adoración y el ministerio. Estas cinco cosas son vitales para vivir una vida abundante y estar lleno del Espíritu. Dios nos habla como un GPS, y tenemos que aprender a empezar a tomar instrucciones giro a giro.

Debemos lavar nuestras mentes diariamente con la Palabra de Dios para renovar nuestras mentes. Espero que Dios me muestre lo que necesito hacer ese día para Él también. Digamos que ese día leo un pasaje de las Escrituras sobre el perdón. Entonces estoy buscando la oportunidad de mostrar la gracia a alguien y perdonarle por algo que me va a hacer a mí. Si el pasaje trata sobre el servicio, le preguntaré al Señor a quién quiere que sirva ese día. Dios no quiere que leamos la Palabra de Dios, y que sea una experiencia al azar. Él tiene el control y nos mostrará lo que quiere que leamos, y las Palabras se levantarán de la página y nos abofetearán en la cara de una buena manera. Esto se llama una

Palabra Rhema de Dios. Empezarás a leer la Palabra Logos de Dios (forma escrita), y la Palabra Rhema (Palabra hablada del Espíritu de Dios) te hablará literalmente. Dios te dará una Palabra Instantánea en ese momento de Su Palabra Escrita.

Tengo varios devocionales diarios que compré y que son de actualidad. Tengo un devocional diario con 365 temas. Me dirijo a la fecha del día, y tiene Escrituras y un tema para aplicar a mi día. El Señor seguramente me guiará y me advertirá de lo que debo buscar al mismo tiempo. La Palabra de Dios del Logos también se convertirá en una Palabra de Dios Rhema al leerla en un devocional. Lo mismo ocurre cuando escuchas a un pastor predicando o a alguien hablando de ciertas escrituras. Estas son confirmaciones del Espíritu Santo que te guían en tu vida. Dios está vivo, y nos habla diariamente. Dios quiere hablarnos íntimamente todos los días, y la Palabra Rhema de Dios es una forma magnífica de hacerlo.

Empezarás a ver la Mano del Señor en la lectura diaria de su Palabra y devocionales, y te traerá alegría saber que a Dios le importa lo suficiente como para hablarte. El Creador de este Universo quiere sentarse a tu lado y abrirte Su Palabra. Es asombroso. Prepárate para que el Espíritu Santo ilumine la Palabra y traiga Alegría a tu vida. Juan 8:31-32 dice, "*Dijo entonces Jesús a los judíos que habían creído en él: Si vosotros permaneciereis en mi palabra, seréis verdaderamente mis discípulos; y conoceréis la verdad, y la verdad os hará libres*". Tienes que permanecer en Su Palabra para poder ser un discípulo de Jesús. Si eres un verdadero discípulo que permanece en la Palabra y la obedece, conocerás la Verdad, y cuando la apliques, te hará libre. La libertad trae alegría. Pregúntale a alguien que sale de la cárcel si se siente peor siendo libre.

La oración puede ser percibida como muchas cosas diferentes en la Biblia, pero en última instancia es hablar con Dios. La oración es la forma en que Jesús dijo que deberíamos honrar a Dios según Mateo 6:8-14,

"No os hagáis, pues, semejantes a ellos; porque vuestro Padre sabe de qué cosas tenéis necesidad, antes que vosotros le pidáis. Vosotros, pues, oraréis así: Padre nuestro que estás en los cielos, santificado sea tu nombre. Venga tu reino. Hágase tu voluntad, como en el cielo, así también en la tierra. El pan nuestro de cada día, dánoslo hoy. Y perdónanos nuestras deudas, como también nosotros perdonamos a nuestros deudores. Y no nos metas en tentación, mas líbranos del mal; porque tuyo es el reino, y el poder, y la gloria, por todos los siglos. Amén.

Porque si perdonáis a los hombres sus ofensas, os perdonará también a vosotros vuestro Padre celestial".

Las necesidades de oración son algo que Dios ya sabe que necesitas antes de pedírselo. Dios ya sabe lo que vas a orar. Por lo tanto, Jesús dijo que cuando ores, no solo vayas directo a lo que quieres, sino que primero honres a Dios diciendo: "¡Que tu nombre sea glorificado!" La oración debe comenzar contigo, alabando a Dios y diciéndole cuán asombroso es que Él esté pidiendo que venga Su Reino y que se haga Su Voluntad. Si oras de acuerdo a la Voluntad de Dios, Él te escucha, y tendrás la petición por la que has orado respondida. Cuando oramos para que el Reino de Dios venga a nuestras vidas, entonces queremos que el orden y el Poder fluyan. El orden viene de obedecer a Dios en el Cielo y someterse a Él. Entonces su poder desde lo alto para enriquecer nuestras vidas será evidente y activo. Tenemos que pedirle que nos dé nuestro pan sobrenatural para el día. En este momento estamos en modo de recepción. Estamos siendo llenos del Espíritu porque estamos levantando el nombre de Jesús y alabándolo.

La Biblia dice que debemos pedirle a Dios que nos perdone nuestros pecados "COMO" perdonamos a otros. Jesús quiere que nos reconciliemos con los demás y vivamos en paz y armonía sin disputas ni conflictos con amargura. Tu boca te delatará. Si tienes algo malo en tu corazón a lo largo del día, escucha lo que dices y la forma en que lo dices, Efesios 4:29 dice, "*Ninguna palabra corrompida salga de vuestra boca, sino la que sea buena para la necesaria edificación, a fin de dar gracia a los oyentes*". Dios no puede llenarnos y dejar que su amor perdonador fluya a través de nosotros si no perdonamos a los demás. Nos aferramos a esa falta de perdón como un malvado perro zombi con un hueso y estamos llenos de odio. No podemos estar llenos de odio y amor al mismo tiempo.

Debes elegir; 1 Juan 4:21 dice, "*Y nosotros tenemos este mandamiento de él: El que ama a Dios, ame también a su hermano*". Deberíamos orar para no caer en la tentación y ser liberados de Satanás. Terminamos con la alabanza a Dios de nuevo. La oración es una forma de pensar victoriosa. Alabar a Dios al principio y al final. Dios no es malo y no nos dará una serpiente (Lucas 11:11). Ora y pide lo que necesites, y no esperes cosas malas de Dios. Espera cosas buenas y ten fe en Dios. Ora y pide por fe porque sin fe es imposible complacer a Dios en cualquier nivel.

Orar también es escuchar a Dios. Cuando oramos, debemos darle a Dios nuestras preocupaciones y dudas, junto con nuestros miedos. Debemos pedir perdón y recibirlo. Cuando se trata de no perdonar, la oración es como sacar la basura. El Diablo quiere que nos ofendamos y formemos un Contrato de Ira. Debemos deshacernos de esa basura. Dios se la llevará si permitimos que Él se la lleve. Cuando estás sacando la basura es mejor hacerlo justo antes de que venga el basurero para no tener que lidiar con el hedor de dejar que esa basura se quede por ahí. Cuando no oramos de inmediato para deshacernos de esa ofensa, el enemigo nos arrojará todos sus podridos planes al oído hasta que saquemos la basura. Menos mal que Dios no viene una o dos veces a la semana a sacar la basura. Aparece para sacar la basura inmediatamente mientras oramos. ¡Desearía que el tipo de la basura normal pudiera venir así para sacar la basura!

Cuando terminamos de hablar con Dios y de sacar lo que hay en nuestros corazones a la luz, entonces es hora de dejar que Dios nos hable. Como en cualquier relación, una persona habla y la otra escucha. Si quieres conocer más a Dios y tener un entendimiento sobrenatural y los frutos del Espíritu en tu vida, entonces todo comienza aquí. Escuchar a Dios. Empieza con un minuto y escucha a Dios. Cuando empecé a hacer esto, recuerdo haber oído una voz que me decía que ordenara pizza por un minuto entero. Tuve que afinar mis oídos para filtrar mi voz carnal. Oh, y cuando empieces a hacer esto, el enemigo se pondrá furioso.

El enemigo te distraerá con el sonido de tu teléfono (debe estar en silencio, para que no te distraigas, ¡error de novato!) con alguien llamando a la puerta o con cualquier cosa que le hayas permitido usar. Debemos prepararnos para buscar al Señor y asegurarnos de que hemos tomado las medidas adecuadas para tener un avance con Dios. Si tienes un perro que necesita ser alimentado o paseado, no ores primero. El perro ladrará y gruñirá, tratando de salir o ser alimentado, y tus oraciones se verán entorpecidas. Planea tu tiempo con el Señor. Si estás casado, ve y dile a tu cónyuge que vas a orar, y todo lo demás debe esperar. El enemigo usará todo lo que le permitas, así que prepárate. Planear para minimizar las distracciones muestra a Dios que eres serio, y Él te recompensará por ello.

Escuchar a Dios puede ser algo difícil. Tenemos que afinar nuestros oídos para escuchar la voz de Dios. Puede que quiera darte una escritura específica para ese momento. Puede que te diga que quiere que ores por un amigo. Puede que quiera contarte algo que Él quiere que hagas en tu vida. Él hablará contigo personalmente. Discierne la voz del Señor y obedécela; 1 Samuel 3:1-10 dice que Samuel tuvo que aprender a escuchar a Dios,

> "El joven Samuel ministraba a Jehová en presencia de Elí; y la palabra de Jehová escaseaba en aquellos días; no había visión con frecuencia. Y aconteció un día, que estando Elí acostado en su aposento, cuando sus ojos comenzaban a oscurecerse de modo que no podía ver, Samuel estaba durmiendo en el templo de Jehová, donde estaba el arca de Dios; y antes que la lámpara de Dios fuese apagada, Jehová llamó a Samuel; y él respondió: Heme aquí. Y corriendo luego a Elí, dijo: Heme aquí; ¿para qué me llamaste? Y Elí le dijo: Yo no he llamado; vuelve y acuéstate. Y él se volvió y se acostó. Y Jehová volvió a llamar otra vez a Samuel. Y levantándose Samuel, vino a Elí y dijo: Heme aquí; ¿para qué me has llamado? Y él dijo: Hijo mío, yo no he llamado; vuelve y acuéstate. Y Samuel no había conocido aún a Jehová, ni la palabra de Jehová le había sido revelada. Jehová, pues, llamó la tercera vez a Samuel. Y él se levantó y vino a Elí, y dijo: Heme aquí; ¿para qué me has llamado? Entonces entendió Elí que Jehová llamaba al joven. Y dijo Elí a Samuel: Ve y acuéstate; y si te llamare, dirás: Habla, Jehová, porque tu siervo oye. Así se fue Samuel, y se acostó en su lugar. Y vino Jehová y se paró, y llamó como las otras veces: ¡Samuel, Samuel! Entonces Samuel dijo: Habla, porque tu siervo oye".

Samuel era un joven profeta de Dios, y no sabía que Dios le hablaba. Corrió hacia Eli tres veces diferentes. Sin embargo, Samuel pensó que era la voz de un amigo. Era Dios. A veces te equivocas, y eso está bien. Se necesita práctica para escuchar la voz de Dios. Sin embargo, Jesús dijo: "Mis ovejas conocen mi voz". Deberíamos tomarnos el tiempo como Samuel, acostarnos, y escuchar la voz de Dios sin importar cuánto tiempo tome. Ahora, muchas veces, he escuchado y no he oído nada. Sin embargo, el Señor me hablaba a través de Su Palabra y otras cosas. Por lo tanto, Dios no está en silencio, pero tal vez solo quería ver cuánto tiempo me quedaría quieta y concentrada para escuchar de Él. Estoy emocionado de que empieces a escuchar del Señor. Es increíble tener una relación cercana con Dios.

La adoración es otra forma de llenarse del Espíritu. Podemos entrar en la presencia de Dios en cualquier momento y adorarle permitiendo que nos llene hasta rebosar. Es sobrenatural, y hay que practicar como escuchar a Dios en la oración. Los cristianos en los servicios no confesionales levantan sus manos durante la adoración. Este es un signo externo de lo que está pasando dentro de su templo. Se rinden a Dios en sus corazones y se preparan para humillarse quitándose del trono. Están mostrando que se rinden y no van a dar pelea. Cuando finalmente llegas a este lugar en la adoración, puedes dejar fuera al resto de la gente en la habitación y concentrarte en Dios como lo haces en la oración. La adoración en una iglesia se encuentra llena de gente y de posibles distracciones. Por lo tanto, es más difícil entrar en el Lugar Santísimo en la adoración. Debes ser disciplinado, o las tres o cuatro canciones que cantan se acabarán, y nunca llegarás al Salón del Trono. Es mejor practicar en casa con una lista de canciones que te gusten.

La alabanza y la adoración es una excelente manera de acercarse al Señor. Mucha gente no practica ambas cosas a diario. La mayoría de los cristianos, si van a la iglesia, solo experimentan la Alabanza y la Adoración durante unos minutos antes de que empiece el servicio. Si llegan tarde por alguna razón, se pierden todo. La alabanza y la adoración están juntas en un servicio, pero no siempre se hacen ambas en el servicio. Mi padre siempre quiso llegar a tiempo a la Alabanza y la Adoración y nunca entendí por qué. Él dijo, "Si me pierdo la alabanza y la adoración, podría volver a casa". Hay otras partes del servicio, pero para él la alabanza y la adoración era muy importante. Después de ser salvado y tener una relación personal con el Señor empecé a querer participar en la Alabanza y la Adoración todo el tiempo.

La Alabanza y la Adoración son dos cosas diferentes que se perciben como una sola. Mucha gente va a la iglesia y escucha música durante unos minutos antes del servicio y siente que ha completado con éxito la Alabanza y la Adoración. Este no es el caso en absoluto. La Alabanza y la Adoración en la Biblia son dos cosas diferentes. No es algo que se pueda lograr en solo unos minutos antes de un servicio. La Alabanza y la Adoración es una poderosa e íntima experiencia sobrenatural. La Alabanza y la Adoración es un elemento importante para la Guerra Espiritual, para acercarse a Dios y recibir la revelación de Dios. Sin embargo, se llama Alabanza y Adoración. La alabanza debe conducir a la adoración, y debe ser profunda y significativa.

La alabanza se describe en la Biblia como el canto sobre el Señor. También es cantar alabanzas a Dios. Es declarar cosas sobre Dios a Él. Estás declarando tu fe y tus creencias sobre Dios en una canción. Estás testificando sobre la bondad de Dios. Esto te trae alegría al sacudirte del estado de ánimo negativo en el que estás y alejar tu mente de ti mismo. Podemos tener cosas sobrenaturales que se desprenden de nosotros durante la Alabanza, Isaías 61:3 dice,

> *"A ordenar que a los afligidos de Sion se les dé gloria en lugar de ceniza, óleo de gozo en lugar de luto, manto de alegría en lugar del espíritu angustiado; y serán llamados árboles de justicia, plantío de Jehová, para gloria suya".*

Cuando tenemos un espíritu de pesadez podemos ponernos el traje de alabanza. Cuando alabamos a Dios de forma sobrenatural, le permitimos que rompa el espíritu de pesadez de nosotros. 2 Corintios 3:17 dice, "*Porque el Señor es el Espíritu; y donde está el Espíritu del Señor, allí hay libertad*".

Cuando sientes la presencia del Señor, Él te trae la libertad. Él es poderoso, así que si el enemigo te ataca poniendo un espíritu de pesadez y maldad sobre ti, entonces el Espíritu Santo te lo quitará cuando se presente. La mayoría de la gente se enfriará, se sentirá excitada y tendrá paz. La presencia de Dios es poderosa y cuando estamos pasando por algo tenemos que alabar al Señor para obtener la victoria. Dios aparece cada vez y te liberará si confías en Él. Alabemos al Señor con todas nuestras fuerzas. ¡Permítele a Dios que te libere del ataque del enemigo! ¡No te contengas! ¡Denlo todo!

Antes de salir a la batalla en el Antiguo Testamento, enviaban primero a los cantantes desarmados a declarar la victoria alabando al Señor. La alabanza es la forma en que podemos prepararnos para la batalla en 2 Crónicas 20:22-23,

> *"Y cuando comenzaron a entonar cantos de alabanza, Jehová puso contra los hijos de Amón, de Moab y del monte de Seir, las emboscadas de ellos mismos que venían contra Judá, y se mataron los unos a los otros. Porque los hijos de Amón y Moab se levantaron contra los del monte de Seir para matarlos y destruirlos; y cuando hubieron acabado con los del monte de Seir, cada cual ayudó a la destrucción de su compañero".*

Estos cantantes declararon: "Alabado sea el Señor, porque su misericordia es eterna". Este es un testimonio sobre la Misericordia de Dios. Ellos habían visto la Misericordia de Dios y la apreciaban. Sabían que Dios los liberaría porque ya lo había hecho antes. Se animaron alabando a Dios y luego Dios respondió derrotando a su enemigo.

Alabar a Dios te lleva a una mentalidad victoriosa. Te ayuda a recordar los atributos de Dios y quién es Él. Debemos entrar en Su presencia con acción de gracias tal como dice en el Salmo 100:1-4,

> *"Cantad alegres a Dios, habitantes de toda la tierra. Servid a Jehová con alegría; Venid ante su presencia con regocijo. Reconoced que Jehová es Dios; Él nos hizo, y no nosotros a nosotros mismos; Pueblo suyo somos, y ovejas de su prado. Entrad por sus puertas con acción de gracias, por sus atrios con alabanza; Alabadle, bendecid su nombre".*

Esto activa tu fe y te ayuda a renovar tu mente. Te recuerda lo que Dios ha hecho por ti en el pasado. Esto hace que tu Espíritu se renueve y te llenes de Espíritu Santo y de fe. Cuando alabas a Dios, tu Espíritu está despierto y listo para servir al Señor. Estás encendido y en una misión para acercarte a Dios. Cuando cantamos sobre estar agradecidos a Dios por lo que ha hecho nos hace querer adorarle de una forma agradecida e íntima. Esto nos lleva a la adoración.

La adoración es cuando le cantas al Señor y eres capaz de mirar en sus ojos y buscar su rostro. Esta es una gran revelación, así que recuerda esto. La adoración es la puerta para recibir una revelación sobrenatural de Dios. La adoración es pasar tiempo íntimo con Dios y alcanzar el Salón del Trono del Cielo. La adoración es esencial para pasar tiempo con Dios. Jesús dijo que adoráramos en Juan 4:23-24,

> *"Mas la hora viene, y ahora es, cuando los verdaderos adoradores adorarán al Padre en espíritu y en verdad; porque también el Padre tales adoradores busca que le adoren. Dios es Espíritu; y los que le adoran, en espíritu y en verdad es necesario que adoren".*

La gente se pierde la Revelación Divina y la impartición porque no saben de la Adoración. Se pierden alabando mucho a Dios y siendo enérgicos, aplaudiendo y bailando, cosa que tiene su lugar. El Salmo 95:6 dice, "<u>Venid, adoremos y postrémonos; Arrodillémonos delante de Jehová nuestro Hacedor</u>".

El Espíritu Santo quiere hacer un trabajo en nuestras vidas, y esta es una forma significativa en que lo hace. Es como si nos operara y nos quitara las impurezas. La presencia del Señor es un fuego refinado según Malaquías 3:2, "<u>¿Y quién podrá soportar el tiempo de su venida? ¿o quién podrá estar en pie cuando él se manifieste? Porque él es como fuego purificador, y como jabón de lavadores</u>". El refinador tiene que calentar el metal para que el metal pueda desprenderse de las impurezas que estaban escondidas en el metal. Este proceso lleva tiempo, pero una vez que el metal cede sus impurezas, el refinador puede eliminarlas, y el metal es puro.

La adoración en hebreo se denomina "proskuneo", que significa adorar o acostarse postrado en la adoración. No solo debemos levantar las manos o arrodillarnos, sino también acostarnos postrados. Postrado significa acostarse estirado en el suelo con la cara hacia abajo. Este es el acto de adoración en el hebreo. Así que, cuando adoras al Señor o ves a alguien más adorar al Señor, Bíblicamente, puede significar levantar las manos, arrodillarse, inclinarse o acostarse sobre el vientre con los brazos extendidos y la cara en el suelo. Es una expresión de respeto y reverencia genuinos al Señor. Salmo 29:2, "<u>Dad a Jehová la gloria debida a su nombre; Adorad a Jehová en la hermosura de la santidad</u>". Cuando estamos en lo profundo de la adoración y buscando íntimamente al Señor encontramos la belleza en Su Santidad. Él quiere revelarse a nosotros y nos invita a acercarnos a Él. Cuando nos rendimos al Señor en la adoración vemos un lado del Señor que es hermoso e íntimo. Solo a través de la adoración podemos tener esta revelación especial. Me recuerda cómo Jesús se transfiguró ante los discípulos en Mateo 17:1-2 dice,

> "Seis días después, Jesús tomó a Pedro, a Jacobo y a Juan su hermano, y los llevó aparte a un monte alto; y se transfiguró delante de ellos, y resplandeció su rostro como el sol, y sus vestidos se hicieron blancos como la luz".

Dios siempre nos está revelando algo nuevo y nunca se aburre. ¡Él es increíble! La adoración nos mantiene con una mentalidad celestial según Isaías 26:3, "<u>Tú guardarás en completa paz a aquel cuyo pensamiento en ti persevera; porque en ti ha confiado</u>". Aprendemos a confiar en Dios mientras pasamos tiempo con Él. Tenemos que enfocar nuestra mente y mantenerla fija en Él para estar continuamente llenos del Espíritu. ¡Qué revelación! ¡Dios derramará su Espíritu si tú estás dispuesto! Nunca hay un ojo seco en la casa cuando realmente estás adorando al Señor. Cuando estás en Su presencia, sientes la libertad y el amor. La paz y la alegría siempre fluyen del Señor en la adoración. No obstante, tienes que romper con todas tus ideas preconcebidas y mentalidades pecaminosas para tener esta experiencia. Dios recompensa a aquellos que lo buscan diligentemente. No se trata de una religión específica; se trata de una relación bíblica personal cercana. Tenemos que ser genuinos cuando nos acercamos a Dios y ser honestos. Él quiere una relación abierta y honesta contigo.

Cuando adoras es un momento de enfoque e intimidad. La música de adoración es normalmente más lenta. Puedes calmarte del rápido ritmo de la música de alabanza y enfocarte en buscar el rostro de Dios. Cuando estoy adorando tengo los ojos cerrados y las manos levantadas. Cuando estoy en casa estoy cómodo y tumbado de espaldas con las manos en alto. El Señor quiere que estemos cómodos y que no nos corten el flujo de sangre a las piernas para que nos dé un hormigueo y no podamos caminar. Yo he estado allí y está bien. Haz lo que el Señor te lleve a hacer en la situación en la que estás. Cuando te pongas cómodo y bloquees todas las distracciones puedes concentrarte en el Señor. Eres trascendido a la presencia de Dios y es milagroso.

Una vez que te enfocas en Dios, Él te sacará de tu "mentalidad carnal" y te llevará a Su Presencia Directa. Una vez que estás en Su Presencia, el tiempo se detiene y te asombras a Él. Te animo a hacer todo lo que esté a tu alcance para alejarte de las distracciones y adorar al Señor íntimamente sin las restricciones del tiempo. Adorar en un servicio de la iglesia es impresionante, pero cuando crezcas en la madurez anhelarás la presencia de Dios y será una prioridad para ti. Es como si Superman recibiera luz solar directa para recargarse para la batalla. Nosotros como cristianos necesitamos esto como el oxígeno. Los reto a que conozcan al Señor en la belleza de Su Santidad. Un cristiano maduro entiende cómo ser un guerrero y un adorador. ¡Ahora que tienes este conocimiento depende de ti rendirte al llamado del Señor a la Adoración!

Mantener la música de adoración en nuestros vehículos y en nuestros hogares es vital. Deberíamos ser capaces de entrar en una habitación, aunque tengamos un mal día y escuchar música de adoración. Esto nos motivará a rendirnos al Espíritu y entrar directamente a la adoración. Esto nos dará la victoria sobre nuestra carne y el enemigo que intenta distraernos. No puedo decirte cuántas veces he sido tentado por el Diablo o en una batalla espiritual y luego entrar en mi habitación y escuchar música de adoración. Es una gran alegría poder entrar en una habitación y sentir la presencia del Señor porque me pone las cosas en perspectiva. Sé que, en ese momento, puedo ir al Señor y pedirle que levante todas estas cargas de mí y reciba su paz y victoria a través de su presencia. En cualquier momento, deberías ser capaz de detenerte y adorar al Señor y ganar la victoria sobre el enemigo cuando te ataca. Nuestra cordura se encuentra en Cristo Jesús. No tenemos que esperar hasta el domingo para estar llenos de Dios. Él está disponible en cualquier momento, y no es como el DMV que tiene una larga fila.

El ministerio es otra forma de ser llenos del Espíritu Santo, y ya hemos hablado de esto antes. Cuando estás ayudando a otros, Dios derramará su Espíritu sobre ti, y serás lleno mientras ministras a otros. Dios permite que te desbordes en el Espíritu y no solo que seas lleno. Es un privilegio trabajar para el Señor y ser usado para Su Reino. Los dones del Espíritu empiezan a fluir como Él quiere, y todo es posible. El ministerio no siempre es algo que te hará estar lleno de alegría constantemente. Al Diablo le gusta hacernos pasar un mal rato, debemos estar llenos del Espíritu antes de ministrar.

Una noche, recuerdo haber tenido un estudio de la Biblia y haber llevado a algunas parejas de la Iglesia a la casa. Después del estudio de la Biblia, realmente quería orar e irme a la cama. Estaba cansado de un largo día en el Colegio Bíblico y luego de trabajar un turno completo. Quería irme a la cama porque tenía el mismo horario al día siguiente. Alguien en el grupo que era nuevo en la fe quería que se le orara con aceite de unción. Sabía que no me sentía sobrecargado de fe porque estaba muy cansado. Les dije a todos que oraran en el Espíritu para que pudiéramos pedirle a Dios que se presentara. Tan pronto como recé por ella, se cayó. La unción de Dios cayó sobre mí como una nube espesa. Me sentí como si estuviera en la Armadura de Dios y me había puesto el casco y cerrado la placa del casco sobre mi cara. Perdí mi identidad. Dios ministró a todos los que estaban allí. Todos habían caído en el Espíritu o tenían un toque de Dios y los demonios fueron expulsados. Después, me sentí como un guerrero en el campo de batalla que había matado a todos los ejércitos y salió victorioso. Escuché una voz que decía, "Eres un Dios, Paul". Inmediatamente supe que el Diablo estaba tratando de tentarme a ceder al orgullo. Sentí el poder del Espíritu y el Diablo trató de pervertirme para que pensara que era mío.

No somos más que polvo. Dios ha puesto su tesoro en estas vestiduras de tierra, así que Él obtiene la gloria. La primera regla del ministerio es que nunca debes ministrar con tus propias fuerzas. Dios impidió que Gedeón usara un ejército entero porque quería la Gloria. Hizo que Gedeón redujera su ejército a solo 300 hombres contra un ejército enorme. Dios quiso que no hubiera ninguna confusión sobre quién estaba realmente luchando en la batalla. Dios obtuvo la Gloria, así que Gedeón no podía presumir de su fuerza. La vida abundante es una bendición, y es real. Oremos y pidamos a Dios que nos dé la Vida Abundante que promete.

Ora esta oración en voz alta. "Padre celestial, gracias por tu hijo Jesús, que prometió que yo podría llevar una vida abundante. Te agradezco por mi salvación. Te pido que me perdones mis pecados que me han impedido caminar cerca de Ti. ¡Quiero caminar contigo y experimentar la alegría! Señor, ayúdame a servirte en todo lo que hago. Ayúdame a caminar por la fe y a creer en Tu Palabra. Ayúdame a caminar sobre el agua y a creer en Tus milagros. Ayúdame a disfrutar de Tu presencia y a adorarte siempre. Señor por favor pon una canción en mi corazón y lléname de alegría mientras te alabo. Señor, necesito más de Ti. Espíritu Santo, por favor lléname. Acepto Tu derramamiento en mi vida. Ayúdame a caminar más cerca de Ti. Te hago Señor de mi vida. En el nombre de Jesús te pido. Amén".

CAPÍTULO 13

La Guerra Espiritual en la Práctica

"Respondiendo Jesús, les dijo: De cierto os digo, que, si tuviereis fe, y no dudareis, no solo haréis esto de la higuera, sino que si a este monte dijereis: Quítate y échate en el mar, será hecho". Mateo 21:21

Nunca te sientas mal por reprender al enemigo. Puede que sientas que algo le pasa a tu cuerpo, y no crees que sea demoníaco, así que no haces nada. Sin embargo, el enemigo seguirá oprimiéndote, ya sean pensamientos o un síntoma en tu cuerpo. Reacciona, y si es demoníaco, se detendrá. Toma la autoridad porque tu cuerpo también está sujeto a la Autoridad de Dios. Por lo tanto, se alineará. La fe, sin duda, es lo que el Señor quiere que tengamos. Creo que la duda es lógica. Si tienes fe pero sigues pensando lógicamente, entonces anularás cualquier fe que hayas tenido. Pedro miró hacia abajo y vio la lógica de lo que estaba pasando y cayó en la verdad lógica y las leyes que gobiernan este mundo. Por eso la Biblia dice que caminamos por la fe y no por la vista. La vista es uno de los cinco sentidos, y todos tus sentidos apuntarán a la lógica. ¡Piensa en ello! La fe siempre desafía la lógica. ¡Escoge la fe y mira cómo ocurren los milagros! Hay un famoso dicho que dice: "Puedes dudar y prescindir de ello". Este no es el plan de Dios para una vida abundante. Los Héroes de la Biblia tenían problemas de lógica, pero Dios les ayudó a pasar al reino súper natural de la fe. Hicieron lo imposible, y arrojaron montañas al mar después de creer y dejar de lado la lógica.

Voces

Estamos luchando contra un enemigo invisible. Tenemos voces en nuestras cabezas que a veces son difíciles de distinguir. Te animo a que practiques escribiendo en un diario los pensamientos que tienes a diario. Escribe qué voz crees que te está hablando. Podría ser el Diablo, podría ser Dios, o podría ser su carne. Ora sobre esto y pídele a Dios que te ayude a discernir las voces. Esto es muy práctico y te ayudará a averiguar quién te está hablando. En el Antiguo Testamento, Samuel tenía que quedarse quieto, concentrarse y escuchar la voz que le hablaba. No entendía que era el Señor quien le hablaba. Pensó que era la voz de alguien cercano a él. Por lo tanto, podemos ver que cuando el Señor nos habla, es en una voz amiga. Es una voz familiar que podemos entender. También es una voz que queremos escuchar y en la que queremos confiar.

Por eso, cuando escuchamos las voces en nuestra cabeza, podemos empezar a escucharlas, y a veces sabemos de inmediato qué voz nos está hablando. A veces no lo sabemos. En este caso, yo escribiría lo que esa voz te está diciendo y le preguntaría a un cristiano en el que confíes. Ellos pueden ayudarte a discernir qué voces te están hablando. Otra forma es ir y revisar la Biblia. Ver si esa frase está en la Biblia o si hay una voz o escritura similar en la Biblia que se asemeje a la declaración que se le habló. Es vital eliminar las voces que nos hablan porque es un mandato bíblico que somos responsables de hacer. La Biblia dice que se supone que debemos llevar cautivos los pensamientos que entran en nuestras mentes.

Es imperativo entender quién te está hablando. El Diablo quiere confundirte y desanimarte. Quiere que te rindas y que te entregues a la carne. No quiere que sirvas a Dios. Cuando el enemigo te habla y le escuchas, su malvada unción viene sobre ti. Te desanima y te hace sentir sucio e indigno. Cuando escuchamos lo que el Diablo nos dice, contamina nuestra mente hasta donde no podemos pensar. Nos confundimos, desorientamos y desanimamos. Al escuchar al enemigo, nos lleva más lejos hacia él, lejos de Dios. El enemigo quiere que lo adoremos y que hagamos lo que dice. La forma en que el enemigo te habla siempre te anima a pensar que hay algo malo. Te hace dudar y ser inestable. Cuando el Señor te habla, te da ánimo y confianza. Incluso el castigo del Señor trae paz.

Saber quién te habla es solo el comienzo de la guerra. Cuando empezamos a llevar la voz cautiva a la obediencia de Cristo, entonces tenemos una lucha en nuestras manos. El Diablo no quiere que le des ningún labio ni que luches en absoluto. El Diablo desafiará tu autoridad y tu identidad. Luchar contra el enemigo es una batalla diaria. El Diablo tratará de bombardear nuestras mentes. El Diablo tratará de hacerte sentir que te estás volviendo loco. Te confundirá, te desalentará y te abrumará con malos pensamientos. Tratará de hacerte creer que tienes adicciones, y te dirá que no hay salida. Te abrumará con pensamientos si no le reprendes a diario. A veces tienes que reprenderlo varias veces por hora. Si no estás reprendiendo al enemigo, entonces estás aceptando su doctrina y sus mentiras. Esto significa que poco a poco estás formando otro contrato con él. Luchar contra el enemigo, según la Biblia, es una tarea diaria. Tenemos la victoria si elegimos luchar la batalla. Muchos cristianos no pelearán la buena batalla de la fe porque se vuelven complacientes. Se sienten derrotados y abrumados. Tenemos que asegurarnos de que estamos siendo animados y llenos del Espíritu continuamente. Los días de ir a la Iglesia una vez a la semana han terminado. La verdadera caminata cristiana es una caminata diaria y una relación minuto a minuto en tiempo real con Jesucristo. No hay ningún retraso en nuestra relación con Jesucristo. Su conexión con nosotros es fuerte, y no hay restricciones en ella.

Reprender al enemigo es nuestra tarea como cristianos. No debemos dejar que el enemigo entre a través de nuestros muros o puertas de nuestra ciudad. Proverbios 25:28 dice, "*Como ciudad derribada y sin muro es el hombre cuyo espíritu no tiene rienda*". Debemos asegurarnos de que estamos cuidando los muros de nuestro templo a través de la sumisión a Dios y el poder del Espíritu Santo. El enemigo trata de pasar por nuestras mentes con pensamientos. Por eso hablamos de los pensamientos como una guerra espiritual práctica. Si dejas que el enemigo te diga lo que quiera y no lo reprendes, dejarás que se apodere de tu mente. Tienes que tener el control de tu mente. Si no, entonces eres como una ciudad que se ha derrumbado sin muros. Debes tener el control de tu templo, lo que incluye tu mente. Cuando tomas el control de tu mente a través del poder del Espíritu Santo, tendrás éxito en reprender al enemigo.

Satanás tratará de bajarte la guardia. Me recuerda al Guardián de Inglaterra que se sienta frente al Palacio Real. Satanás es como esa persona que sigue molestando a la Guardia, tratando de romper su concentración. Puedes ver a la gente en los videos tratando de hacer reír o sonreír a la Guardia. También tratan de hacer que la Guardia se estremezca o reaccione a lo que están haciendo. La Guardia no es civil, y se ha alistado en el Ejército Real. Él no debe actuar como un civil o dejar que los civiles interrumpan la misión en la que está. Es lo mismo para nosotros como cristianos. Estamos en el ejército del Señor, y nos ha puesto en una misión específica. No quiere que rompamos esa misión. Nos dice que no seamos como el mundo y que no hagamos lo que ellos hacen. No podemos permitir que el enemigo nos distraiga. Si nos comprometemos en el área más pequeña de nuestras vidas, entonces romperemos nuestra concentración de servir a Dios.

Si el Guardián está en un puesto, deben servir a ese puesto seriamente. No deben ser influenciados por los civiles que tratan de distraerlos. Se les puede descontar la paga si se les sorprende escabulléndose o riéndose. Al final pueden ser retirados de la Guardia si su infracción es lo suficientemente severa. La persona que trata de distraerlos está tratando de meterlos en problemas o despedirlos. Tal vez esta persona no es consciente de las consecuencias de sus acciones, pero lo hace de todos modos. El Diablo es estratégico en su plan para hacernos cometer un error mientras estamos de servicio. Si entendemos que ser soldado es un asunto serio y una vocación, es menos probable que nos distraigamos con la estratagema del enemigo o con las tentaciones. Sin embargo, somos humanos. "No podemos ser perfectos, ¿por qué ambos si el cristianismo exige perfección?" ¡No! ¡Estas son verdades a medias y deben ser discutidas por ti conociendo y usando la Palabra de Dios!

Tu relación con Jesús es seria. Eres un soldado en un ejército que está siendo asesinado y perseguido diariamente. El enemigo te odia y está tratando de que te comprometas para poder arruinar tu vida. Está continuamente tratando de distraerte y hacerte pecar. Todo lo que el Diablo necesita hacer es distraerte. Si puede hacer que mires cualquier pecado el tiempo suficiente y convencerte de que está bien comprometerse solo esta vez, entonces te tiene. El cristianismo no se trata de reglas y regulaciones. Se trata de una relación con Jesucristo. Esta relación es única, y Dios espera cosas de nosotros. Hay consecuencias cuando no nos mantenemos cerca del Señor. Dios permitirá que te distraigas con el enemigo. Cuando pecamos como el guardia, seremos castigados. Dios no nos castiga de la misma manera siempre que pecamos. Cuando pecamos, nos separamos de una relación cercana con Jesús. Sabemos que cuando elegimos pecar, estamos eligiendo alejarnos del Señor. Mientras más pecamos, más pasos damos para alejarnos del Señor.

La guerra espiritual práctica también está eliminando el pecado de nuestras vidas. No estoy tratando de decirte que no puedes volver a pecar. Siempre puedes pecar, pero siempre habrá consecuencias. Las consecuencias nunca son las mismas. Podrías acostarte con una persona, sentirte culpable, confesarte y arrepentirte ante Dios, y eso es todo lo que pasa. Podrías pecar durmiendo con alguien, y entonces te contagiarás de VIH. Podrías tener esta misma consecuencia la primera vez que lo haces o la segunda vez que lo haces. Nunca sabemos cuáles serán las consecuencias del pecado. No obstante, espiritualmente hablando, cada vez que pecamos, creamos un espacio entre Dios y nosotros. Permitimos que el pecado se interponga entre Dios y nosotros. Este pecado puede convertirse en un ídolo. Comenzamos a adorar al pecado en lugar de a Dios. Algo es un ídolo para ti si no puedes dejar de hacerlo o de pensar en ello. Pecar requiere compromiso. Tienes que pensar en ello, racionalizarlo y justificar que lo haces. Una vez que te comprometes a hacer el pecado, entonces resulta difícil no pecar. El Señor nos da una forma de salir del pecado durante la tentación. Una vez que nos decidimos a pecar, elegimos no tomar la salida que el Señor nos ha dado. Podemos escapar de la tentación. 1 Corintios 10:13 dice,

> *"No os ha sobrevenido ninguna tentación que no sea humana; pero fiel es Dios, que no os dejará ser tentados más de lo que podéis resistir, sino que dará también juntamente con la tentación la salida, para que podáis soportar".*

Una vez que eliminemos el pecado habitual de nuestras vidas, silenciaremos la voz del enemigo controlador. El enemigo ya no es capaz de controlarnos. Solo se le permite tentarnos a pecar y oprimirnos. La guerra espiritual práctica en este punto es mantener la mente en Jesús. Isaías 26:3 dice, "<u>Tú guardarás en completa paz a aquel cuyo pensamiento en ti persevera; porque en ti ha confiado</u>". Siempre debemos tener la mente de Cristo. Pablo dice que, si hay algo bueno, celestial o puro, piense en estas cosas. Nuestra mente debe estar enfocada en las cosas de Dios. Es bueno estar continuamente en una relación con Jesús para poder hablar con Él todo el día. Esto es lo que dice Pablo, cuando habla de orar siempre sin cesar. Eso significa simplemente estar orando a Dios al hablar con Dios todo el día. Significa tener una relación continua con Él y no solo orar una vez por la mañana o por la noche. Esas oraciones se convierten en solo pedir perdón. Si mantenemos una relación abierta con el Señor, Él está continuamente hablándonos y advirtiéndonos sobre el enemigo que intenta tentarnos, y podemos llevar estas tentaciones y pensamientos cautivos a Él en tiempo real. Les he hablado de la adoración y de ser llenos del Espíritu. Si estás lleno del Espíritu Santo, no cumplirás los deseos de la carne.

Cuando nos ponemos la Armadura de Dios, no es para que podamos estar a la defensiva todo el tiempo. La Espada del Espíritu es la Palabra de Dios, y es nuestra arma ofensiva. Quieres asegurarte de que estás citando las Escrituras al enemigo cada vez que te habla (Mateo 4:10). Si el Diablo te dice que vas a morir hoy, puedes reprenderlo citándole las Escrituras. Puedes decirle que ninguna arma formada contra ti prosperará (Isaías 54:17). El Diablo es un mentiroso, pero debes decirle que es un mentiroso. Tienes que decir en voz alta lo que crees por dentro. Necesitas usar la Palabra de Dios contra él. Él no te dejará en paz hasta que vea que vas en serio. La lucha es continua.

El Diablo debe ser confrontado con la Palabra de Dios y la fe; de lo contrario, se apoderará de tu mente y tu templo. Jesús nos ha dado autoridad sobre el enemigo. Marcos 16:15-17 dice,

> *"Y les dijo: Id por todo el mundo y predicad el evangelio a toda criatura. El que creyere y fuere bautizado, será salvo; mas el que no creyere, será condenado. Y estas señales seguirán a los que creen: En mi nombre echarán fuera demonios; hablarán nuevas lenguas".*

Jesús le dijo a sus discípulos que debían cumplir la Gran Comisión. Dijo que quienquiera que crea en mi nombre, expulsará demonios. Por lo tanto, esto significa que no solo los Apóstoles que predicaban el Evangelio tendrían estas habilidades, sino también los futuros creyentes. Eso significa para nosotros hoy en día que tenemos autoridad sobre el enemigo. Nuestro poder en Cristo es real, y la etapa inicial del enemigo que nos ataca comienza en nuestras mentes. Reprende al enemigo y ponlo en su lugar. Normalmente le digo a Satanás que se calle, que se vaya y que vuelva al infierno. Es esencial decirle al enemigo que se calle, para que deje de hablar. Dale una dirección y haz que se vaya. El Diablo es un maestro del engaño, por lo que no querrás que siga hablando porque te llevará por el mal camino.

Interpretación de la Biblia

Es crucial comprender cómo interpretar la Biblia. Si eres salvo, entonces tienes el mismo Espíritu Santo en ti que inspiró a los autores que la escribieron. El Espíritu Santo te guiará a la Verdad. Depende de nosotros escuchar al Espíritu Santo, que nos habla gentilmente y rendirnos a Su Voz. Para interpretar correctamente la Biblia, debes entender muchas reglas de interpretación importantes. Cuando se trata de entender una Escritura en la Biblia, hay que conocer la identidad del autor y la audiencia original de ese Libro en la Biblia. Una vez que lo averigües, debes identificar el mensaje original que el autor estaba transmitiendo a esa audiencia. Una vez que se obtiene el mensaje original, entonces se puede tratar de ver si es aplicable a nosotros hoy en día. La Escritura que buscas debe ser leída en su contexto para que puedas entender completamente el mensaje y el significado del autor. Debes darte cuenta de que el Libro de la Biblia que estás leyendo fue escrito como una carta que debía ser leída de una sola vez. Se puede entender más fácilmente leyendo todo el Libro o el capítulo. Esto te dará el tono o mensaje general del Libro o Capítulo. Entonces si quieres estudiar un pasaje de la Escritura en ese capítulo, no lo malinterpretarás tan fácilmente.

Veamos un famoso pasaje para ver cómo interpretarlo correctamente, Juan 3:16, "_Porque de tal manera amó Dios al mundo, que ha dado a su Hijo unigénito, para que todo aquel que en él cree, no se pierda, mas tenga vida eterna_". El autor original fue Juan, y se cree que lo escribió en Éfeso en el año 80 d.C. Lo escribió para una audiencia general, que incluye judíos y gentiles. Los gentiles son cualquier otro grupo de personas fuera de la raza judía. Si estabas leyendo el Libro de Mateo, el autor escribió a una audiencia judía, por lo que tiene muchas frases que no son fáciles de entender sin estudiar la cultura judía antigua. En el Libro de Juan, el mensaje de Juan 3:16 es para cualquier persona que lo lea. Esto se entiende cuando Juan dice: "para que todo aquel que en él cree". Por lo tanto, puede tomar ese mensaje de esta Escritura y aplicarlo a su vida actual. Es una invitación abierta para cualquier persona que escuche la noticia y crea que entonces puede ser salvado.

La Escritura comienza diciendo que Dios amó tanto al mundo (los humanos) que ha dado a su Hijo unigénito (Jesús) para que todo aquel (cualquiera) que en él cree (acepte y confíe) no se pierda (irá al infierno) mas tenga vida eterna (se salvará e irá al cielo). He puesto algunos ejemplos de interpretación correcta, pero sé que la Biblia interpreta la Biblia. Tienes que permitir que toda la Biblia hable y ayude a interpretar cualquier Escritura que estés leyendo. La Biblia no se contradice a sí misma, por lo que solo te ayuda a entenderla mejor si haces referencia a otras Escrituras similares al pasaje que estás estudiando. Por ejemplo, Romanos 5:8 hace referencia a la Escritura mencionada anteriormente, "_Mas Dios muestra su amor para con nosotros, en que siendo aún pecadores, Cristo murió por nosotros_". Las Escrituras ayudan a interpretar y entender las Escrituras. La mayoría de las Biblias de estudio tendrán una guía de referencia en el centro o al lado de cada página de la Biblia que muestra qué Escrituras se refieren unas a otras. Es una herramienta útil para entender la Biblia más claramente.

Si tienes una Biblia de estudio, entonces estarás muy por delante del cristiano promedio. Te da referencias de casi todas las Escrituras de la Biblia para ayudarte a entender fácilmente la Escritura que estás buscando interpretar. Te proporcionará la información de fondo del Libro mismo, incluyendo la identificación del autor, el fondo histórico, el mensaje y el propósito del Libro. También te dará mapas, glosarios, definiciones, y muchas otras herramientas emocionantes que te ayudarán a dividir correctamente la Palabra de Verdad. Si tienes una Biblia normal, entonces te animo a que la actualices inmediatamente. La Palabra de Dios es tu arma, así que tienes que asegurarte de que tienes el mejor arma disponible y afilarla diariamente. Como ves, leer la Palabra es genial, pero cuando la entiendes correctamente, la memorizas, y la aplicas en tu vida, entonces se convierte en la Espada del Espíritu. ¡Esta Arma será efectiva para derrotar al enemigo, y el Diablo le teme a cualquier cristiano que empuñe esta Espada!

Hay dos tipos de maneras de interpretar la Biblia, una es bíblica y la otra no. La primera es la Exégesis. Esta es la manera apropiada de estudiar la Biblia excavando o escarbando hasta el mensaje original y luego aplicándolo apropiadamente a nosotros hoy en día. El segundo método es la Eisegesis, y es cuando alguien ignora las reglas de la interpretación apropiada y trata de interpretar las Escrituras basándose en la lectura superficial de las mismas. Este tipo de interpretación lleva a una comprensión inadecuada del mensaje original, y el lector puede torcer la Palabra de Dios para que signifique lo que quiera.

Veamos en Mateo 7:1 acerca de juzgar a la gente, "*No juzguéis, para que no seáis juzgados*". Si ignoras todas las reglas de interpretación y tratas de encontrar un significado en la superficie, podrías encontrar algunos significados diferentes. Uno podría ser que no deberías juzgar a la gente. Otro sería que no juzgues a la gente, y Dios no te juzgará. Por lo tanto, si esto fuera exacto, podríamos evitar el juicio de Dios no juzgando a otras personas. Por lo tanto, podríamos ir al Cielo no juzgando a otras personas. Puedes obtener otro significado basado en tu percepción de las palabras de esa frase basada en tus experiencias de vida, visión del mundo y emociones.

Cuando leas esta Escritura en su contexto, podrás ver que la Biblia dice que debemos trabajar en nuestros propios problemas y arrepentirnos antes de tratar de juzgar a otras personas hipócritamente. Debemos juzgar el pecado, pero no a las personas, ese es el trabajo de Dios. Debemos juzgar la profecía, los espíritus, el pecado y otras cosas. El enemigo usará interpretaciones incorrectas para engañarnos y hacernos creer en doctrinas demoníacas. Esta mala interpretación podría promover que nunca juzguemos a nadie porque la Biblia dice que no juzguemos. Por lo tanto, esto le da a una persona el derecho de hacer lo que quiera. Si hablas o les dices que están equivocados, los juzgas, y aparentas ser el enemigo. La Palabra de Dios es poderosa, y su correcta interpretación es vital.

Se han formado nuevas teologías e innumerables religiones basadas en malas interpretaciones. No pueden ser refutadas porque el fundador está muerto, y los seguidores son creyentes empedernidos y no escucharán la Verdad Absoluta. Debes orar por la gente que es engañada y ayudarles a dividir la Palabra de Dios correctamente. La gente crece en ciertas religiones y puede tener lealtades generacionales. Lucharán contra la Verdad y contra cualquiera que predique la Verdad porque sienten que pueden estar amenazando la inteligencia o las tradiciones de su familia. Comienzan a defender las creencias de su familia sin tener en cuenta la Verdad. Algunas personas prefieren creer una mentira que traicionar a su familia. La verdad es más importante que los sistemas de creencias del pasado, sin importar quién los inició. La doctrina se basa en la interpretación de ciertas Escrituras. Las religiones practican la Doctrina. Debes averiguar qué Doctrinas practica y cree tu Iglesia. Sus Doctrinas pueden no ser Bíblicas, y eso afectará su teología y su caminar con Dios. La gente crea doctrinas basadas en medias verdades, así que debes tener mucho cuidado.

Estar en Buena Salud

Dormir es crucial para tener una victoria espiritual. Si estás trabajando con una hora de sueño al día, estarás muy irritable y te distraerás fácilmente con el enemigo. Al Diablo le encanta ponernos de mal humor, así que no nos centramos en luchar contra él o en pasar tiempo con Dios. Nunca debemos pasar demasiado tiempo sin dormir, demasiado tiempo sin comer, o demasiado tiempo sin orar. Todas estas cosas nos llevarán a querer pecar. Hay un comercial de Snickers donde una persona está llorando y actuando como un loco. Sus amigos le dijeron que se tomara una Snickers porque no actuaba como él mismo. Una vez que comió un bocado de Snickers, volvió a ser normal. Este comercial es gracioso porque una vez que tenemos hambre, nos ponemos irritables, y eso es todo en lo que podemos pensar es en comida. Nuestro cuerpo trata de decirnos que necesitamos alimento y sustento para funcionar correctamente. Dios quiere que comamos comida, así que tenemos que asegurarnos de que lo hacemos cuando lo necesitamos, y es comida saludable. Ahora, si el Señor te dice que ayunes, entonces estudia el ayuno y elige lo que quieres hacer. Cada ayuno es diferente, y debemos confiar en que el Señor nos muestre lo que debemos hacer.

Al servir al Señor, debemos asegurarnos de que estamos sobrios. La Biblia dice que seamos sobrios porque nuestro enemigo, el Diablo, viene como un león rugiente buscando a quien devorar. Ya es bastante difícil luchar contra el enemigo y lidiar con los problemas de este mundo cuando estás sobrio. Si no estás sobrio, entonces el enemigo tendrá una fiesta contigo. Si no estás sobrio, no quieres tener un paseo íntimo con el Señor. He hablado con personas que han estado borrachas o drogadas y dicen que tuvieron una experiencia increíble con el Señor. Sin embargo, una vez que están sobrios, se dan cuenta de que esta percepción es un engaño. Tener una relación íntima con el Señor requiere de sobriedad. En mi opinión, esto incluye la cafeína. Tomé cafeína durante años. Recuerdo que, al despertar, el café fue el primer pensamiento en mi mente. A veces me motivaba a salir de la cama. Se convirtió en un ídolo para mí. Recuerdo que tomaba cafeína y estaba en el culto dominical y me golpeaba contra una pared de ladrillos. Quería acercarme al Señor en la adoración, pero es como si los efectos de la cafeína me impidieran intimar con el Señor en un nivel más profundo. Es como si Dios pusiera un muro y no me dejara pasar hasta que estuviera sobrio. Me di cuenta de que necesitaba intimar más con el Señor, pero en un momento en el que era más vulnerable. El Señor quería que estuviera sobrio, y para mí, eso incluía la cafeína. Si el Señor revela algo como un posible ídolo, entonces es mejor no discutir con el Señor y simplemente descartarlo. Si no se descarta fácilmente, entonces es definitivamente un ídolo.

Aceite de la Unción

El aceite de la unción también es una herramienta poderosa que hay que tener. La Biblia dice que, si estás enfermo, debes ir a los ancianos y hacer que te unjan con aceite y la oración de fe salvará a los enfermos. Usar el aceite que es ungido puede ayudar a salvar tu fe. Yo uso el aceite de la unción para orar por la gente, mi casa, mis posesiones y por mí mismo. La unción en el Nuevo Testamento es transferible a los objetos también. Pablo tenía un pañuelo que era el Ungido, y Dios también usará el Aceite de la Unción. Es crucial ungirse a sí mismo y a los demás en la oración. Usar el Aceite de la Unción es bíblico, y el Espíritu Santo lo honra cuando lo usamos por fe.

El Aceite de la Unción se usa como punto de contacto para la fe. Es un símbolo del Espíritu Santo. El Aceite de la Unción se usaba en el Antiguo

Testamento como símbolo de Dios eligiendo a alguien para un propósito especial. En el Nuevo Testamento debemos usarlo como una bendición de la presencia de Dios en nuestras vidas. Marca a alguien o algo para estar listo para una visitación del Señor. Se necesita fe para usar el Aceite de la Unción y le agrada al Señor cuando tenemos fe en Él. Santiago 5 dice que debemos llamar a los ancianos para ser ungidos en Santiago 5:14-15, "*¿Está alguno enfermo entre vosotros? Llame a los ancianos de la iglesia, y oren por él, ungiéndole con aceite en el nombre del Señor. Y la oración de fe salvará al enfermo, y el Señor lo levantará; y si hubiere cometido pecados, le serán perdonados*". Una vez que ungimos a alguien o algo con el aceite de la unción, creemos en Dios para una visita de su reino y presencia.

En la oración debemos tomar autoridad sobre la enfermedad y las fuerzas demoníacas. Jesús maldijo la higuera y se secó y murió. Debemos hacer lo mismo con las enfermedades o los espíritus demoníacos. Debemos tener fe y hablar a las montañas en nuestras vidas. Dios nos ungirá cuando demos un paso de fe. Sé audaz, valiente y ten fe en el poder de Dios. Mateo 21:18-22 dice,

"Por la mañana, volviendo a la ciudad, tuvo hambre. Y viendo una higuera cerca del camino, vino a ella, y no halló nada en ella, sino hojas solamente; y le dijo: Nunca jamás nazca de ti fruto. Y luego se secó la higuera. Viendo esto los discípulos, decían maravillados: ¿Cómo es que se secó en seguida la higuera? Respondiendo Jesús, les dijo: De cierto os digo, que, si tuviereis fe, y no dudareis, no solo haréis esto de la higuera, sino que si a este monte dijereis: Quítate y échate en el mar, será hecho. Y todo lo que pidiereis en oración, creyendo, lo recibiréis".

Jesús maldijo la higuera y ésta respondió a sus palabras y a su autoridad. Jesús usó este ejemplo natural para mostrarnos una verdad espiritual. Cuando hablamos debemos maldecir a la enfermedad o al enemigo. Se secará y morirá si tienes fe. Jesús dijo que si crees recibirás. Hay que orar de acuerdo con la voluntad de Dios para recibirlo.

Jesús acaba de mostrarnos que es la voluntad de Dios que tengamos fe para tomar autoridad sobre el enemigo y sus asignaciones hacia nosotros. Lucas 10:19 dice, "He aquí os doy potestad de hollar serpientes y escorpiones, y sobre toda fuerza del enemigo, y nada os dañará". Nunca tengas miedo de actuar con fe y verte o sentirte raro. ¡Escucha la Palabra de Dios y el Espíritu Santo y obedécelos y Dios hará el resto! Es tu derecho como hijo de Dios tener autoridad sobre el enemigo. Usa tu autoridad y reprende los pensamientos, las enfermedades y cualquier ataque que el enemigo te envíe. ¡Sé valiente y mira al Señor mostrar su fuerza y eso construirá tu fe!

La Armadura de Dios

La Biblia declara que estamos en una batalla con un enemigo inteligente. Tenemos una misión, y necesitamos estar equipados para completarla. La batalla es una batalla espiritual, y tenemos que usar una armadura espiritual para luchar contra ella. La Biblia nos dice en Efesios 6:11 que nos pongamos toda la Armadura de Dios, *"Vestíos de toda la armadura de Dios, para que podáis estar firmes contra las asechanzas del diablo"*. No podemos ponernos unos pocos elementos de la Armadura y olvidarnos del resto. La Armadura está diseñada por Dios y debe ser estudiada cuidadosamente para su comprensión y aplicación. La Armadura de Dios es sobrenatural, y la necesitamos para luchar contra los planes del Diablo. Él es inteligente, y sabe cómo derrotarnos cuando no llevamos la Armadura.

La Armadura se explica en Efesios (NVI) 6:13-18,

"Por lo tanto, pónganse toda la armadura de Dios, para que cuando llegue el día malo puedan resistir hasta el fin con firmeza. Manténganse firmes, ceñidos con el cinturón de la verdad, protegidos por la coraza de justicia, y calzados con la disposición de proclamar el evangelio de la paz. Además de todo esto, tomen el escudo de la fe, con el cual pueden apagar todas las flechas encendidas del maligno. Tomen el casco de la salvación y la espada del Espíritu, que es la palabra de Dios. Oren en el Espíritu en todo momento, con peticiones y ruegos. Manténganse alerta y perseveren en oración por todos los santos".

Debemos llevar el Cinturón de la Verdad, que es creer en la Palabra de Dios. Debemos usar la Verdad de la Palabra de Dios para estabilizarnos. Un cinturón se utiliza para mantener nuestros pantalones ajustados mientras mantenemos la camisa metida. De esta forma, podemos estar activos y no preocuparnos de que nuestros pantalones se caigan y nos hagan tropezar. La verdad de Dios nos mantiene unidos y nos da confianza para que podamos hacer lo que Dios nos ha llamado a hacer. En los tiempos bíblicos usaban lo que se parecería a una bata o túnica con un cinturón suelto envuelto en ella para la mayoría de las ocasiones. Cuando iban a hacer algo físico, usaban el cinturón para atar su túnica o túnica. Lo llamaban "ceñir sus lomos", y normalmente, era para luchar. Es vital creer en toda la Palabra de Dios, así el Cinturón de la Verdad puede apoyarte en cualquier cosa que hagas por el Señor.

El Cinturón de la Verdad es una parte importante de la Armadura. La placa del pecho cubre sus órganos más vitales. La Justicia de Dios nos cubre cuando nos sometemos a Él y nos llenamos del Espíritu del Señor. Tener la conciencia limpia nos protege de los esquemas del Diablo. Caminamos con rectitud y con integridad. Y lo más importante, la Coraza de Dios nos protege de los ataques del enemigo de forma sobrenatural también. El Diablo tiene muchos planes, y por eso usamos la Armadura. La Coraza nos hace descansar en la obra terminada de Cristo en la cruz y nos ayuda a relajarnos y usarla como una armadura confiando en el Señor.

Los zapatos que llevamos para la Armadura son para ser usados para difundir el Evangelio de la Paz. No debemos ser rápidos para correr hacia el mal, sino seguir a Dios y ser guiados por su Palabra como una lámpara a nuestros pies y una luz a nuestro camino (Salmo 119:105). El soldado romano tenía púas en la suela de sus zapatos como si fuera una bota de fútbol. Esto les ayudó a cavar en la tierra para tener mejor tracción para resistir al enemigo. Debemos hacer todo esto para enfrentarnos al enemigo. Dios quiere equiparnos para que el enemigo no pueda derribarnos fácilmente. ¡Quiere que nos mantengamos victoriosamente equilibrados y que compartamos las Buenas Nuevas!

El Casco de la Salvación se usa para protegernos de las mentiras del enemigo. Tenemos que mantener nuestras mentes enfocadas en los beneficios de nuestra salvación. Tenemos que asegurarnos de luchar contra los pensamientos del enemigo, especialmente de acuerdo a la salvación. Debemos usar la mente de Cristo como nuestra forma de pensar. Debemos pensar como Jesús y usar el Espíritu Santo para guiarnos en todo lo que hacemos. Dios necesita estar en nuestras mentes, pensamientos y conciencia. Debemos dejar que use nuestras mentes para hablarnos, guiarnos y darnos poder para hacer su voluntad. Debemos saber siempre que nuestra salvación está segura, y que estamos protegidos por Jesús.

El Escudo de la Fe es un arma excelente. Debemos tener fe en Dios para protegernos de cualquier ataque del enemigo. Esto requiere confianza en Dios. Toda la Armadura debe ser usada en conjunto para tener una caminata exitosa con Dios y para pelear y conquistar al enemigo exitosamente. Los romanos tenían un escudo que usaban y que medía casi un metro de altura. El escudo podía ser clavado en el suelo y arrodillado para proteger al guerrero. El escudo estaba diseñado para ser unido con otros escudos para formar un muro de protección. Curiosamente, el escudo también se usaba para ayudar a los soldados heridos a salir de la batalla. El Escudo de la Fe ayuda a apagar las flechas o los ataques de los enemigos. Estos vienen en forma de pensamientos, como hemos aprendido en capítulos anteriores. También pueden ser palabras de otras personas o ataques demoníacos. Usemos el Escudo de la Fe con sabiduría, confiando plenamente en el Señor para protegernos.

La Espada del Espíritu es la Palabra de Dios. La Palabra de Dios es poderosa e inigualable. La Palabra nos da sabiduría en cada situación para ser más listos que el enemigo. La Palabra nos da fuerza sobrenatural cuando es creída o hablada. Podemos usar la Palabra para hablar contra el enemigo como lo hizo Jesús. Debemos usar la Palabra para luchar. Debemos memorizarla y estudiarla para usarla correctamente. Usemos la Palabra de Dios de la manera más poderosa posible. No debemos admirar cómo otras personas usan la Espada del Espíritu. Debemos personalizarla y usarla para nosotros mismos. Usar la Palabra de Dios para defenderse, atacar al enemigo y proteger a los demás.

La Armadura de Dios no puede ser usada sin la oración y la fe. La oración es la clave para abrir, ponerse y usar la Armadura. Debemos estar siempre en la oración porque la Armadura es de Dios, y está alimentada por la fe. Debemos estar siempre orando y dependiendo de Dios para usarnos y protegernos. Debemos usar la Armadura de Dios porque el Diablo no nos teme si no la usamos. La armadura debe ser puesta, y el casco no debe permitir que el enemigo vea tu cara. Solo debe ver la Armadura de Dios y saber que un cristiano la maneja por fe. No tendrá forma de penetrar la Armadura si se la pone y la usa correctamente. La Armadura es una representación de cómo el Señor y Su Palabra opera para protegernos contra el enemigo. La Armadura de Dios no está hecha por humanos sino por el Señor. La Armadura es Dios mismo y su ungida presencia poderosa. La Biblia dice que hay que vestirse de Jesús en Romanos 13:14, "<u>Más bien, revístanse ustedes del Señor Jesucristo, y no se preocupen por satisfacer los deseos de la naturaleza pecaminosa</u>".

Orando en el Espíritu

Orar en el Espíritu es algo que el Señor quiere que hagamos. El Espíritu Santo es un Espíritu, y hay un lenguaje celestial que la Biblia dice que no entendemos. Pablo dice que siempre que ora en lenguas o en el Espíritu, lo hace en un idioma que su mente no entiende, 1 Corintios 14:14-15 dice,

> *"Porque, si yo oro en lenguas, mi espíritu ora, pero mi entendimiento no se beneficia en nada. ¿Qué debo hacer entonces? Pues orar con el espíritu, pero también con el entendimiento; cantar con el espíritu, pero también con el entendimiento".*

Sin embargo, cuando oramos en este idioma, Dios entiende, y nos sentimos energizados por el Espíritu. Pablo dice que orará en el Espíritu y su mente será infructuosa pero también orará con entendimiento, lo cual es una oración regular. Pablo incluso dice que cantará en el Espíritu y cantará con palabras humanas. Cantar y orar en el Espíritu es algo que el Espíritu nos anima a hacer. Es algo poderoso e íntimo y es una experiencia asombrosa.

El Espíritu intercede por nosotros mientras nuestra mente está sin fruto o con un entendimiento deficiente, según Romanos 8:26, "<u>Y asimismo, también el Espíritu nos ayuda en nuestras debilidades; porque no sabemos cómo debiéramos orar pero el Espíritu mismo intercede con gemidos indecibles</u>". Sentimos el Espíritu brotando dentro de nosotros y queriendo explotar. Tenemos que permitir que el Espíritu Santo salga e interceda o se comunique con el Padre. Debemos dejar que el Espíritu Santo se comunique con Dios Padre, que es un Espíritu. Es como recibir una actualización en el teléfono o en el ordenador. Debes dejar que se realineen para que tu cortafuegos esté actualizado y activo.

Debes estudiar las Escrituras para entender completamente las cosas sobrenaturales que Dios quiere que hagas en tu vida. Los dones del Espíritu (1 Corintios 12:8-10) son todos sobrenaturales, al igual que los frutos del Espíritu (Gálatas 5:22-23). No podemos entender completamente estas cosas con nuestras mentes naturales, pero eso no significa que no sean reales y poderosas. El enemigo no quiere que ni siquiera hablemos de los Dones sobrenaturales que el Espíritu Santo tiene para nosotros. No obstante, debemos dividir correctamente la Palabra de Verdad y pedir todo lo que Dios quiere que tengamos. Tengan fe y permitan que su inteligencia, carne y creencias religiosas se ofendan por su falta de entendimiento o la falta de control del Espíritu Santo moviéndose en la forma en que Él quiere moverse. ¡No pongas a Dios en una caja! Si dudas, entonces no recibirás nada de Dios. ¡La fe es la clave para recibir en el Reino de Dios!

Por la fe, creíste que Jesucristo es el Hijo de Dios y que necesitabas el perdón. La Biblia te dijo esto, y por eso lo creíste, ¿verdad? Decidiste actuar por fe, y entonces recibiste la salvación. Esto no es diferente de los Dones del Espíritu. La Biblia dice que son reales, y que Dios quiere que los tengas. Debes recibirlos por fe, así como has aceptado a Jesús como tu Salvador. Sentiste que Dios te perdonaba tus pecados cuando orabas. Solo pídele a Dios que te dé los dones del Espíritu. Cuando leas la Palabra, los entenderás mejor y podrás orar para recibirlos. Debes orar en el Espíritu diariamente hasta que recibas la confirmación y la paz.

No necesariamente soltarán lenguas porque Dios no se moverá sobre ti sin tu permiso. Dios usa lo que tú le permitas usar. Si le permites moverte y usar tu boca para hablar en lenguas, entonces lo hará. No hará nada a menos que le permitas hacerlo. El Espíritu dentro de ti se desbordará de tu vientre y se filtrará por tu boca. Será explosivo, pero tú controlarás el ritmo. Permite que Dios actúe y ten fe. El Espíritu no forzará este proceso. Practica esto cuando estés solo. Permita que el Espíritu se mueva a través de ti aunque sean solo unas pocas sílabas a la vez. El Espíritu se apoderará de tu boca y fluirá más rápido y con más poder. Esto es como una oración normal. Tenemos que empezar con unas pocas palabras y luego Dios nos lleva a orar por los demás, por nosotros mismos y por Su Voluntad. El Espíritu te guía tanto si oras con palabras como en el Espíritu.

Deberíamos desear tener un caminar más profundo con Dios y querer apasionadamente las cosas del Espíritu como dice 1 Corintios 12:14, "*Pues el cuerpo no consiste de un solo miembro, sino de muchos*". Usar los dones del Espíritu requiere fe y paciencia. Es como tener un nuevo Smartphone, y tienes que resolverlo y no solo ponerlo en tu bolsillo. Querrás explorar el teléfono, ver de lo que es capaz y usar las aplicaciones. Debemos estar dispuestos a confiar en Dios para que nos muestre cómo usarlas. Estudiar la Palabra y tener como mentor a un creyente maduro lleno del Espíritu es muy útil.

La Biblia dice que debemos avivar en llamas el Don de Dios dentro de nosotros. Tenemos que avivar el Don de Dios dentro de nosotros, que es el Espíritu Santo, orando en el Espíritu según 2 Timoteo 1:6 LBLA, "Por lo cual te recuerdo que avives el *fuego del* don de Dios que hay en ti por la imposición de mis manos". Avivar el fuego significa forzar el oxígeno a las brasas en un incendio donde el fuego no es visible. Otra versión dice que para incitar el don de Dios dentro de nosotros. También se refiere a agitar las brasas hasta que el fuego se inicie visiblemente. El Espíritu siempre está dispuesto a ser encendido para hacernos arder por Dios. Debemos orar en el Espíritu para obtener la motivación, el poder y el estímulo. Esto nos ayudará a luchar contra nuestra carne, el enemigo, y a servir a Dios con el poder del Espíritu Santo que habita en nosotros.

Suplicando la Sangre de Jesús

La oración es una herramienta poderosa, y algo que se supone que debemos hacer con frecuencia. La Sangre de Jesús es extremadamente poderosa, como el Nombre de Jesús. La Sangre de Jesús hace que el enemigo se asuste. Debemos tener una comprensión firme de por qué la Sangre de Jesús es esencial. María, la madre de Jesús, fue impregnada por el Espíritu Santo. El Padre suministró el material para impregnar a María. Esto hizo al bebé y a la sangre de Jesús extremadamente especiales. Somos lavados y limpiados por la Sangre de Jesús. Apocalipsis 1:5 dice, "*y de Jesucristo, el testigo fiel, el primogénito de los muertos y el soberano de los reyes de la tierra. Al que nos ama y nos libertó de nuestros pecados con su sangre*". Su Sangre redime a todos los que la piden y tiene el Poder de salvar.

La Sangre de Jesús es la más poderosa y preciosa sustancia del Universo. El Poder de Dios reside en la Sangre. La Sangre de Jesús nos da autoridad por lo que Jesús hizo en la cruz. Él derramó su sangre siete veces en la tierra como lo hizo el Sumo Sacerdote en el Antiguo Testamento en el Monte de la Misericordia. Accedemos a todos los beneficios de Dios cuando oramos y suplicamos la preciosa Sangre de Jesús. Solo di, "Padre Celestial, yo suplico la Sangre de Jesús ahora mismo sobre mi vida, acepto todos los beneficios de la Sangre de Jesús que fue derramada por mí". Dios derramará sus bendiciones espirituales sobre ti cuando hagas esto con fe. Para un libro completo sobre este tema, recomiendo "The Power of the Blood" de H. A. Maxwell Whyte. Busca todas las Escrituras que puedas encontrar sobre la Sangre de Jesús y Su Poder también. ¡Dios es asombroso!

Expulsando a los Demonios

Expulsar demonios es parte de la guerra espiritual como cristiano. A medida que los días se vuelven más malos, habrá más manifestaciones de maldad. Tratar con alguien que está poseído por un espíritu maligno no es algo que ocurra todos los días. Cuando estás caminando en el Espíritu y cerca de Dios entonces tienes la Unción de Dios en tu vida. El Espíritu Santo está en ti de una manera especial y hace que el enemigo se vuelva loco. La gente que sirve al enemigo camina con espíritus demoníacos. Estos espíritus demoníacos usarán a esa persona para atacarte de muchas maneras diferentes. Serás perseguido por ellos e incluso a veces no sabrán por qué lo hacen. Cualquiera puede ser oprimido por el enemigo hasta el punto de la posesión. Si eres un cristiano o un no creyente puedes escuchar al enemigo y seguirlo durante una temporada. Si te entregas completamente al pecado, entonces puedes invitar a los espíritus a tu vida. Cuando tú u otra persona ha estado haciendo ciertas actividades puede ser oprimida o poseída por un demonio.

La opresión es cuando un demonio o varios demonios tratan de hacerte pecar y continuamente te oprimen o afligen. Pueden oprimirte poniendo pensamientos locos en tu cabeza durante días o semanas a la vez para intentar que te deprimas o tengas ansiedad, por ejemplo. Esta opresión se intensifica si no haces nada al respecto. Estos espíritus demoníacos intentarán dominarte y hacerte caer en la tentación o temerlos. La opresión viene en muchas formas. Puedes ser oprimido por continuas tentaciones y voces que no se detienen. Siento que he tenido temporadas en mi vida en las que anduve todo el día reprendiendo al enemigo. Estaba tan inmerso en la opresión que no podía sentir la presencia de Dios. El enemigo quiere hacerte pensar o sentir que Dios no es real o que te ha abandonado. Esto causa desesperanza y desesperación.

La opresión del enemigo durará mientras tú permitas que dure. Me recuerda a las chinches. Mi abuela los tenía de enfermeras que visitaban su casa para cuidarla. Contratamos una empresa y nos deshicimos de ellas a los pocos días de notarlas. La compañía salió y limpió todo. Pusieron fundas de colchón con cremalleras en el colchón y en el colchón de resortes para sofocar los insectos o huevos que quedaban. Quitaron los insectos arrancándolos de raíz y rociándolos directamente con un veneno. Salieron unas cuantas veces después de eso y encontraron uno o dos bichos cada vez hasta que todos fueron encontrados y asesinados.

Después de un mes, desaparecieron por completo. Las chinches pueden convertirse en una infestación desagradable y pueden apoderarse de toda la casa si no se las trata. Te atormentan mientras duermes. Te atacan y luego se esconden como si no existieran. Empiezas a pensar que puede ser otra cosa la que lo hace. Es difícil encontrarlos a menos que los busques intencionalmente porque ves las señales de que te están atacando. Pueden permanecer vivos hasta un año sin tener sangre de un huésped. Pueden apretarse en lugares del grosor de una tarjeta de crédito. Los demonios son de la misma manera. Se quedarán por aquí si se les alimenta un poco. Tienen que ser expulsados (reprimidos) o morir de hambre para desaparecer. El veneno matará a las chinches, pero debes usar el poder de Dios para deshacerte de los demonios.

La opresión puede ser muy pesada y aterradora. Es una tormenta de voces demoníacas, presencia demoníaca y actividad demoníaca. La actividad demoníaca puede hacerte sentir atrapado e inmovilizado. Pueden ser pesadillas demoníacas, visitas demoníacas y sentimientos abrumadores de maldad. Puedes ser oprimido sin estar en pecado y si te sometes a ellos entonces puedes ser poseído. Tienes que reprender al enemigo o le permites quedarse. Es como si un criminal derribara tu puerta y no hicieras nada para impedir que entren en tu casa y te tengan como rehén. El mal prevalecerá si no haces nada para detenerlo.

La posesión es simplemente no reprender al enemigo y permitirle tomar el control de tu templo. Cualquiera puede permitir que el enemigo entre en sus vidas. Es un pecado ceder al miedo o a la intimidación demoníaca. Si permites que el enemigo te oprima por mucho tiempo sin hacer nada, entonces, "Es más fácil rendirse". Esa es la mentira que el enemigo te dice. Si no luchas con el poder de Jesús entonces el Diablo tendrá un día de campo contigo. Estás permitiendo que los demonios entren y te tomen como rehén. La posesión es algo serio y tienes que luchar contra el enemigo. Estás eligiendo al diablo si no eliges luchar. No tienes que ser un superhéroe en la fe para reprender a los demonios. No es difícil hacerlo a menos que lo intentes con tu fuerza. ¡Si estás tratando de hacerlo con tu fuerza, entonces es imposible! Mateo 17:19-20 dice,

> "Entonces los discípulos, llegándose a Jesús en privado, dijeron: ¿Por qué nosotros no pudimos expulsarlo? Y Él les dijo: Por vuestra poca fe; porque en verdad os digo que, si tenéis fe como un grano de mostaza, diréis a este monte: «Pásate de aquí allá», y se pasará; y nada os será imposible".

Si luchas contra ellos entonces tendrás la victoria si te arrepientes de tus pecados y oras con el poder de Jesús para que se vayan. Solo necesitas una fe del tamaño de un grano de mostaza. Eso significa que tienes que creer simplemente que Jesús aparecerá cuando le ores y le pidas que te libere.

Debes tener confianza y fe cuando oras contra el enemigo. Arrepiéntete de tus pecados e invoca al Señor para que te perdone tus pecados y llene tu templo. El Diablo desafiará tu resolución y tratará de ver si puede volver y derribarte para que te rindas a él de nuevo. Mateo 12:43-45 dice,

> *"Cuando el espíritu inmundo sale del hombre, pasa por lugares áridos buscando descanso y no lo halla. Entonces dice: «Volveré a mi casa de donde salí»; y cuando llega, la encuentra desocupada, barrida y arreglada. Va entonces, y toma consigo otros siete espíritus más depravados que él, y entrando, moran allí; y el estado final de aquel hombre resulta peor que el primero. Así será también con esta generación perversa".*

Debes luchar continuamente con el enemigo cada vez que vuelva para probar tus defensas. Si el Señor se establece como tu defensor, entonces el Diablo tendrá que irse de nuevo. Si no te has rendido completamente al Señor, entonces el enemigo tiene un lugar para volver y quedarse de nuevo. Asegúrate de que te arrepientes completamente y empiezas a servir al Señor. Si no lo haces entonces el estado de esa persona será peor que antes porque los demonios volverán con refuerzos.

Si estás caminando con el Señor y los demonios te atacan a través de otra persona o se manifiestan a través de ellos (Posesión) entonces tienes la autoridad para expulsarlos. Los demonios se manifiestan cuando son intimidados. Deja que el Señor te guíe, pero sé valiente y firme. Manténgase firme y tenga fe en el Señor. El demonio puede salir inmediatamente después de que lo ordenes o puede tomar un tiempo. Asegúrate de orar y de darle instrucciones cuando lo eches. Jesús echó a los demonios y los envió a los cerdos. Asegúrate de ordenarles que salgan y dejen tu casa y que no vuelvan. Permitan que el Señor los guíe en este proceso.

He tenido demonios que se han manifestado delante de mí y no me han dado ninguna advertencia. ¡No tengas miedo! Dios te dio un Espíritu de Poder para tratar con los espíritus demoníacos. Todo esto se hace con la autoridad que Dios nos dio en Jesús. No es tu poder especial o tus buenas obras lo que te permite hacer algo. El Diablo es poderoso y su reino tiene autoridad en este mundo. Necesitas usar la autoridad y el poder de Dios para expulsar a estos espíritus demoníacos. Jesús es incomparable en poder. Nos dio el Poder de Dios a través del Espíritu Santo que es más fuerte que un demonio. El Poder de Dios es inigualable y es nuestro para usarlo de acuerdo a Marcos 16:17-18,

> *"Y estas señales acompañarán a los que han creído: en mi nombre echarán fuera demonios, hablarán en nuevas lenguas; tomarán serpientes en las manos, y*

aunque beban algo mortífero, no les hará daño; sobre los enfermos pondrán las manos, y se pondrán bien".

Jesús dijo que los creyentes expulsarán a los demonios. Es nuestro trabajo y Jesús nos lo ha confiado. El enemigo no puede alcanzarnos si luchamos contra él con verdadera fe.

Debes atar al hombre fuerte (Demonio) cuando estás expulsando demonios. El demonio se ha instalado en la persona y debes atar al demonio tomando autoridad sobre él. Cuando atas a un espíritu demoníaco que causa que sea atado espiritualmente. Una vez que atas al demonio debes decirle que se calle y reprenderlo a la persona. Mateo 12:28-29 dice,

> *"Pero si yo expulso los demonios por el Espíritu de Dios, entonces el reino de Dios ha llegado a vosotros. ¿O cómo puede alguien entrar en la casa de un hombre fuerte y saquear sus bienes, si primero no lo ata? Y entonces saqueará su casa".*

Jesús está diciendo aquí que tenemos que atar (amarrar) al hombre fuerte o al demonio entonces el Espíritu Santo puede tener el pleno reinado de la casa si la persona lo acepta. Así que debemos dirigirnos y hablar directamente con el demonio dentro de la persona y luego tomar autoridad sobre él y echarlo fuera. Típicamente digo, "¡Te ato al demonio en el nombre de Jesús y te ordeno que salgas ahora mismo!" También diré, "Cállate demonio, te reprendo en el nombre de Jesús. Sal ahora mismo y no vuelvas". Si puedes tener a otras personas ayunando y orando por ti mientras ambos hacen esto, entonces es lo mejor. Jesús los envió en parejas, así que es mejor no expulsar demonios solo. Ellos odian absolutamente cuando suplicas, cantas o hablas de la Sangre de Jesús.

Una vez que los demonios salen de la persona es imperativo compartir el Evangelio con ellos. Necesitan arrepentirse de sus pecados y aceptar a Jesús como su Salvador. Su templo será invadido de nuevo si no se llenan del Espíritu Santo al nacer de nuevo. Quienquiera que haya orado necesita romper el contrato con el Diablo en su vida en cualquier área a la que le permitieran acceder al Diablo. Necesitan ser asesorados y entrar en la Iglesia inmediatamente. Necesitan dedicar sus vidas completamente a Jesucristo. La Biblia dice que estos demonios volverán y tratarán de apoderarse de su templo de nuevo. Esta persona debe estar preparada o aceptará que los demonios vuelvan a entrar por miedo u otra razón. La necesidad de aprender a luchar contra el Diablo y sus esquemas.

La Iglesia Creyente de la Biblia

La guerra práctica incluye asistir a una iglesia basada en la Biblia. Cuando digo una Iglesia basada en la Biblia, estoy hablando de una Iglesia que se somete a la Biblia. Algunas Iglesias se someten a la religión y no a la Biblia. Si la Biblia dice que debemos cantar y tocar instrumentos para el Señor, debemos hacer ambas cosas. La Iglesia de la Religión de Cristo no cree esto. Si la Biblia dice que no debemos orar a los ídolos y adorarlos, entonces no debemos hacerlo. Es simple. ¡No hay excusas ni escuchar complicadas mentiras engañosas del enemigo! La Religión Católica hace esta práctica. Si la Biblia dice que debemos ungir con aceite y orar por la curación, entonces debemos hacer esto (Santiago 5:14). La mayoría de las Iglesias no confesionales creen en hacer esto. Una buena Iglesia basada en la Biblia tendrá los Dones del Espíritu activos en más de un creyente de la Iglesia. El Pastor puede dar una Palabra de Conocimiento o Profecía en una Iglesia. No obstante, algunos Pastores no permiten que nadie más opere con los Dones del Espíritu. Esto no es correcto como vemos en 1 Corintios 12:4-11,

"Ahora bien, hay diversidad de dones, pero el Espíritu es el mismo. Y hay diversidad de ministerios, pero el Señor es el mismo. Y hay diversidad de operaciones, pero es el mismo Dios el que hace todas las cosas en todos. Pero a cada uno se le da la manifestación del Espíritu para el bien común. Pues a uno le es dada palabra de sabiduría por el Espíritu; a otro, palabra de conocimiento según el mismo Espíritu; a otro, fe por el mismo Espíritu; a otro, dones de sanidad por el único Espíritu; a otro, poder de milagros; a otro, profecía; a otro, discernimiento de espíritus; a otro, diversas clases de lenguas, y a otro, interpretación de lenguas. Pero todas estas cosas las hace uno y el mismo Espíritu, distribuyendo individualmente a cada uno según la voluntad de Él".

Somos el Cuerpo de Cristo, así que Dios le ha dado al Cuerpo muchos Regalos, y están dispersos por todo el Cuerpo como Él quiere, y no depende del Pastor. Cualquiera puede comenzar una Iglesia y declararse como el Pastor. Esto no significa que tengan la última autoridad de Dios. Esto no significa que sean perfectos y que sean los únicos que escuchan a Dios. Sin embargo, ya que van a esa Iglesia, entonces el Pastor es su autoridad espiritual, y deben someterse a él.

Si ves o piensas que está haciendo algo que no es bíblico, entonces deberías orar y pedirle a Dios que se lo revele al Pastor. Si sientes que el Pastor o algo en la Iglesia no está bien entonces, probablemente es mejor pasar a una Iglesia donde el Espíritu Santo no esté retenido para moverse de la manera que Él quiere.

Cuando vas a una Iglesia basada en la Biblia, deberías ver al Padre, al Hijo y al Espíritu Santo siendo adorados y trabajando. El Espíritu Santo debe ser evidente durante todo el servicio. La adoración debe estar llena del Espíritu, y debes ser capaz de sentir la presencia de Dios durante la adoración. El Pastor debe predicar la Palabra de Dios con precisión y debe haber una unción en el mensaje que se escucha. El Pastor o los Ancianos deben dar a las nuevas personas un llamado al altar para ser salvos y ministrar a los miembros existentes a través de la imposición de manos (1 Timoteo 4:14) y los Dones del Espíritu. Cuando vengas a la Iglesia, debes ser desafiado a acercarte más al Señor. Deberías sentir al Señor en la adoración, llamándote a acercarte más. Deberías sentir al Señor predicándote, desafiándote a arrepentirte y a acercarte a Él. Además, deberías llenar el desafío de usar tu fe en la oración para acercarte al Señor durante el llamado al altar o el tiempo de ministerio. La Doctrina Bíblica de la Imposición de Manos debe ocurrir durante cada servicio. El Espíritu Santo debe ser capaz de hacer lo que quiere hacer con la liberación del enemigo y el equipamiento de los santos para el ministerio (Efesios 4:12).

Puedes ir a una Iglesia con una adoración aceptable, pero la predicación no es tan buena, y no hay un llamado al altar. Puedes ir a una Iglesia que tenga una adoración aceptable, una excelente predicación y no hay llamado al altar. Puedes ir a una iglesia con una adoración aceptable, una predicación aceptable, y un poderoso ministerio en el llamado al altar. Puedes ver gente siendo sanada y demonios siendo expulsados. Cada uno de estos tres ejemplos no son perfectos. Limitan al Señor, y no creo que sea mejor asistir a una de estas iglesias. Satanás tratará de atraparte en la idea de que debes ir allí y cambiar la forma en que la Iglesia opera y ser un héroe, pero creo que es mejor para ti ir a una Iglesia que opere en las tres de manera consistente. No deberías quedarte y tratar de luchar contra el sistema porque el Pastor principal tiene su mente decidida. Hay un espíritu de Religión operando en esa Iglesia y el Pastor no se arrepentirá rápidamente, especialmente por la palabra de una persona común que asiste a la Iglesia. Es mejor orar por él y seguir adelante.

Dios te dará sabiduría sobre dónde ir a la Iglesia. No obstante, siempre debes buscar una Iglesia que realmente adore a Dios, que predique a Dios y que muestre el poder de Dios. He asistido a muchas Iglesias, donde el Pastor predicará un poderoso sermón sobre la curación. Te hará querer levantarte de tu asiento e ir al frente para ser orado y sanado. De repente el Pastor acortará el sermón justo a tiempo para que todos puedan ser despedidos para el domingo de fútbol. Se despedirá de todos y desaparecerá detrás de la cortina. No hay tiempo para que el Espíritu Santo confirme el mensaje que el Pastor estaba predicando. Cualquiera que quiera responder con fe y recibir sanación siendo ungido con aceite y orando una oración de fe se verá privado de esta oportunidad. Debería ser un crimen no tener una adoración íntima, una profunda predicación y un poderoso ministerio al final.

Crecí yendo a estas Iglesias y experimentando esto en Cristo para las Naciones. Sin embargo, no te vendas tan corto y te pierdas el plan completo de Dios para un servicio de la Iglesia. Él quiere que el servicio de la Iglesia sea un tiempo fantástico con Él para cambiar tu vida cada domingo, no solo cuando viene un orador invitado o cuando visitas otra Iglesia. Busca a Dios, experiméntalo y no te acostumbres. ¡Si te acostumbras, entonces el enemigo y tu carne serán felices! Como en todo buen servicio de la Iglesia, debe haber un tiempo de oración y ministerio al final. Por lo tanto, es el momento de orar. Si no has recibido el Poder y el Bautismo del Espíritu Santo, entonces ahora es una oportunidad para ir más profundo con el Señor y recibir lo que tiene para ti. Dios te usará como un arma poderosa contra el enemigo, pero necesitamos tener un Poder sobrenatural para luchar esta batalla.

Pidámosle a Dios que nos llene más con su Espíritu e ilumine su poder en nuestras vidas. Repite esta oración, "Padre Celestial, vengo a Ti ahora, por la fe, quiero más de Ti, necesito más de Ti, ayúdame Señor a luchar esta lucha de fe. Por fe, te pido el bautismo del Espíritu Santo, por favor lléname con Tu Espíritu. Recibo Tu poder de lo alto. Oro con fe por los dones del Espíritu Señor; te pido Señor que me des la sabiduría para luchar contra el enemigo. Ayúdame a usar los Dones del Espíritu para edificar la Iglesia. Ayúdame a liberar a otras personas. Lléname con tu Espíritu y con todo lo que quieras que tenga. Confío en Ti, Señor. Por favor, lléname con las aguas que corren por el pozo dentro de tu Espíritu. Señor, quiero más de Ti, ayúdame cada día a servirte. Ayúdame a luchar contra mi carne, a servirte y a hacer Tu voluntad, en el nombre de Jesús, te lo ruego. Amén".

Ahora tómate el tiempo si no lo hiciste antes para permitir que el Espíritu Santo ore a través de ti en el Espíritu. Esta será una nueva experiencia para ti, pero permite que el Espíritu Santo te guíe gentilmente en la oración en lenguas. Sean pacientes y tengan fe. Jesús dijo que de tu vientre fluyeran ríos de agua viva. El Espíritu Santo comenzará a llenar tu sien, vientre o área del pecho con una sensación de desbordamiento. Permítele usar tu boca para orar. Esto será en expresiones que no entiendes. Solo practica con unas pocas sílabas hasta que el Señor se haga cargo por el Espíritu. No te frustres. Practica ahora. Consigue tu avance. Reacciona ante la duda y cree mientras actúas con fe. ¡Mueve tu boca! Puede parecer extraño y el enemigo te dirá que estás perdiendo el tiempo, pero está mintiendo. ¡Deja que Dios te use! ¡Estén llenos del Espíritu Santo y del poder!

CAPÍTULO 14

Un Sacerdocio Real e Imparable

"Pero ustedes son linaje escogido, real sacerdocio, nación santa, pueblo adquirido, para que anuncien las virtudes de aquel que los ha llamado de las tinieblas a su luz admirable". 1 Pedro 2:9

Caminar de cerca con Dios es incomparable con todo lo que este mundo tiene para ofrecer. Como cristianos, tenemos una reserva ilimitada de poder que Dios quiere que aprovechemos y usemos. Cada vez que recurrimos a este poder, podemos elegir recibir los frutos o los dones del Espíritu. Creo que todos los cristianos son imparables cuando deciden caminar con Dios. Somos llamados Creyentes. Entonces, ¿por qué es eso importante? Es un honor ser llamado Creyente. Un creyente no es solo una persona que cree en Jesucristo. Un Creyente es alguien que cree todo lo que la Biblia tiene que decir. Entonces, déjame hacerte una pregunta, ¿eres un Creyente?

Ahora, si dijiste que sí a eso, entonces es increíble. Sin embargo, tienes que entender la pregunta que estoy haciendo. La Biblia dice algunas cosas con las que la cultura no está de acuerdo en absoluto. Si eres un amigo del mundo, entonces quieres complacer a la cultura. Tienes que elegir ir en contra de la cultura y la gente involucrada e identificarte con la cultura. La Biblia dice que esta cultura es malvada. Por lo tanto, si la Biblia dice algo, debemos creer que es la Palabra de Dios. No debe ser leída con una mentalidad escéptica. No debemos leer la Biblia y sacar lo que queremos aplicar a nuestras vidas y dejar el resto. La Biblia es conocida como el Consejo de Dios. Debemos entenderla, creerla y aplicarla a nuestras vidas.

Como un verdadero creyente, nunca debes dudar de la Palabra de Dios. Si Dios dice que puedes ser sanado, entonces no hay duda de eso. Si oras y no te curas enseguida, debes orar y pedirle a Dios que entienda por qué no te curaste. La Biblia tiene muchas situaciones en las que se ha producido la curación. Tenemos que creer en la Palabra de Dios y deshacernos de nuestras expectativas o interpretaciones sin sentido. El Señor sana de muchas maneras diferentes. Si tienes un problema médico importante y Dios te dice exactamente cómo curarte sin tener que ir al médico y gastar miles de dólares, ¿lo harías? ¿Te enfadarías o te enfadarías con Dios por lo que te dijo que hicieras? Parece ridículo, pero hay un ejemplo en la Biblia de cómo alguien trató al Señor cuando le dio instrucciones sobre cómo ser curado. 2 Reyes 5:10-11 dice,

> *Y Eliseo le envió un mensajero que le dijo: "Ve, lávate siete veces en el Jordán, y tu carne te será restaurada, y serás limpio". Naamán se enfureció y se fue diciendo: "He aquí, yo pensaba que seguramente él saldría, que puesto de pie invocaría el nombre del SEÑOR su Dios, y que moviendo su mano sobre el lugar sanaría la parte leprosa".*

Por lo tanto, como ven aquí, el Señor le dio a alguien la respuesta a su oración y le dijo cómo sanarse. Sin embargo, esta persona se enojó y se fue porque sus expectativas no se cumplieron. A Dios no le preocupa cumplir con sus expectativas. A Dios le preocupa que seas humilde y que sigas Su Palabra. No importa cuán absurda o anti-cultural sea Su Palabra. Dios quiere que lo sigamos y tengamos fe; esta es la única manera en que vamos a complacer a Dios (Hebreos 11:6).

Al Diablo le gusta usar su Contrato para destruir nuestra fe. Cuando tenemos fe, pero aceptamos el Contrato de la Duda entonces cancela nuestra fe. Se supone que debemos orar y creer sin dudar. Mateo 21:21-22 dice,

> *"Jesús respondió y les dijo: —De cierto les digo que, si tienen fe y no dudan, no solo harán esto de la higuera, sino que si dicen a este monte: "Quítate y arrójate al mar", así será. Todo lo que pidan en oración, creyendo, lo recibirán".*

Si escuchas las Escrituras y tienes un Contrato de Engaño, entonces cancela tu libertad. Si tienes un Contrato de Duda y un Contrato de Engaño entonces cancela cualquier cambio en tu vida. Si escuchas la Palabra de Dios y tienes un Contrato de Duda (No confiar en Dios o en la Palabra) entonces cancela cualquier posibilidad de una cosecha fructífera. La semilla es rechazada por la tierra y no cosecharás una cosecha. Tenemos que creer PLENAMENTE y confiar PLENAMENTE en Dios y en su Palabra o nada sucederá porque somos de doble ánimo.

Dios quiere que le creamos en Su Palabra. La sanación es solo una cosa en la Biblia que requiere fe. Como hablamos en el segundo capítulo, la Palabra de Dios es la Verdad Absoluta. No importa cómo te sientas sobre ella, lo que otras personas digan sobre ella, o lo que el enemigo diga sobre ella. Dios quiere que tengamos fe en Su Palabra sin ninguna duda. Si tenemos fe y dudamos un poco de Su Palabra, entonces eso anula la fe. Si creemos que Dios puede sanarnos porque Él ha sanado a la gente en la Biblia antes, pero no creemos que Él nos sanará, entonces no pasará nada. La Biblia dice que un hombre de doble mente es inestable en todos sus caminos. Jesús dijo que hay que tener fe sin dudar (Mateo 21:21).

Si crees en las Escrituras, entonces ocurrirán milagros en tu vida. Verás que la gente se cura; verás que se expulsan los demonios, verás que la gente se salva y verás cosas milagrosas si solo crees. Un incrédulo puede ir a una Iglesia y ver todas estas cosas que suceden, y no tiene que tener ninguna fe porque son solo espectadores. Si tienes fe, verás que todas estas cosas suceden y te involucrarás en ellas. Dios te usará para traer Su Reino a esta cultura. Dios quiere que Su Reino reine en este mundo a pesar de la cultura. El Reino es un sistema que tiene un orden que destruye el caos y la duda. El Reino de Dios tiene una jerarquía, y lo que Dios dice es verdad.

La incredulidad paralizará tu fe. Marcos 16:14 dice, "*Luego apareció a los once cuando estaban sentados a la mesa, y les reprendió por su incredulidad y dureza de corazón porque no habían creído a los que lo habían visto resucitado*". Jesús los reprendió por no creer. Estuvo con ellos todos los días, hizo milagros a su vista, los enseñó y los entrenó diariamente. Jesús los reprendió por la dureza de su corazón. Permitieron que la cultura y el enemigo les hicieran no creer. Otras personas vinieron y proclamaron que Jesús había resucitado, pero se encogieron de hombros. No creyeron, y sus corazones se endurecieron. Esto es lo que la duda les hará. Se convertirá en incredulidad, y tu corazón se endurecerá. Ya no podrán ver o creer en las cosas de Dios. Al igual que muchas personas hoy en día no creen en la curación o en otras cosas sobrenaturales en la Biblia. Dios puede usar a cualquier cristiano hoy en día. No tienes que ser perfecto para ser usado por Dios. Solo tienes que creer. Estas señales seguirán a los que crean, Marcos 16:15-18 dice,

"Y les dijo: "Vayan por todo el mundo y prediquen el evangelio a toda criatura. El que cree y es bautizado será salvo; pero el que no cree será condenado. Estas señales seguirán a los que creen: En mi nombre echarán fuera demonios, hablarán nuevas lenguas, tomarán serpientes en las manos, y si llegan a beber cosa venenosa no les dañará. Sobre los enfermos pondrán sus manos, y sanarán".

Dios te cubre las espaldas. ¡Si confías en Él, entonces Él aparecerá! Atrévete a poner la Palabra de Dios en la fe y la acción. Dios quiere que creas. Jesús dijo que si tienes la fe de un grano de mostaza, le dirás a esta montaña que se levante y se arroje al mar. Para nosotros en el reino natural pensar en una montaña siendo desarraigada y arrojada al mar es imposible. Esta misma lógica puede aplicarse para expulsar demonios o curar a los enfermos. Es imposible sin Dios. Ten fe en Dios, Mateo 19:26, "*Jesús los miró y les dijo: —Para los hombres esto es imposible, pero para Dios todo es posible"*. Jesús te mira hoy y te dice que, con Dios, todas las cosas son posibles si solo crees.

Dios te está llamando a una vida de fe y confianza en Él. Tus amigos y familiares pueden no responder al llamado de Dios, pero Él quiere que tú respondas al llamado. Quiere que creamos en la Biblia y hagamos lo que dice. Debemos poner las manos sobre los enfermos y orar por ellos. La Biblia dice que cuando oramos por los enfermos y les imponemos las manos, se recuperan. Esta es la Doctrina Bíblica Cristiana de la imposición de manos. Ten fe y confía en Dios para lo milagroso. Pedro salió del barco cuando el Señor se lo pidió. No se lo pidió a los demás en la barca porque no estaban preparados para dar el primer paso para salir de la barca. ¡Con todo este entrenamiento, estás listo para confiar en el Señor y tomarlo en Su Palabra! Timoteo recibió del Señor al imponérsele las manos en 1 Timoteo 4:14, "*No descuides el don que está en ti, que te ha sido dado por medio de profecía, con la imposición de las manos del concilio de ancianos"*. Imponer las manos a alguien y orar por él puede transferirle una unción espiritual o regalos. Ser guiado por el Espíritu Santo y orar por fe.

El ministerio es nuestro llamado aquí en la Tierra. Mucha gente piensa que el ministerio es solo predicar en una Iglesia. La Biblia dice que todos estamos llamados a predicar, y debemos estar listos a tiempo y fuera de tiempo. La Gran Comisión es un llamado a todas las personas a ir y predicar el Evangelio. No es solo para predicar el Evangelio, sino también para orar por los enfermos y mostrar el poder de Dios. El Diablo está mostrando su poder en el mundo hoy en día a través de la brujería y otras cosas satánicas. Dios quiere mostrar al mundo su poder también. Él ama a todo el mundo, y quiere llamar su atención. Cuando Dios mostró su poder para expulsar demonios en los Hechos, todas las brujas quemaron sus libros, se arrepintieron y se salvaron.

El ministerio es importante, y Dios quiere que ministremos a la gente que nos rodea. Él puede estar llamándote a otro país o a otro lugar además de donde vives ahora mismo. Sin embargo, en este momento, Dios te tiene donde estás, y la gente que te rodea necesita escuchar el Evangelio. El Evangelio es una buena noticia, así que no deberías tener problemas en compartir las buenas noticias, ¿verdad? No tenemos problema en dar una reseña útil en Yelp o en contarle a otras personas nuestras experiencias en el restaurante que visitamos, ¿verdad? No deberías avergonzarte de compartir el Evangelio y contar a otros lo que Jesús ha hecho por ti.

Si estás enamorado de alguien, no puedes dejar de hablar de él. Cuando estás cerca de alguien que acaba de conocer a alguien, se emocionan mucho al contarte sobre ellos. Llegan al punto en el que casi se molestan con todos los detalles y tienen un montón de historias. Sin embargo, si solo miras su cara, sonreirá, y sus ojos se iluminarán porque está entusiasmado con su relación. Si has tenido una experiencia que te ha cambiado la vida con Jesús en algún momento de tu vida, estarás emocionado por ello. El pecado en este mundo se filtró en algún momento y trató de arrojar agua sobre el fuego. Depende de nosotros el avivar ese fuego en llamas diariamente y dejar que nos consuma de nuevo, 2 Timoteo 1:6 dice, "*Por esta razón, te vuelvo a recordar que avives el don de Dios que está en ti por la imposición de mis manos*". Tenemos que elegir diariamente crucificar esta carne y seguir a Dios.

Supongamos que nos hemos entregado a la carne por un período prolongado y creemos que nos llevará un poco de tiempo volver a una relación cercana con Dios. Dios te perdona instantáneamente cuando se lo pides, pero tenemos que crucificar nuestra carne, y esto no se siente emocionante. Al igual que ir al gimnasio y hacer ejercicio por primera vez en años, te va a dejar dolorido y sin ganas de hacer mucho. Cuando crucifiquemos nuestra carne, va a gritar, vociferar y no querer obedecer. Sin embargo, Pablo dice que somete su cuerpo a la obediencia a Dios en 1 Corintios 9:27, "*Más bien, pongo mi cuerpo bajo disciplina y lo hago obedecer; no sea que, después de haber predicado a otros, yo mismo venga a ser descalificado*". Esto no es a través de las obras, sino que es a través de la crucifixión de su carne para acercarse a Dios. No puedes darle a tu carne nada de lo que te pide porque lo único que quiere es complacer los malos deseos y distraerte de tu relación con Dios.

La elección de ministrar a los demás es bíblica y ordenada por Dios. Cuando ministramos a los demás, estamos cumpliendo con nuestro llamado de Dios. Nuestro propósito en esta vida es ser usados por Dios y hacer brillar su luz en la oscuridad. Cuando Dios se mueve a través de nosotros, los frutos del Espíritu y el gozo del Señor son abundantes. Es un placer y una alegría absoluta ser usado por Dios. He estado orando por alguien y me he sentido feliz en el Espíritu porque me alegró el Espíritu de Dios que se movía en mí. La otra persona también estalló en risa, y nos olvidamos de lo que estábamos orando, pero no nos importó.

Dios quiere inundarnos con su Espíritu hasta el punto de desbordarse. No pongas a Dios en una caja. Dios puede hacer lo que quiera a pesar de lo que pienses o lo que sientas al respecto. Ser crítico es el resultado de un espíritu religioso tratando de volver a aparecer. Ten fe y cree en Dios. Pon a prueba a los espíritus (1 Juan 4:1), pero si se trata de Dios, entonces sométete a lo que Él está haciendo en ese momento de tu vida. Él te traerá paz y te mostrará lo que está tratando de hacer, solo no entristezcas al Espíritu Santo basado en tus experiencias pasadas. Podemos asustarnos del cambio o temer algo que nuestra Iglesia al crecer no enseñó. No tengas miedo de Dios. Dios es gentil y te guiará a la Verdad. Imagina que creces en la fe islámica, y tienes que cambiar todo lo que has aprendido. No tengas miedo. No limites a Dios. Si escuchas una voz que te dice que limites a Dios, ¡repréndela!

Sé que hablamos de la adoración antes, pero algo extraordinario sucedió desde que escribí sobre ello la última vez. En la historia de María y Marta, María estaba ocupada tratando de hacer cosas para preparar la llegada de Jesús. María dejó todo cuando el Señor apareció y se sentó a sus pies y lo adoró íntimamente. El ministerio puede mantenernos ocupados, y el ministerio es una gran cosa, pero tenemos que pasar tiempo con el Señor antes de ministrar para hacerlo eficazmente. Estuve en la adoración más temprano, y después de algunas canciones, estuve tentado de terminar ese tiempo en la adoración porque necesitaba levantarme y terminar este último capítulo del libro. El pensamiento vino a mi mente, y lo ignoré. Puse otra canción y adoré por más tiempo. Después de la adoración, me senté en la presencia del Señor y escuché por un rato. Escuché al Señor decirme que había elegido correctamente. Mi corazón se derritió como la mantequilla. Me di cuenta de que el Señor me decía que estaba complacido conmigo por haber elegido adorarle en lugar de rendirme y terminar este último capítulo. No había alcanzado el Santo de los Santos en la presencia de Dios de una manera íntima. Si dejaba de adorar, me habría comprometido.

Elegí pasar tiempo con Él en lugar de trabajar para Él. Hay una gran diferencia. Uno llena y trae alegría y regocijo, y el otro te lo quita. No me malinterpretes, el ministerio también puede llenarte de gozo, pero se agota a través de servir y ministrar. Te animo a ministrar a otros, pero nunca lo hagas a menos que estés lleno hasta el borde y rebosante de la presencia de Dios. Entré en la sala de oración hace muchos años en el lugar donde estaba predicando y me puse de cara y me puse mi traje y puse mi cara en el suelo. Empecé a orarle al Señor porque quería que me llenara y que fuera él quien ministrara en lugar de mí en mi fuerza. Recuerdo que el Señor me dijo: "Que aquí (en mi cara) es donde te quiero". Cuando estamos en la oración y confiamos completamente en Dios, entonces Él nos usa poderosamente. Nos rendimos y crucificamos la carne y queremos que se haga su voluntad en nuestras vidas. ¡No hay otra manera de ministrar!

Cuando estamos hablando con otras personas, debemos asegurarnos de que escuchamos al Señor. Recuerdo haber ido de puerta en puerta evangelizando y conocí a un hombre de origen chino. La puerta se abrió, y le pregunté si tenía algún producto enlatado para nuestra Iglesia. Me dijo que no tenía, y le pregunté si iba a la Iglesia en algún lugar. Dijo que iba a una Iglesia Cristiana y a un Templo Budista, así que está bien cubierto. El Señor me habló, y le dije al hombre que incluso Buda te diría que te pusieras en un camino y te mantuvieras en él. El hombre se enfadó y dijo, ¿cómo se supone que voy a servir a Jesús si no lo conozco? Dejé mi Biblia y le pedí que uniera sus manos conmigo. Le dije que podía llevarlo a Jesús ahora mismo y le pedí que orara conmigo. Lo guie en la oración del pecador, y nació de nuevo. Empezó a llorar, y estaba lleno de alegría.

Desde que escuché al Señor, a los 30 segundos de llamar a la puerta, ese hombre se salvó de ir al infierno. Hacer el ministerio sin estar lleno del Espíritu o sin ser guiado por el Espíritu es agotador. Si no hubiera escuchado lo que el Señor me decía que dijera, entonces podría haber hablado con él durante ocho horas antes de que se decidiera por Cristo, o tal vez nunca habría tomado esa decisión. Sin embargo, el Señor me dio una Palabra de Sabiduría, y cortó directamente a través de su corazón, pensamientos, emociones y excusas. El hombre estaba listo para encontrarse con Jesús, pero primero tenía que superar todos sus obstáculos. Esa única Palabra de Sabiduría destruyó todas esas barreras. Simplemente lo acompañé al encuentro de Jesús.

El ministerio puede ser agotador, y al igual que Marta, puede hacer que empieces a quejarte. Marta no podía soportar que María estuviera sentada adorando mientras hacía todo el trabajo. Lucas 10:38-42 dice,

> *"Prosiguiendo ellos su camino, él entró en una aldea; y una mujer llamada Marta lo recibió en su casa. Esta tenía una hermana que se llamaba María, la cual se sentó a los pies del Señor y escuchaba su palabra. Pero Marta estaba preocupada con muchos quehaceres y, acercándose, dijo: —Señor, ¿no te importa que mi hermana me haya dejado servir sola? Dile, pues, que me ayude. Pero respondiendo el Señor, le dijo: —Marta, Marta, te afanas y te preocupas por muchas cosas. Pero una sola cosa es necesaria. Pues María ha escogido la buena parte, la cual no le será quitada".*

Jesús nos está diciendo lo mismo hoy. Si elegimos pasar tiempo con el Señor, pero nos mantenemos ocupados trabajando para complacerlo, entonces nos lo estamos perdiendo. Marta incluso le manda a Jesús que le diga que ayude. Vaya. Estar en la carne es feo, y no entiende las cosas de Dios. Jesús tuvo que explicarle que consideraba que lo que estaba haciendo no era lo más importante. Jesús también tenía una Palabra de Conocimiento y le dijo que ella está preocupada y molesta por muchas cosas. Pensamos que conocemos la voluntad de Dios, pero no en la carne sin que el Espíritu nos lo diga. Pedro intentó construir tres templos una vez que vio a Jesús, Moisés y Elías. Pedro le cortó la oreja a una persona pensando que era la voluntad de Dios. Dios te dará discernimiento y te mostrará cómo conocerlo si eres humilde.

¿Qué es lo que te preocupa hoy? ¿Qué te mantiene fuera de la presencia de Dios al declarar que lo adoras en su lugar? Hasta las cosas buenas no son una excusa suficiente para no estar a los pies de Jesús en la adoración. Si vas a elegir a Jesús, entonces Él te usará de una manera poderosa. Si no eliges a Jesús como tu prioridad diaria, entonces estarás abrumado por el pecado y no tendrás los frutos del Espíritu activos en tu vida. El amor debe fluir siempre hacia nosotros desde Dios y de nosotros hacia los demás. Esto significa que estamos en constante comunicación con Dios y siendo llenos de su Espíritu. Si estás mostrando señales de Marta, entonces deja todo lo que estás haciendo y corre a Jesús. Deja de lastimar a la gente y ve a Jesús. Solo detente, déjate caer y arrodíllate porque el Diablo te ha prendido fuego, y Dios necesita apagarlo.

Estar bajo autoridad es extremadamente importante en el Reino de Dios. Dios quiere que nos involucremos en una Iglesia. El Pastor es la cabeza de esa Iglesia. El Pastor puede ayudarte con los problemas espirituales con los que te enfrentas a diario. Es crucial tener una cobertura espiritual de esa manera, y ellos pueden dirigirte y orientarte espiritualmente. Cuando estás involucrado en una Iglesia, puedes ser disciplinado y se te pueden enseñar las cosas de Dios. Dios usará tu autoridad para protegerte. Hay una unción especial que Dios da a las personas que están bajo autoridad espiritual. Cuando estás bajo autoridad y obedeces esa autoridad, Dios se complace en ti. Le estás mostrando al Señor que eres humilde y capaz de enseñar. Puede que no estés de acuerdo con todo lo que dice tu líder, pero aún así debes someterte a tu autoridad. Ora por tu autoridad si tienes algún tipo de preocupación por ellos.

La Biblia dice que debemos orar unos por otros y confesar nuestros pecados. Es bueno tener un compañero de oración o alguien con quien puedas ser real todo el tiempo. Es alguien en quien puedes confiar para que sea confidencial. Cuando estás en una Iglesia, Dios puede enseñarte lo que quiere mostrarte sobre el sistema que ha establecido. Dios diseñó la Iglesia para operar de acuerdo a Su Voluntad. Los oficios de la Iglesia incluyen a pastores, evangelistas, apóstoles, maestros y profetas. Puedes caer en uno de estos oficios dentro de la Iglesia, o no. Está bien. Todos debemos predicar y enseñar a otros y evangelizar a los perdidos. No importa si ese es uno de los oficios de la Iglesia que tendrás oficialmente. Hay muchos Dones del Espíritu para operar dentro de la Iglesia también. La Iglesia debería servir y asemejarse al Reino de Dios. El Poder de Dios debería moverse en la oración y los Dones del Espíritu. No todos los Dones del Espíritu se usan en un servicio o todo el tiempo. La gente usa los Dones del Espíritu por la fe. Algunas personas no tienen mucha fe y solo usan un Don. El Apóstol Pablo nos dice que debemos anhelar y codiciar los mejores Dones.

No deberías levantarte y salir de una Iglesia porque no ves todos los Dones del Espíritu moviéndose en el mismo servicio. Tengan paciencia y dejen que el Espíritu Santo los guíe. Estar en una Iglesia llena de Creyentes llenos del Espíritu donde el Espíritu Santo se mueve es una bendición. No hay muchas Iglesias en estos días que practiquen todo lo que la Biblia enseña. Involúcrate en la Iglesia y ayuda y sé humilde. Mantente bajo la autoridad. Dios no quiere llaneros solitarios. El Diablo quiere que pienses que eres el único que tiene razón y que debes irte por tu cuenta y no necesitas a nadie más. Él te aislará, y luego lentamente te hará comprometerte y caer en el pecado. La Biblia dice que una cuerda de tres cuerdas no se rompe fácilmente. Él nos ha dado a cada uno de nosotros como el Cuerpo de Cristo. Seamos enseñables y seamos humildes. Dios resiste a los orgullosos.

La santificación es un maratón y no un sprint. Cuando nos salvamos, nuestro espíritu nace de nuevo. Nuestra carne sigue en la misma condición que estaba antes de que nos salváramos. Nuestra carne es malvada y quiere que pequemos tanto como sea posible. La carne continuamente hará la guerra contra el Espíritu. Si dejas que la carne tome el control momentáneamente, entonces pecarás. Si te mantienes lleno del Espíritu y resistes a tu carne y al Diablo, no pecarás (Santiago 4:7). No te deprimas porque sigues pecando en ciertas áreas de tu vida. Caminar con Dios es una elección, y lo cerca que estás de Dios es una elección.

Si estás cansado de estar en pecado y quieres caminar con Dios, caminarás cerca de Dios y resistirás el mal. Si todavía estás luchando con el pecado porque todavía quieres hacerlo, no tendrás una verdadera relación cercana con Dios. Esto se debe a que quieres dejar espacio para tu pecado entre tú y Dios. A veces puedes estar caminando cerca de Dios y aún así ceder al pecado porque te has entrenado para escuchar la voz de tu carne. No te rindas. Sigue luchando. Jesús te ayudará. El pecado no tendrá dominio sobre ti 1 Corintios 10:13,

> "No les ha sobrevenido ninguna tentación que no sea humana; pero fiel es Dios, quien no los dejará ser tentados más de lo que ustedes pueden soportar, sino que juntamente con la tentación dará la salida, para que la puedan resistir".

Puedes ganar al pecado a través del poder del Espíritu Santo sin importar lo que el Diablo te diga. No firmes un contrato y te des por vencido. Rompe el contrato y sirve a Dios. ¡El Diablo es un mentiroso!

Si sirves a Jesús, entonces tendrás un corazón abierto a la gente. La gente es la misión. Salvarlos de arder en el infierno es la última misión de la Gran Comisión. También debemos hacer discípulos y caminar en la fe. Si quieres servir a Dios, entonces tienes la Gran Comisión a seguir. Mateo registra la Gran Comisión de Jesús en Mateo 28:18-20,

> *"Jesús se acercó a ellos y les habló diciendo: "Toda autoridad me ha sido dada en el cielo y en la tierra. Por tanto, vayan y hagan discípulos de todas las naciones, bautizándolos en el nombre del Padre, del Hijo y del Espíritu Santo, y enseñándoles que guarden todas las cosas que les he mandado. Y he aquí, yo estoy con ustedes todos los días, hasta el fin del mundo".*

Jesús dijo que toda la autoridad le había sido dada, y que está con nosotros siempre, incluso hasta el final de los tiempos. Esto significa todos los cristianos hasta el fin del mundo. Debemos tomar su poder y luchar contra el mal. Debemos predicar el Evangelio y hacer discípulos. Debemos obedecer todo lo que Jesús enseñó. Jesús prometió que el Espíritu Santo vendría y les daría Poder. Cuando el Espíritu Santo vino, Pedro explicó bíblicamente por qué y cómo sucedió esto (Hechos 2:14-47). El Espíritu Santo es real y poderoso. Jesús dio el Espíritu Santo para sellarnos con Poder.

Dios quiere darle el Poder para vivir una vida cristiana superadora. El Poder del Espíritu Santo se desbloquea siempre que creemos y confiamos en Dios para ello. Creo que el bautismo en el Espíritu Santo es algo de una sola vez. Creo que Dios te lo da cuando estás listo para recibirlo. Una vez que has alcanzado un lugar en Dios donde te rindes y te preparas para pasar al siguiente nivel con Él, puedes empezar a creer en Dios por el Bautismo del Espíritu Santo. El Bautismo del Espíritu Santo fue dado a los Creyentes que siguieron a Jesús y esperaron por fe para recibirlo en el Cenáculo. Cuando alcances un lugar en tu vida para servir a Dios y ser usado poderosamente por Él, necesitarás el Bautismo del Espíritu Santo. Dios ya te ha dado autoridad sobre el enemigo, y por eso puedes reprenderlo en tus pensamientos y en tu vida. Sin embargo, el Poder que el Espíritu Santo te da desata cada Regalo espiritual y la Unción para el Ministerio.

Dios quiere que creas en las Escrituras y que tengas fe en los milagros. Pablo dijo que no vino con grandes palabras sino con la demostración y el poder del Espíritu Santo 1 Corintios 2:4-5,

> *"Ni mi mensaje ni mi predicación fueron con palabras persuasivas de sabiduría, sino con demostración del Espíritu y de poder, para que su fe no esté fundada en la sabiduría de los hombres, sino en el poder de Dios".*

Llega un momento en el que la goma se encuentra con la carretera. No construyes un coche y lo guardas en el garaje. Lo sacas y muestras el poder que tiene en las calles. No tengas miedo de actuar con fe, y no pasará nada. He orado con fe muchas veces, y no ha pasado nada, pensé. He seguido con algunas personas y he descubierto que no estaban listos, o no creían, o solo se oraba por ellos porque su amigo quería que lo hicieran.

Nunca sabes lo que está pasando, así que haz preguntas antes y después si te sientes guiado. Puede que hayan hecho un contrato con el Diablo y no puedan recibir de Dios. No es tu culpa si nada parece suceder cuando oras. ¡Ora sin importar lo que pase! Tengan fe y crean en Su Palabra, y Él aparecerá. Estudia las Escrituras y síguelas. ¡El Espíritu Santo te dará dirección y sabiduría! Está bien que la gente se ría de ti y se burle de ti. Se lo hicieron a Jesús, así que te lo harán a ti también. No le agradarás a todo el mundo por culpa del enemigo. Algunos cristianos pueden burlarse de ti por un tiempo; solo ora por ellos y perdónalos rápidamente. No saben de qué espíritu son cuando hacen esto.

Eres imparable si estás siguiendo a Dios. Eres un sacerdote real. Dios nos ha llamado a ser un Sacerdote, y tenemos el Espíritu de Dios que vive directamente dentro de nosotros. Somos del Linaje Real de Jesucristo. Por lo tanto, creo que somos un Sacerdocio Real imparable. Cuando seguimos a Dios y creemos en Su Palabra, entonces somos imparables. Como en el Libro de Job, el Diablo tuvo que rogarle a Dios solo para tener un poco de permiso para meterse en la vida de Job. Dios nos bendice tanto que el Diablo no tiene poder sobre nosotros. Si usamos la Armadura de Dios y caminamos de cerca con Dios, el enemigo no puede detenernos. La Biblia dice que ninguna arma formada contra nosotros prosperará. Somos cristianos en la Armadura de Dios, llenos del Espíritu de Dios, creciendo en los frutos del Espíritu, mientras usamos los dones del Espíritu. ¡Esta es una combinación imparable y la receta para la Victoria!

Ahora los planes del enemigo pueden impedirnos o retrasarnos, pero nunca detenernos. Debemos ser Espiritualizados en todo lo que hacemos. A veces, cuando se nos impide hacer algo, puede ser la Mano del Señor. Cada cuerpo tiene una tarea específica que completar, mientras esté en la Tierra. No hay dos personas iguales. No puedo alcanzar a la gente en tu vida a la que tú puedes alcanzar. Solo tú puedes llegar a esas personas. No irán a la Iglesia, así que tú eres lo más cercano que tienen a la Iglesia en su vida. Todos tenemos el mismo llamado en Cristo Jesús. La gente es la misión. Primero busca el Reino de Dios, y todas estas cosas te serán añadidas (Mateo 6:33).

A través de todo lo que has aprendido de este libro, estás en camino de ser un arma extremadamente afilada contra el enemigo. El Señor te va a usar poderosamente para luchar la buena batalla de la fe. Tienes que asegurarte de que eres libre para acercarte a Dios. Tienes que asegurarte de que has roto todas las áreas del contrato que tienes con el Diablo. Esto romperá el ciclo del mal en tu vida. El enemigo quiere que estés atrapado en el pecado y asustado de estar cerca de Dios. Hay dioses desconocidos que la gente adora. En la Biblia, Pablo habla de un grupo de personas que se encontró con una estatua dedicada a un Dios desconocido (Hechos 17:23). En tu vida, puede que tengas dioses desconocidos de los que no hablamos en este libro o que no has pensado recientemente. Ora y pídele a Dios que te muestre a qué Dios desconocido estás sirviendo. Recuerda, un ídolo es cualquier cosa que pongas entre tú y Dios. Así que, cuando vayas a orar, o vayas a adorar, puedes estar pensando en este ídolo durante este tiempo. Estás pensando en él porque quiere distraerte de pasar tiempo con Dios. Tienes que romper el contrato que has hecho con el enemigo.

Solo el poder de Dios puede romper el contrato que has hecho con el enemigo. Usa este libro y los ejemplos que contiene como una guía para ser libre. Vuelve tantas veces como necesites para leer los capítulos y rellenar los formularios del glosario porque el Diablo tiene las mismas tácticas y quiere mantenerte atado. Muestra este libro a los demás y haz copias de la lista para rellenarla y dársela a los demás. Haz discípulos y ayuda a otras personas a liberarse del Contrato con el Diablo. Dios te bendecirá y te dará sabiduría sobre cómo hacerlo. Este libro es una guía, pero el Espíritu Santo te dará la comprensión que necesitas.

Oremos y pidamos la ayuda del Señor en nuestras vidas. "Padre celestial, vengo a ti ahora mismo y humildemente te pido tu favor. Señor ayúdame a servirte. Permíteme seguirte con fuerza. Señor, entrego mi vida a Ti ahora mismo, y te pido que me uses. Te doy todos los ídolos de mi vida. Rompo el contrato del diablo que firmé con el enemigo. No quiero más ídolos en mi vida. Ayúdame, Señor, a servirte a Ti, y no a otra cosa. Ayúdame, Señor, a ser como Tú. Ayúdame a servir a los demás para que Tú los liberes. Deja que mi luz brille así ante los hombres, para que te glorifiquen, Jesús. Señor, estoy de acuerdo en creer en Tu Palabra, sin importar lo que pase. Tengo fe en tu Palabra, no importa cómo me sienta. Ayúdame a servirte a Ti y no a mí mismo. Señor guíame en todo lo que hago para que nada pueda obstaculizarme. ¡Ningún arma formada contra mí prosperará! Señor úsame de una manera poderosa para que Tu Reino pueda venir a esta Tierra con Poder. Gracias por hacerme un Sacerdocio Real Imparable, Te amo, en el nombre de Jesús te lo ruego, ¡Amén!

Santos vayan con Dios, recuerden que están en el Sacerdocio Real Imparable. ¡Ningún arma formada contra ti prosperará! Dios te va a usar de una manera poderosa. Estudia su Palabra y mantente alerta. Ora todos los días y entrégate a Dios continuamente. Encuentra buenos amigos en el Señor y ayúdense mutuamente. Entra en una buena Iglesia creyente de la Biblia y hazte discípulo. Discipula a otros y ayúdalos a servir al Señor. Rompe el contrato que hiciste con el Diablo y ayuda a otros a romper el contrato que han hecho con el Diablo también. Dios te dará fuerza mientras confíes en Él. ¡Cumplan con la Gran Comisión y tomen la autoridad sobre el enemigo! ¡Que Dios te bendiga y te de poder para hacer su voluntad, en el nombre de Jesús!

Bendición Pastoral

Recibe la bendición del Señor,

"Dios no permitirá que tu pie se mueva; el que te guarda no se adormecerá. He aquí que el Señor es tu guardián; el Señor es tu sombra a tu derecha. El sol no te golpeará de día, ni la luna de noche. El Señor te preservará de todo mal; Él preservará tu alma. El Señor preservará tu salida y tu entrada desde ahora y para siempre. El Señor te bendecirá y te protegerá; el Señor hará brillar su rostro sobre ti, y tendrá piedad de ti; el Señor alzará su rostro sobre ti, y te dará la paz".

Síguenos en www.breakingthedevilscontract.org

GLOSARIO

La Palabra de Dios - La Biblia es la Palabra de Dios y fue escrita por el Espíritu de Dios a través de muchos autores diferentes. Son las palabras inspiracionales de Dios en forma escrita.

Liberación – Es el proceso de eliminar cualquier rastro del Diablo de un ser humano, incluyendo la expulsión de demonios y la eliminación de fortalezas demoníacas o falsas enseñanzas.

Iglesia- Un edificio que alberga a personas que creen en una cierta religión.

Doctrina- Una creencia religiosa que se convierte en parte de la fundación de una Iglesia. Estas creencias se convierten en enseñanzas o doctrinas. Esto se vuelve la verdad central de la religión o la Iglesia.

Religión- Una organización creada por el hombre y regida por creencias doctrinales.

Fortalezas demoníacas - Un lugar que el enemigo ocupa en una persona que se formó al estar de acuerdo con los pensamientos demoníacos o el Contrato con el Diablo.

Espíritu del Miedo - Un espíritu demoníaco que intenta infundir miedo a los humanos mediante los pensamientos y la posesión mientras crea una fortaleza demoníaca.

Espíritu del Orgullo - Un espíritu demoníaco que trata de infundir orgullo en los humanos a través de los pensamientos y la posesión mientras crea una fortaleza demoníaca.

Espíritus de la Lujuria y la Perversión - Espíritus demoníacos que intentan pervertir a los creyentes para que piensen y actúen con deseos sexuales pecaminosos.

Espíritu de la Ira - Un espíritu demoníaco que trata de infundir odio en los humanos a través de los pensamientos y la posesión mientras crea una fortaleza demoníaca.

Religión Cristiana - Una religión que se forma a partir de la doctrina de la Biblia cristiana. No todas las religiones cristianas tienen creencias doctrinales bíblicas correctas.

El verdadero cristiano - Un creyente en Jesucristo que ha invitado al Señor Jesús a entrar en su corazón. Este creyente ha pedido el perdón de sus pecados y ha sentido que el Señor los perdona. Creen en toda la Biblia como la Palabra de Dios y nacen de nuevo.

La Verdadera Iglesia Cristiana - La verdadera Iglesia Cristiana o "La Iglesia" está formada por verdaderos cristianos que están habitados por el Espíritu de Dios con una misión de Dios que se encuentra en la Palabra de Dios. La CTC seguirá todos los mandatos bíblicos de cómo debe operar una Iglesia en el Nuevo Testamento.

La Carne - La Carne o la naturaleza pecaminosa es una mentalidad pecaminosa. Esto incluye los malos deseos de tu corazón. Todos heredan esta naturaleza pecaminosa y sus deseos deben ser crucificados diariamente y tu mente debe ser transformada por la lectura de la Palabra de Dios.

Crucificar la carne - Una práctica bíblica de negar los malos deseos de la carne para obedecer a la Palabra de Dios. Esto solamente se puede lograr con éxito por el poder del Espíritu Santo y sometiéndose a Dios.

Santificación - El proceso de obedecer la Palabra de Dios y hacer que tu carne se alinee con la Voluntad de Dios. Esto se hace a través de la sumisión a Dios y permitiendo que su Santo Poder del Espíritu Santo cumpla esta tarea. Nuestros propios esfuerzos carnales no pueden santificarnos solos. El Espíritu Santo nos da poder sobre el pecado y no podemos presumir de que nuestra carne cumpla con la tarea. Esto implica crucificar la carne.

Justificación - La salvación que se produce al creer y recibir a Jesús como tu Señor y Salvador. El creyente se convierte en justificado o perdonado a los ojos de Dios y es bienvenido en el cielo al morir. Este es el nuevo nacimiento del que habla la Biblia.

El enemigo - Esta es cualquier fuerza maligna que esté trabajando en contra de la voluntad de Dios. Esto incluye al Diablo, los demonios y la voluntad de la gente que está siendo usada por esa fuerza.

El Reino de las Tinieblas - Esta es la formación estratégica del enemigo que se opone directamente al Reino de Dios.

El Diablo - El Diablo o Lucifer es conocido como el Dios de este mundo. Fue creado por Dios como un ángel. Fue expulsado del Cielo por rebelión contra Dios. Es un ser creado y está sujeto al poder de Dios y al nombre de Jesús.

El Contrato del Diablo - Un acuerdo entre el enemigo y un humano. Este acuerdo es una aceptación de la doctrina demoníaca que lleva a hacer de ese humano un esclavo de la voluntad del enemigo.

El Evangelio - Este es el mensaje de Jesucristo (La Buena Nueva) y su muerte sacrificial en la cruz que permite a cualquiera que crea y lo reciba como su Salvador, ser perdonado de sus pecados. El Evangelio incluye las profecías relativas a Él, su nacimiento, la vida sin pecado, la muerte sacrificial en la cruz y la resurrección. El Evangelio abarca todos los aspectos de Jesús. Todo el mensaje de Jesús debe ser compartido con todos los no creyentes para la Gran Comisión y la salvación de todos los que crean (Juan 3:16).

La Oración del Pecador - Una oración que permite a una persona arrepentirse de sus pecados, creer en Jesús como su Salvador y aceptarlo como Señor. Esta oración es dicha por una persona que confirma su creencia en el Evangelio, el arrepentimiento de un estilo de vida pecaminoso, y es la aceptación de Jesús como su Salvador. Si una persona hace esta oración con sinceridad, entonces la persona que la hace se salvará. Sentirá que el Señor le perdona y que entra en su corazón para hacer que nazca de nuevo.

Ejemplo de una Oración del Pecador

"Padre celestial, creo que Jesús es tu hijo. Creo que nació de una virgen y vino a la Tierra como se profetizó en el Antiguo Testamento. Creo que vivió una vida sin pecado y fue perseguido en la Tierra. Creo que sanó a los enfermos y que era Dios manifestado en forma humana. Creo que vivió una vida sin pecado y murió en la cruz por mis pecados. Creo que lo resucitó de entre los muertos al tercer día. Creo y acepto a Jesús como mi Salvador. Por favor, perdóname de mis pecados y hazme nacer de nuevo. Me arrepiento de mis pecados y te pido que me ayudes a servirte como mi Señor y Salvador. Por favor lléname con tu Espíritu Santo. En el nombre de Jesús te pido. ¡Amén!"

¡Aviso de Exención de Responsabilidad!

Las palabras y definiciones del libro y el glosario están parafraseadas y diseñadas para que sean de ayuda en la comprensión de la información de este libro. No se trata del Diccionario Webster o de definiciones formales de estas palabras. Estas palabras y definiciones están formadas para ayudarte a entender las ideas y la información que el autor está tratando de transmitirte con fines espirituales. En ningún momento el autor será responsable de una tergiversación o comprensión inadecuada de estas palabras y su definición descrita. Por favor, consulta la Biblia para una adecuada comprensión de cualquier palabra que estés tratando de entender para propósitos espirituales cristianos. El ejemplo de la Oración del Pecador puede ser usado para guiar a alguien a Cristo. Úsala tantas veces como sea necesario para enseñar o guiar a alguien a Cristo.

Rompiendo el Contrato de la Ira

Contesta a estas preguntas en una hoja de papel separada

1. ¿Quién te ofendió?
2. ¿Cómo te ofendieron?
3. ¿Próxima ofensa?
4. ¿Próxima ofensa?
5. ¿Próxima ofensa?
6. ¿Por qué no lo perdonas?

Efesios 4:32, "*Más bien, sean bondadosos y misericordiosos los unos con los otros, perdonándose unos a otros como Dios también los perdonó a ustedes en Cristo*".

Marcos 11:25, "*Y cuando se pongan de pie para orar, si tienen algo contra alguien, perdónenlo para que su Padre que está en los cielos también les perdone a ustedes sus ofensas*".

"Señor, yo perdono a _____ por pecar en mi contra. Necesito tu perdón, Señor. Estoy atrapado por el contrato de la ira. Los libero por todo lo que el enemigo hizo a través de ellos. Pecaron en mi contra a propósito, pero los perdono por lo que hicieron. Aunque no se arrepientan de lo que hicieron, los perdono y los libero. Abandono mis planes de venganza. Señor ayúdame a orar por esta persona diariamente y muéstrale el amor de Dios. Ayúdame a caminar en el amor y a llenarme de tu amor. ¡En el nombre de Jesús te lo pido, Amén!"

Rompiendo el Contrato del Miedo

Contesta a estas preguntas en una hoja de papel separada

1) ¿Cuál es la definición bíblica de miedo?
2) ¿Por qué tienes miedo?
3) Haz una lista de las cosas a las que temes.
4) ¿Cuándo empezaste a temer? ¿Por qué?
5) ¿Qué pasó para que tengas miedo?
6) ¿Qué dice la Biblia sobre el Miedo (ver capítulo 10)?
7) ¿Qué te ha dicho Dios sobre el miedo?
8) ¿Por qué desobedeces a Dios y eliges temer?
9) ¿Por qué no confiar en Dios en lugar de elegir estar en el miedo?
10) ¿Por qué hay 365 versículos en la Biblia sobre el miedo?
11) ¿Qué Espíritu nos dio Dios? (2 Timoteo 1:7)
12) ¿El miedo resuelve el problema? (Mateo 6:33-34)
13) ¿Estás cansado de lidiar con el miedo? ¿Quieres ser libre?

"Señor, vengo a ti hoy y quiero estar libre de miedo. Quiero romper el Contrato del Miedo. Veo que el miedo no es bíblico, sino que es demoníaco. Te entrego todos mis miedos, dudas, preocupaciones y inquietudes. La Biblia dice que confíe en ti y no me apoye en mi propio entendimiento. Señor libero mi mentalidad lógica y elijo no temer. ¡Yo reprendo el espíritu del miedo! Vete de mi vida. Renuncio a todos los pensamientos y a cualquier devoción que tenga al espíritu del miedo. Mi identidad está en Jesucristo. Padre, te confío mi vida. Te entrego mis planes para mi vida. Ayúdame a confiar en ti con todo mi corazón. ¡Creo que ninguna arma formada contra mí prosperará! ¡En el nombre de Jesús te lo pido, Amén!"

Rompiendo el Contrato del Orgullo

Contesta a estas preguntas en una hoja de papel separada

1) ¿Crees que eres más inteligente que Dios a veces?
2) ¿Obedeces completamente la Palabra de Dios todos los días?
3) ¿Juzgas a los demás por sus acciones?
4) ¿Crees que has aprendido todo lo que puedes de la Biblia?
5) ¿Pasas días sin orar y sin pasar tiempo de calidad con Dios?
6) ¿Crees que tu percepción es la única correcta?
7) ¿Te resulta difícil perdonar a la gente a veces?
8) ¿Crees que has dominado la religión cristiana?
   ¿Crees que estás cerca de la perfección la mayor parte del tiempo?

Si has respondido afirmativamente a alguna de estas preguntas, entonces has estado orgulloso. El orgullo es difícil de reconocer a veces, pero el Espíritu Santo te hablará de él si eres humilde y estás dispuesto a escuchar. Tenemos que arrepentirnos de todas las áreas de orgullo en nuestras vidas. Esto requiere humildad y darse cuenta de que no somos más que polvo. No debemos pensar que somos más importantes que los demás. No podemos pensar que podemos desobedecer la Palabra de Dios y está bien. Lee las Escrituras sobre el orgullo y destruye el Poder sobre tu vida. Oremos y rompamos el contrato del orgullo. Proverbios 3:7 dice, "<u>No seas sabio en tu propia opinión: Teme al SEÑOR y apártate del mal</u>".

"Padre celestial, te pido que me perdones mi arrogancia y mi orgullo. Soy un tonto al pensar que estoy por encima de seguir Tu Palabra. He estado viviendo una mentira y te pido que por favor me perdones mis pecados. Soy orgulloso y te pido Tu perdón. Ayúdame a ser humilde y a ser un sirviente. Ayúdame a poner a los demás en primer lugar, a ayudarlos y a no juzgarlos. Estoy agradecido por Tu Gracia. Ayúdame a mostrar Amor, Misericordia y Gracia a todos los que encuentre. Rompo el contrato de orgullo en mi vida. Ayúdame a honrar, respetar y seguir Tu Preciosa Palabra. ¡En el nombre de Jesús te lo pido, Amén!"

Rompiendo el Contrato de la Mundanidad

Contesta a estas preguntas en una hoja de papel separada

1) ¿Qué es la mundanidad según la Biblia (ver capítulo 10)?
2) ¿Crees que eres un cristiano mundano?
3) ¿Obedeces completamente la Palabra de Dios?
4) ¿Crees que está bien no obedecer algunas partes de la Biblia?
5) ¿Oras y lees tu Biblia todos los días?
6) ¿Vas a la Iglesia fielmente?
7) ¿Estás involucrado en compartir tu fe sobre Jesús con otros?
8) ¿Te apasiona la presencia de Dios y estar con él?
9) ¿Estás en un patrón de pecado que parece que no puedes romper?

Si has respondido afirmativamente a alguna de estas preguntas, entonces estás siendo un cristiano mundano y has firmado un Contrato de la Mundanidad con el enemigo. El enemigo te impide ser efectivo para Dios y debes arrepentirte.

"Padre Celestial, me doy cuenta de que he sido un cristiano mundano. He sido condenado por estos pecados, pero nunca me he arrepentido totalmente. He aceptado la mentira de que Tú estás de acuerdo con que yo sea un cristiano tibio. Te pido que me perdones por ser rebelde y egoísta. Necesito que me ayudes a abrirme a ti y a ponerte en primer lugar en todo lo que hago. Por favor, perdóname por todos mis pecados. Te necesito en mi vida. Me arrepiento y te pido que me ayudes a poner tu voluntad por encima de la mía. Estoy cansado de no complacerte y de rebelarme contra la Gran Comisión. ¡Lo siento y te pido que me ayudes a entrar en la Iglesia y a servirte con todo mi corazón, alma, mente y fuerza! ¡En el nombre de Jesús, te lo pido, Amén!"